KB096915

죽도록 벌어도
쓸 돈이 없다

죽도록 벌어도 쓸 돈이 없다

—
2014년 10월 27일 1판 1쇄 인쇄
2014년 11월 5일 1판 1쇄 발행
—
지은이 강성범, 한덕규
펴낸이 이상훈
펴낸곳 책밥
주소 121-883 서울시 마포구 독막로3길 8(합정동 412-19) 재성빌딩 2층
전화 번호 02) 582-6707
팩스 번호 02) 335-6702
홈페이지 www.bookisbab.co.kr
등록 2007.1.31. 제313-2007-126호
—
책임 전수현
기획 · 진행 전수현, 김난아, 정미애
디자인 디자인허브
—
ISBN 979-11-952479-1-2 (03320)
정가 15,000원
—

책밥은 (주)오렌지페이퍼의 출판 브랜드입니다.

이 도서의 국립중앙도서관 출판예정도서목록(CIP)은 서지정보유통지원시스템 홈페이지(http://seoji.nl.go.kr)와 국가자료공동목록시스템(http://www.nl.go.kr/kolisnet)에서 이용하실 수 있습니다.(CIP제어번호: CIP2014029826)

죽도록 벌어도 쓸 돈이 없다!

강성범, 한덕규 지음

책밥

머리말 PREFACE

"담보대출이 잔뜩 끼여 있는 아파트 하나가 재산의 전부이고 몇 천 단위로 투자할 돈도, 부모님으로부터 물려받을 재산도 없습니다. 하우스푸어에 속하는 저 같은 경우에는 노후 대책을 위한 재테크를 어떻게 해야 할까요? 저는 대체 언제쯤 남들처럼 10억을 모을 수 있을까요?"

윤재식 고객님

"저희 부부는 은행에서 맞벌이를 하면서 꽤 많은 급여를 받고 있지만 생활이 좀처럼 나아지지 않습니다. 월수입 대부분이 아이 교육비로 들어가고 있는데, 내 아이의 미래를 생각하면 도저히 줄일 수가 없습니다. 하지만 아이 교육비 때문에 노후 준비를 전혀 못 하고 있는 것을 생각하면 일명 에듀푸어라고 불리는 저희 부부의 노후가 그리 밝아 보이지는 않습니다. 아이의 교육을 포기하고 이제라도 노후 대책을 세워야 하는 걸까요?"

최진희 고객님

"한 달 생활비의 대부분을 수입 자동차 할부금으로 지출하고 있는 상황입니다. 어차피 물려받을 재산도 없고 강남 아파트 입성은 불가능한데 자동차라도 좋아야 무시 당하지 않는 세상 아닙니까? 한 번뿐인 인생, 자동차 하나는 좋은 거 몰아야 한다는 생각에 무리하게 구입했는데, 자동차 할부금과 수리비가 이렇게 부담될 줄은 몰랐습니다. 그렇다고 해서 차를 처분하자니 이제는 가격이 너무 떨어져서 팔기도 아깝습니다. 저는 어떻게 하는 것이 좋을까요?"

이정대 고객님

어느 날 은행을 찾은 고객님들의 질문을 받고 저희는 많은 생각이 들었습니다. 은퇴 전까지 살고 있는 집을 제외하고 10억 원을 모으지 못한다면 노후 대책의 루저Loser가 되는 것일까요? 물려받은 것 없이 맨손으로 결혼 생활을 시작한 대부분의 사람들은 은퇴 전에 살고 있는 집을 포함해서도 10억 원을 모으기가 불가능할 것 같은데, 그렇다면 우리 모두 노후 대책에 실패하게 되는 것일까요?

돈 없고 백도 없이, 가진 것이라고는 매월 상환해야 하는 대출금이 전부인 고객님들께 은행을 비롯한 금융기관에서 해 드릴 수 있는 것은 무엇일까요? 투자할 자본이 없는 분들에게 낮은 금리로 대출해 드리는 일밖에 없는 것일까요? 내 아이를 좋은 대학교에 보내고, 기죽이지 않기 위해 마이너스 통장을 개설하여 교육비와 자동차 할부금을 마련할 자금을 융통해 드리는 일 말고는 없는 것일까요?

나와 내 가정의 행복한 미래를 위해 상담 받고자 은행을 찾아갔지만 PB는커녕 오히려 홀대 받는 고객님들은 대체 어디서부터 어떻게, 무엇을 시작해야 하는 것일까요?

그래서 저희는 책을 쓰기로 결정했습니다. 현재 은행의 우수고객(PB고객) 관리를 받을 수 없는 대다수의 분들이 자신의 노후 대책과 자산 관리 현황을 스스로 진단하고, 빠른 시간 내에 은행의 PB고객으로 변신할 수 있도록 지원해 드리고 싶었습니다.

집필을 시작하면서 고민이 많아졌습니다. 이 책에서 제공하는 Solution과 산식을 100% 정확하게 작성하여 재테크 전문가들의 비난을 피할 것인지, 아니면 재테크 전문가들로부터 비난의 화살을 받을 수도 있겠지만 집값과 교육비, 자동차 할부금 때문에 고생하는 많은 분들이 쉽게 이해하여 효율적으로 자산을 관리할 수 있도록 쓸 것인지 선택해야 했기 때문입니다.

여러 날을 고민한 끝에 후자를 선택했습니다. 그놈의 돈 때문에 고생하는 일반 대중들이 재테크에 대한 고정관념을 버릴 수만 있다면 책에서 다루는 수식과 산식이 100% 정확하지 않다는 지적은 겸허히 받아들이도록 하겠습니다.

수많은 분들의 도움으로 오늘에 이를 수 있었습니다. 이 책의 기획자이자 중도에 집필을 포기하지 않도록 끊임없이 격려해 주신 오렌지페이퍼 전수현 과장님, 은행 생활을 즐겁게 해 나갈 수 있도록 지원을 아끼지 않으시고 오늘날의 저희를 만들어 주신 수많은 고객님께 감사를 드립니다.

이 책을 보신 모든 분들이 조만간 은행의 PB Room에 PB고객으로 당당하게 방문할 수 있기를 간절히 희망합니다.

강성범, 한덕규

차 례 CONTENTS

3일차 상담

약인가 독인가
마이너스 통장, 대출 다루기

4일차 상담

하우스푸어,
카푸어 탈출하기

5일차 상담

종잣돈을 만드는
1년 미만 단기 투자

6일차 상담

단기 투자와 장기 투자의 보완책, **펀드&보험**

7일차 상담

안전한 노후를 대비하는 **장기 투자**

Prologue

성실하게 일만 한 죄(?)로 가난해지는 대한민국의 현실

1) 하우스푸어 윤재식 씨

결혼 3년 차. 20평대 아파트에서 전세로 살고 있으며, 1년 전 분양 받은 아파트 입주를 기다리면서 향후 목동이나 강남 근처로 이주하는 것을 목표로 살아가는 샐러리맨 윤재식 씨. 다음 달이면 어린이집에 보내야 하는 3살짜리 딸 지윤이와 소파에 누워 TV를 보고 있는 남편을 물끄러미 바라보던 동갑내기 아내가 말합니다.

여보, 어제 부동산에 전화해서 아파트 분양권 가격이 어떤지 물어보니까 우리가 산 가격 이하로 거래된다고 하더라. 최근에 뉴스를 보면 정부가 부동산 규제를 대폭 완화해서 강남의 아파트 가격이 들썩들썩 한다는데 여기는 가격이 왜 이 모양이지? 이래서 다들 강남 아파트, 강남 아파트 하나 봐. 우리도 빠른 시일 내에 무리를 해서라도 강남으로 들어가야겠어. 이제 슬슬 애들 학군도 신경 써야 하고.

우리 형편에 무슨 강남 아파트니? 지금 우리 집값이 얼만데 그걸 팔아서 어떻게 강남 아파트를 산다고 그래. 얼마 전에 보니까 강남은 아무리 낡은 아파트도 최소 7~8억은 하던데, 3억을 더 융자 받아서 강남 아파트를 사자고? 3억이면 4% 이자를 적용해도 1년에 이자만 1200만 원이야. 월급 적다고 매일 잔소리하면서 매달 100만 원을 은행에 갖다 바치면 퍽이나 행복하겠다.

요새 아이 교육을 잘 시키려면 엄마의 정보력과 아빠의 학력, 할아버지의 재력이 필요하다는 말이 있던데 정말 맞는 것 같아. 당신이 SKY 대학을 나왔으면 뭐해. 할아버지가 재력이 없어서 강남 아파트로 못 들어가는 형편인데.

강남 아파트가 좋은 건 나도 알아. 나도 직장이 역삼동인데 강남으로 이사를 가면 얼마나 편하겠냐. 나도 마음 같아서는 지금 집 팔고 3억 더 융자 받아서 강남으로 가고 싶다. 그런데 지금 1억 융자도 매달 원리금 갚아나가느라 빠듯한데, 3억 융자금을 우리가 버틸 수 있겠어? 집값이 팍팍 오르면 괜찮을라나?

이번 기회에 우리 엄마랑 살림 합치고 강남으로 이사 가는 건 어때? 엄마 집이 마침 3억 정도 하니까 살림을 합치면 가능할 것 같아. 엄마한테 애들 맡기고 나도 일 시작하면 살림도 좀 피지 않을까?

나 처가살이하는 거 싫다. 그리고 강남 가면 집이 지금보다 훨씬 더 좁아질 텐데 그 좁은 집에서 장모님하고 같이 살자고? 나는 그냥 마음 편하게 지금 집에서 살란다. 하긴 부동산 전문가들 말이 앞으로 가면 갈수록 강남과 기타 지역의 집값 격차가 점점 더 벌어진다더라. 더 늦기 전에 주식과 펀드에 좀 더 투자해서 빨리 돈 벌어 강남으로 가긴 가야겠어.

애 키우는 가장이 리스크가 큰 주식에 펀드까지, 당신이야말로 제정신이야? 작년에 당신이 주식이랑 펀드로 까먹은 돈이 얼만지나 알아? 원금 보장도 안 되는 그런 투자를 할 돈으로 우리 지윤이한테 더 지원해서 의사나 판검사 만드는 게 훨씬 더 좋은 재테크 아니겠어? 차라리 펀드 해약하고 그 돈으로 지윤이 영어유치원이나 보내는 게 나을 것 같아.

요즘 네 남편이 점심값이라도 절약해 보겠다고 매일 저렴한 김밥에 분식만 먹고 다니는 거 알기는 하냐! 그리고 펀드는 이제 막 원금 회복하기 직전인데 해약하기에는 너무 아깝잖아. 제기랄, 남들은 부동산과 펀드로 돈 벌어서 10년 후 계획까지 잘도 짠다는데 어떻게 우리는 투자하는 것마다 이 모양이냐. 부동산도 그동안 잘만 오르다가 우리가 아파트 사자마자 폭락의 시대가 도래했다느니 대출 이자율이 큰 폭으로 오를 거라느니 하우스푸어니 뭐니 하는 말이 나오는데 난 그럴 때마다 심장이 막 뛰어. 남들이 부동산으로 큰돈 벌고 시장에서 빠져나올 때 우리는 상투 잡고 완전 물린 기분이야. 이자며 세금이며……. 그냥 전세로 살 걸 그랬나.

안 그래도 내년이면 또 전세금 올려 달라고 집주인한테 전화 올 텐데 큰일이네. 무엇을 우선순위로 할지 집 문제와 육아 문제는 좀 더 천천히 고민해 보자. 이참에 전문가를 만나 우리가 처해 있는 상황에서 어떻게 자산 관리를 하고 노후 대책을 세우는 게 좋을지 상담 한번 받아 볼까?

2) 에듀푸어 최진희 씨

결혼 2년 차, 행복한 결혼 생활을 하고 있던 최진희 씨. 임신한 순간부터 이미 에듀푸어의 세계로 빠져들었다는 사실을 안 것은 그로부터 한참 시간이 지난 뒤였습니다.

천 원짜리 물건도 고민해서 사는 검소한 모습에 반해 결혼까지 결심한 최진희 씨의 남편은 술자리에서 팔불출 소리를 들어 가며 아내 자랑을 하곤 했습니다. 이들 부부는 은행에 입사해서 만난 커플로, 다행히 동년배 친구들에 비해서 여유 있는 신혼 생활을 할 수 있었습니다. 두 사람 모두 필요한 곳에만 지출하고 근검절약하는 습관을 통해 그동안 꾸준히 모아 온 자금과 부모님의 도움으로 1억 원의 담보대출을 끼고 금호동에 24평짜리 아파트를 구입한 상태였습니다. 몇 년만 더 고생하면 그토록 가고 싶었던 강남에 작은 평수의 아파트로 이사하는 것이 가능하리라 생각했지만 이들의 희망 사항은 첫째가 태어난 날부터 위태로워지고 있었습니다.

왠지 내 아이는 다른 아이들보다 특별할 것 같았던 것이죠. 친구 아들은 걷지도 못하는데 벌써 걷기 시작하는 아이를 보면서 운동선수로 키울 생각도 하고, 색연필로 벽에 낙서하는 모습을 보면 앤디 워홀과 같은 세계적인 화가가 될 것 같기도 했습니다.

이들 부부는 상의 끝에 강남의 유명 산부인과에서 출산을 하고 2주에 800만 원이나 하는 강남의 유명 산후조리원에서 산후 조리를 마친 후 집으로 돌아왔습니다. 일단 도우미 아줌마가 절실해 보였습니다. 첫째라 아기에 대한 지식도 없고 양가 부모님 모두 지방에 거주하시는 바람에 지원을 받기가 힘들었습니다. 고된 육아로 인해 최진희 씨는 점점 지쳐 갔고 남편은 이런 아내가 안쓰러워서 오후 1시부터 6시까지 하루 5시간 동안 도우미 아줌마를 부르기로 결심했습니다.

어느덧 시간이 흘러 아이를 어린이집에 보내야 할 때가 되었습니다. 그동안 최진희 씨는 동년배의 자녀를 키우는 친구들, 산후조리원에서 만난 사람들과 교류하면서 여러 정보를 습득했습니다. 집 근처의 작은 어린이집에 보내려고 했지만 왠지 놀이학교나 영어유치원에 보내지 않으면 내 아이가 뒤쳐질 것 같다는 생각이 들었습니다. 최진희 씨는 하나밖에 없는 내 자식을 최고로 키워야겠다는 생각에 강남으로의 이주를 뒤로 미뤘습니다. 그리고 매일 아침 출근길에 아이를 영어유치원에 보내면서 자식 교육에 열을 올렸습니다.

어느 날 유치원 앞에서 아이들을 데려다 주는 다른 엄마들의 차가

3,000cc 이상 중형차나 고급 수입차인 것을 보고 내심 마음에 걸렸습니다. 왠지 모르게 주눅이 든 최진희 씨는 남편에게 이야기했습니다.

여보, 우리처럼 국산 소형차를 타는 사람이 강남 유치원에 한 명도 없는 거 알아? 우리도 수입차로 바꿀까?

이 말을 들은 남편은 언성을 높였습니다.

그러니까 왜 우리 수준에 맞지도 않는 강남 영어유치원을 보내서 이렇게 피곤하게 사냐. 그냥 우리 수준에 맞는 유치원에 보내는 게 낫지 않겠어?

당신은 하나밖에 없는 우리 애한테 쓰는 교육비가 그렇게 아까워? 나중에 애가 커서 의사나 판검사 같은 훌륭한 사람이 되는 게 부모로서 가장 행복한 거라고. 만약 교육에 투자하지 않아서 나중에 직업도 변변치 않으면 우리를 원망할 텐데, 애를 아무렇게나 키울까? 그럼 당신이 알아서 하고 아이 미래를 다 책임져 봐.

아니, 무슨 말을 그렇게 하냐? 나는 그저 우리 생활수준에 맞지 않게 교육비에 투자하는 게 마음에 걸려서 그런 거지. 강남 영어유치원을 다니면 애들이 다 의사나 판검사가 된다는 보장이 있다면 난들 왜 안 하겠어?

그러나 아내의 귀에는 남편의 말이 들리지 않았습니다. 이제 아내는 내 아이를 강남의 유명 사립초등학교로 입학시키기 위해 살고 있는 금호동의 아파트를 팔고 강남에서 전세를 구할 예정입니다. 아내는 남편에게 자식의 미래는 걱정되지 않느냐고 바가지를 긁기 시작했습니다.

힘차게 뛰어노는 아이의 모습을 보며 즐거운 나날을 보낼 것이란 예상은 저 멀리 날아가 버리고 언제 퇴출 당할지 모르는 회사에서 오늘도 숨죽이며 다음 달 대출이자를 고민하는 남편은 괴롭기만 합니다. 문득 재직 중인 은행에 자산 관리 전문 컨설턴트가 있다는 것이 생각난 남편은 아내에게 컨설팅을 받아 보자고 제안했습니다.

그러지 말고 우리 은행에 자산 관리를 전문으로 하는 컨설턴트가 있는데 그분들을 만나 우리가 어디서부터 어떻게 잘못됐는지, 앞으로 어떻게 해야 하는지 상담을 받아 보자.

3) 카푸어 이정대 씨

결혼 5년 차. 작은 아파트에 살면서 1년 전 큰맘 먹고 장만한 고급 자동차를 보유하고 있는 대한민국의 평범한 샐러리맨 이정대 씨. 오늘도 여느 때와 같이 소파에 누워 TV를 보고 있는데 아내가 말을 꺼냅니다.

요새 경기도 안 좋은데 우리 자동차를 팔고 그 돈으로 작은 디젤차를 하나 살까? 연비도 지금 차보다는 훨씬 좋을 거고 혹시 사고가 나더라도 수리비도 적게 들 것 같아. 차라리 그때 좀 작은 디젤차를 살걸 그랬어. 자동차 할부도 아직 2년이나 남았는데 지금 그 차 팔면 할부금 잔액 갚고 얼마나 남지?

그런 거 생각하면 머리만 아프다. 할부금 잔액이 얼마인지 정확하게 알고 있으면 캐피털 회사에서 원금을 줄여 주기라도 하냐? 그런 생각 안 하고 차를 타야 마음이 편한 거야. 말 나온 김에 작은 디젤차도 하나 살까? 자기 마트 같은 데 갈 때 편하게 탈 수 있게 말이야.

자동차 할부 잔액도 모르는 게 말이 돼? 아까 우리 차 중고 시세를 보니 우리가 산 가격보다 벌써 1000만 원 정도 떨어졌던데. 잠깐, 우리가 그때 4000만 원을 할부로 하고, 세금 포함해서 현금 2000만 원 조금 더 내고 총 6000만 원에 샀지? 할부 원금 중에서 60%인 2400만 원을 3년 뒤 일시불로 내기로 했고, 나머지 1600만 원을 나눠서 갚고 있으니 지금까지 한 500만 원 정도 할부 원금을 상환했겠네. 그러면 할부 원금이 '2400만 원+1100만 원'이니까 3500만 원 정도 남았네. 앞으로 자동차 가격은 계속 떨어질 텐데 할부 원금은 그대로 내야 하는 상황인 거 아냐? 그리고 2년 뒤에는 원금 유예 금액인 2400만 원을 한꺼번에 내야 하는데, 이 상황에서 디젤차를 하나 더 사자고? 미친 거 아냐?

나도 그 생각 안 하는 건 아닌데 그래도 우리 가족이 안전하게 탈 수 있는 튼튼한 차 하나는 있어야 하지 않을까? 뭐, 사지 않았으면 더 좋았겠지만 이미 엎질러진 물인데 어떻게 하겠어. 그렇다고 이제 와서 손해 보고 팔 수는 없고.

차는 고급 세단이라 참 좋지만 사실 우리가 뉴스에서 말하는 카푸어Car Poor가 되어 버린 느낌이야. 이번 기회에 자산 관리 전문가를 만나서 앞으로 어떻게 해야 할지 상담을 받아 볼까?

이 3가지 사례 모두 저자들이 은행에 근무하면서 실제로 상담했던 분들의 이야기입니다. 각각의 사례를 간단히 살펴보겠습니다.

첫 번째 윤재식 씨와 같이 무리하게 대출을 받아서 집을 샀다가 대출이자와 빚에 짓눌려 힘겹게 살고 있는 사람들을 '하우스푸어House Poor'라고 합니다. 하우스푸어라는 말 자체가 '비싼 집에 사는 가난한 사람들'이라는 뜻으로, 집의 소유를 중요시하는 우리의 전통적인 생각과 집을 담보로 과다하게 대출해 주고 이자를 챙기는 은행, 집값이 오르면 집을 소유하고 있는 사람들의 소비가 늘어나 경제가 좋아지는 듯한 착각을 불러일으키기 때문에 은행의 과다한 담보대출을 눈감아 주는 정부의 이해관계가 맞아떨어지면서 발생한 사태입니다.

두 번째 최진희 씨와 같이 부채가 있고 지출이 소득보다 많은 상태임에도 과도한 교육비를 유지하며 빈곤하게 사는 가구를 '에듀케이션 푸어Education Poor', 줄여서 '에듀푸어'라고 합니다. 혹자는 이들을 '교육 빈곤층'이라고도 표현합니다. 학력을 중시하는 우리나라의 사회 풍토가 낳은 기현상 중 하나로, 지금은 빈곤층지만 언젠가는 자녀에게 보상을 받으려는 부모의 심리도 밑바탕에 깔려 있을 것입니다. 에듀푸어 가정은 교육을 제외한 다른 의식주 부문에 대해서는 평균 이하의 소비를 하는 특징이 있으며, 과도한 교육비 때문에 노후를 제대로 준비하지 못하므로 은퇴 후 빈곤층으로 전락할 것이라는 사회적인 우려가 제기되고 있습니다.

세 번째 이정대 씨와 같이 자신의 소득과 부채에 비해 비싼 차를 할부로 구입하여 차량의 할부금과 유지비 때문에 그 외의 경제생활에 악영향을 받는 사람들을 '카푸어Car Poor'라고 합니다. 특히 최근에 고가의 수입차를 무리해서 구매하는 젊은 층을 빗대어 카푸어라고도 하는데, 이들의 특징은 처음에는 이자만 납입하다가 할부 기간이 끝나면 수입차의 잔존 가치보다 높은 할부 원금을 상환해야 하는 상황을 견디지 못하고 부채의 늪으로 빠져 버린다는 것입니다. 이러한 '원금 유예 할부 방식'은 경제적 자립을 하지 못한 20~30대 사회 초년생들을 악의 구렁텅이로 몰아넣는 금융 상품으로 인식되고 있습니다.

이 3가지 유형의 푸어Poor들의 특징은 '죽도록 벌었다'는 것입니다. 그러나 잘못된 금융 지식으로 인해 푸어의 늪에 빠져 말 그대로 '쓸 돈이 없는' 상태에서 저희에게 상담을 받았습니다. 다행히도 지금은 다들 안정적인 경제생활을 유지하면서 차근차근 노후를 준비하고 있는 중입니다.

앞으로 7일간 여러분은 저자들의 노하우를 전수 받아 여러분 자신과 가족의 행복한 미래를 설계하게 될 것입니다. 그럼 시작해 볼까요?

1일차 상담

단지 내 집에서 **살고 싶었을 뿐인데!**

1 자산 관리 전문가에게 조언을 받다

고객님께서는 자산 관리와 노후 대책을 위한 첫걸음이 뭐라고 생각하십니까?

글쎄요. 얼마 전까지만 해도 재개발이 가능하거나 값이 오를 만한 아파트를 구입하는 것이 자산을 늘리는 가장 좋은 방법이었는데 지금은 잘 모르겠습니다. 주변 사람들 중에는 살던 집을 담보로 무리하게 은행 융자를 받아 다른 아파트를 샀다가 지금은 이도 저도 못하고 곤란한 상황에 처한 경우도 종종 있습니다. 사실 저도 무리해서 대출을 받고 아파트 입주권을 사는 바람에 지금은 경제적으로 조금 힘든 상황이긴 합니다만 그래도 지금 집이 전세라 그분들에 비해서는 조금 위안이 됩니다. 여기저기서 말하는 소위 하우스푸어는 아닌 것 같으니까요. 현재 상황에서 저 같은 월급쟁이들은 빚 없이 살면서 월급을 꼬박꼬박 모으는 게 가장 중요한 자산 관리의 방법일 것 같습니다. 만약 제가 억대 연봉만 받는다면 노후 대책은 세울 필요도 없을 텐데 말입니다. 그러고 보니 저희 회사 이사님 연봉도 1억 원이 안 되는데, 저는 평생 억대 연봉 받기 글렀습니다.

연봉을 많이 받을수록 자산 관리와 노후 대책이 수월해지는 것은 당연합니다. 고객님의 급여는 세후 실제 수령액이 얼마나 되시죠?

월 300만 원 정도 됩니다.

그렇다면 월 생활비는 어느 정도 지출하시는지요? 그리고 현 상황에서 허리띠를 좀 더 졸라맨다면 한 달에 최대 얼마 정도 저축이 가능하세요?

제 용돈과 전세 자금 대출이자를 포함해서 한 달에 생활비를 200만 원 정도 쓴다고 하더라고요. 그러고 보니 적금 붓는 돈을 포함해서 한 달에 여유 자금이 최대 100만 원 정도 되는 것 같습니다. 그동안 아무 생각 없이 살다가 대충 계산해 보니 이것 참 민망하군요.

우리 같은 샐러리맨들이야 다 똑같죠. 그렇다면 먼저 고객님의 노후 필요 자금을 간단하게 계산해 볼까요? 현재 32세이신 고객님의 월급이 하나도 오르지 않는다는 가정하에서 60세까지 일을 하신다면 여유 자금을 가지고 앞으로 약 3억 3천 6백만 원(28년×100만 원×12개월) 정도를 저축할 수 있습니다. 고객님의 수명을 90세로 가정하면 은퇴 후 약 30년(33600만 원/(30년×12개월)) 동안 매월 약 90만 원 정도를 사용할 수 있습니다. 여기에 향후 받게 될 국민연금을 감안하면 지금과 같이 60세까지 매월 100만 원씩 저축한 후 60세 이후부터 월 100만 원 정도 사용 가능합니다. 70년대생 이후부터는 국민연금을 65세부터 받는 것으로 변경되었지만 계산의 편의를 위해 60세로 가정해 보면 이렇습니다.

아, 이거 너무 대충 계산하신 것 아닌가요? 요즘 같은 세상에 제가 과연 60세까지 일할 수 있을까요? 그리고 저는 아직 갚아야 할 융자금이 많이 남았습니다. 조만간 차도 바꿔야 하고, 아이가 크면서 교육비는 기하급수적으로 증가할 것이고요. 제 노후를 위해서 아이를 고등학교만 졸업시키고 취업하게 할 수는 없잖습니까? 또 제 월급은 정년퇴직할 때까지 10원도 안 오릅니까? 너무하시네요.

네, 맞습니다. 방금 말씀하신 내용이 바로 진정한 노후 대책입니다. 고객님께서 앞으로 벌어들일 소득과 고객님의 자산, 그리고 은퇴 후의 여생 동안 사용할 비용을 적절하게 맞추는 것이 최고의 노후 대책입니다. 본격적인 노후 대책 설계에 앞서 먼저 고객님의 자산을 파악해 볼까요?

죄송하지만 '자산'의 정확한 개념이 무엇인가요? 신문과 TV를 통해 매일 듣고 보는데도 아직 그 개념을 정확히 모르겠습니다. 회계학 책을 봤더니 너무 어렵게 설명하고 있더군요.

아파트에 전세로 살고 계신다고 했죠? 간단하게 말하면 그 전세 보증금이 바로 자산인 셈입니다.

자산은 부동산이나 현금 같은 물리적인 것을 뜻하는 게 아닌가요? 전세 보증금도 자산에 속하나요?

네, 그렇습니다. 간단하게 말하면 고객님께서 현재 가지고 계신 모든 것이 다 자산입니다. 만약 부채 없이 100% 고객님의 돈으로 전세 보증금을 마련했다면 회계학에서는 이를 다음과 같이 표현합니다.

자산		자본	
자산 항목	금액(원)	자본 항목	금액(원)
전세 보증금	90,000,000	자본금	90,000,000

한눈에 봐도 빚 없이 고객님의 돈으로 지출한 전세 보증금 9000만 원이 있다는 것을 알 수 있겠죠?

만약 저 같이 전세 보증금을 위해 은행에서 담보대출 3000만 원을 받았다면 어떻게 되나요?

그럴 경우 고객님께서는 부채(전세 보증금 담보대출) 3000만 원과 나머지 6000만 원의 돈(자본금)으로 이루어진 전세 보증금을 가지고 있는 것입니다. 이를 다음과 같이 표현하기도 합니다. 은행에서 빌린 3000만 원과 고객님의 돈 6000만 원으로 이루어진 전세 보증금 9000만 원의 자산이 있다는 것을 보여 주고 있습니다.

자산		부채 + 자본	
자산 항목	금액(원)	자본 항목	금액(원)
전세 보증금	90,000,000	전세 보증금 담보대출	30,000,000
		자본금	60,000,000

양쪽의 합이 9000만 원으로 동일하네요? 그래서 회계학에서 '자산=부채+자본'이라고 이야기하는 것이군요. 그렇다면 만약 제가 돈을 벌어서 1000만 원의 담보대출을 상환했다면 전세 보증금 담보대출 1000만 원은 다음과 같이 자본금으로 변하겠네요?

자산		부채 + 자본	
자산 항목	금액(원)	자본 항목	금액(원)
전세 보증금	90,000,000	전세 보증금 담보대출	20,000,000
		자본금	70,000,000

네, 맞습니다. 그리고 펀드에 넣은 원금 1000만 원이 있다고 하셨죠? 고객님께서 1000만 원의 담보대출을 상환하시고, 펀드의 수익이 0%라고 가정하면 다음과 같이 달라집니다.

자산		부채 + 자본	
자산 항목	금액(원)	자본 항목	금액(원)
전세 보증금 펀드 원금	90,000,000 10,000,000	전세 보증금 담보대출	20,000,000
		자본금	80,000,000

만약 고객님이 펀드 원금을 마이너스 통장에서 빼서 불입했다면 어떻게 될까요? 마이너스 통장을 사용하는 것은 은행에서 대출을 받는 것과

같은 개념이기 때문에 다음과 같이 '부채+자본' 쪽에 별도의 대출 항목으로 구분해야 합니다. 앞서 보셨던 표와 비교하면 자산 총계는 같지만 '부채+자본'의 구성 내역은 변하게 됩니다.

자산		부채 + 자본	
자산 항목	금액(원)	자본 항목	금액(원)
전세 보증금 펀드 원금	90,000,000 10,000,000	전세 보증금 담보대출	20,000,000
		마이너스 대출	10,000,000
		자본금	70,000,000

혹은 '전세 보증금 담보대출'과 '마이너스 대출'을 '은행 대출'이라는 하나의 항목으로 묶을 수도 있습니다. 어차피 저희는 회계학 이론을 100% 따라야 할 필요는 없으므로 고객님의 노후를 대비하기 위해 고객님께서 보기 편한 대로만 정확하게 작성하면 됩니다.

자산		부채 + 자본	
자산 항목	금액(원)	자본 항목	금액(원)
전세 보증금 펀드 원금	90,000,000 10,000,000	은행 대출	30,000,000
		자본금	70,000,000

사실 펀드 원금 1000만 원은 여기저기서 빌려서 낸 상태입니다. 거래하던 은행에서 만든 마이너스 통장에서 500만 원, 캐피털에서 200만 원, 카드 현금 서비스에서 300만 원을 사용했거든요. 아, 돌이켜 보면 제가 왜 그런 짓을 저질렀는지 잘 모르겠습니다. 펀드로 수익을 많이 내면 다 해결될 줄 알았거든요.

신용 대출을 받아 재테크를 하는 것은 매우 위험하지만 주변을 둘러보면 고객님과 같은 분들이 적지 않습니다. 특히 시중은행이 아닌 캐피털과 카드 현금 서비스, 대부업 대출과 같은 비(非) 은행권 신용 대출을 이용하는 것이야말로 재테크 성공에서 멀어지는 가장 확실한 방법입니다. 이는 고객님들만의 잘못이라기보다 저와 같은 금융인들이 제대로 알려 드리지 못한 잘못도 있습니다. 처음부터 신용 대출을 세부적으로 분류하면 너무 복잡해지기 때문에 우선은 고객님의 신용 대출을 모두 '은행 마이너스 대출'이라고 가정하여 진도를 나가고, 신용 대출 부분은 3일차 상담에서 다시 자세히 살펴보겠습니다. 마지막으로, 아파트 입주권이 있다고 하셨는데 얼마에 구입하셨죠?

아, 생각만 해도 머리가 아픕니다. 부동산 가격이 한창 오를 때 남들 따라서 미분양 아파트를 계약금 3000만 원에 구매했습니다. 중도금은 모두 전액 무이자이고, 입주할 때 중도금과 잔금을 내기로 되어 있습니다. 원래 분양가는 3억 원인데 현재 시세는 떨어지지 않았지만 매매가 통 되지 않는다고 합니다. 처음 계획은 입주하기 전에 비싼 값에 팔아 차익을 보려던 것이었는데 지금 우리나라 상황을 봐서는 내년에 그 아파트를 팔기가 쉽지는 않을 것 같습니다. 지금이야 이자를 내지 않으니까 괜찮지만 입주 후에 이자를 낼 생각하면 눈앞이 캄캄하네요.

그래도 고객님은 그나마 상황이 좀 나은 편입니다. 다른 고객님 중에는 현재 살고 있는 집을 담보로 무리하게 융자를 받아 다른 아파트에 투자했다가 지금은 살고 있는 집과 입주할 아파트 중 어느 하나도 처분하지 못하고 한 달에 이자만 수백만 원씩 지출하는 분들도 많이 계십니다. 아파트 입주권에 대한 대차대조표 작성은 좀 복잡한데요. 먼저 고객님이 직접 대차대조표에 입주권을 반영해 보시겠습니까?

아파트 입주권을 3000만 원 주고 구매했으니까 저의 대차대조표는 다음과 같지 않을까요?

자산		부채 + 자본	
자산 항목	금액(원)	자본 항목	금액(원)
전세 보증금 펀드 원금 아파트 입주권	90,000,000 10,000,000 30,000,000	은행 대출	40,000,000
		자본금	60,000,000

고객님의 생각대로라면 자산의 총액은 1억 3천만 원인데 부채와 자본을 합산한 총액은 1억 원으로, 3000만 원의 차이가 발생합니다. 한 번 더 기회를 드릴 테니 다시 작성해 보시겠습니까?

그렇다면 차액 3000만 원이 자본으로 들어가는 건가요?

자산		부채 + 자본	
자산 항목	금액(원)	자본 항목	금액(원)
전세 보증금 펀드 원금 아파트 입주권	90,000,000 10,000,000 30,000,000	은행 대출	40,000,000
		자본금	90,000,000

이것도 아닙니다. 아파트 입주권을 보유하고 있는 경우에 착각하기 쉬운 부분인데요. 고객님과 같이 계약금만 지불하고 나머지는 입주 시 지불하기로 했다면 아파트 분양 대금 3억 원에서 계약금 3000만 원을 제외한

나머지 2억 7천만 원은 현재 고객님의 부채라고 봐야 합니다. 즉, 고객님의 대차대조표는 다음과 같습니다.

자산		부채 + 자본	
자산 항목	금액(원)	자본 항목	금액(원)
전세 보증금	90,000,000	은행 대출	40,000,000
펀드 원금	10,000,000	무이자 대출	270,000,000
아파트 입주권	300,000,000	자본금	90,000,000
자산 총합	**400,000,000**	**부채+자본 총합**	**400,000,000**

지금 저의 부채가 3억 1천만 원이라는 말씀인가요? 믿을 수가 없군요. 저는 그동안 아파트 입주권이 3억 원짜리 자산이라고만 생각했지, 그 이상은 생각도 하지 못했습니다. 제가 가지고 있는 전체 자산 4억 원 중에서 부채가 3억 1천만 원이면……. 방송에서 그토록 떠들어 대던 하우스푸어가 바로 저였습니다. 참 나!

이것이 계약금만 지불하고 아파트를 구매한 수많은 사람들이 착각하고 있는 대표적인 오류입니다. 계약금을 낸 만큼 자신의 자산이라고만 생각하고 앞으로 갚아야 할 부채는 계산하지 않은 것입니다. 또한 고객님의 경우에는 현재 2억 7천만 원이 무이자 대출이기 때문에 지금 당장은 이자를 내지 않아도 되지만 내년에 입주한 후에는 최소 3~5%에 해당하는 이자를 내야 한다는 것을 잊어서는 안 됩니다. 2억 7천만 원의 4% 이자라면 거의 월 100만 원 정도입니다. 여기에 원금 상환까지 고려한다면 현재 고객님의 수입과 향후 우리나라 아파트 가격을 감안했을 때 부담이 많이 되실 것 같습니다. 방금 전 고객님께서 말씀하신 것처럼 지금 고객님의 재무 상태는 하우스푸어로 진입할 수 있는 매우 위험한 상태입니다.

노후 대책을 세우기 전에 일단 아파트부터 팔아야 하는 상황입니다. 하지만 보러 오는 사람도 없고 큰일입니다. 저 같은 사람은 대체 자산 관리와 노후 대책을 어떻게 해야 하는 걸까요?

앞으로 7일간 상담을 통해 고객님의 문제점을 해결해 드리도록 하겠습니다. 그렇다면 이제부터 하나씩 공부해 볼까요?

2
현재 자산 검토하고, 미래 자산 설계하기

적을 이기기 위해서는 나를 먼저 알아야 합니다. 일단 고객님의 자산 구조를 100% 이해하기 위해 자산과 부채, 그리고 자산에서 부채를 뺀 나머지는 자본으로 구분하여 다음과 같이 정리해 보았습니다. 이것을 이제 'AS-IS 현재의 자산 구조'라고 부르도록 하겠습니다. 현재 고객님께서는 아파트 전세금 9000만 원과 펀드 원금 1000만 원, 아파트 입주권 3억 원으로 이루어진 총 4억 원의 자산을 보유하고 계십니다. 그러나 앞에서 설명해 드린 대로 이 중에서 고객님의 진정한 자본금은 9000만 원이고 나머지 3억 1천만 원은 부채입니다.

〈AS-IS 현재의 자산 구조(예시)〉

자산		부채 + 자본	
자산 항목	금액(원)	자본 항목	금액(원)
전세 보증금	90,000,000	은행 대출	40,000,000
펀드 원금	10,000,000	무이자 대출	270,000,000
아파트 입주권	300,000,000	자본금	90,000,000
자산 총합	**400,000,000**	**부채+자본 총합**	**400,000,000**

〈AS-IS 현재의 자산 구조(직접 작성)〉

자산		부채 + 자본	
자산 항목	금액(원)	자본 항목	금액(원)
자산 총합		**부채+자본 총합**	

잠깐 눈을 감고 10년 후 고객님의 자산을 상상해 보시기 바랍니다. 현재의 직장에서 과장으로 승진한 후 아내와 아이들과 함께 잘 살고 있을 것 같다고요? 지금 제가 이야기하는 10년 후의 자산 변동은 그런 막연한 미래가 아닙니다. 순전히 물리적인 측면만 고려하여 상상해 보세요. 물론 가장 중요한 자산은 가족의 건강과 행복이지만 그것은 자산으로 분류하여 관리하는 것이 아니라 무조건 챙겨야 하는 기본적인 부분입니다. 우선 10년 후 거주환경은 어떨 것 같습니까? 그리고 펀드의 규모는요? 지금은 마이너스 통장을 사용하지만 고객님도 언젠가는 마이너스를 벗어나 현금을 보유하고 계셔야 하지 않을까요? 10년 후 고객님의 자산은 바로 이런 것을 의미합니다.

일단 1억 원 정도의 대출을 끼고 강남은 아니더라도 서울에 있는 30평대 아파트로 옮겨 갔으면 합니다. 아이의 교육을 생각하면 목동 정도가 좋지 않을까 생각하는데요. 얼마 전 알아보니 시세가 6억 5천만 원 정도 하더군요. 그리고 현재 가지고 있는 펀드를 향후 10년간 꾸준히 불입해서 한 1억 원 정도로 늘리면 정말 소원이 없겠습니다.

네. 그런 것들도 10년 후 고객님께서 원하는 자산의 구조라고 볼 수 있습니다. 그 외에도 10년 후의 자산 구조 항목에 더 추가하고 싶은 것이 있을까요?

남들은 다 땅을 사겠다고 말하는데요. 저는 은퇴 후 아내와 함께 상가 임대료 같은 것을 받으면서 편하게 살고 싶습니다. 별다른 손재주도 없어서 장사는 못할 것 같고요. 자세하게 알아보지는 못했지만 얼마 전 재테크 책을 읽어 보니 2억 원 짜리 상가를 가지고 있으면 12%의 수익을 올려서 세전 월 200만 원 정도의 수입이 발생한다고 하더군요. 나중에 그런 상가 하나만 있으면 더 이상 소원이 없을 것 같습니다. 아, 마지막으로 언제 어떻게 될지 모르니 현금 5000만 원 정도는 가지고 있어야 하지 않을까요? 이 금액은 어딘가에 묶어 두고 마이너스 통장을 500만 원 내로 사용하면서 생활비를 관리하지 않을까 싶습니다.

음, 그런데 지금 같은 경제 상황에 아파트를 좀 더 넓히고 상가를 구매하겠다고 계획하시는 것을 보면 고객님께서는 아직 우리나라 부동산 시장을 희망적으로 생각하시는 것 같군요. 어쨌거나 좋습니다. 우리나라 부동산에 대해 희망론자와 비관론자가 요즘처럼 극단적으로 대립해 있는 경우는 저도 처음 보는 것 같거든요. 누구의 말이 맞는지는 시간이 알려 줄 것입니다. 어쨌든 저는 고객님의 노후 대책에 초점을 맞춰서 진행하겠습니다.

고객님께서는 보험과 연금이라는 큰 항목을 제외한 상태에서 10년 후 희망하는 자산 구조를 말씀해 주셨는데요. 앞에서 보았던 'AS-IS 현재의 자산 구조'에 고객님의 10년 후 희망 자산 항목과 함께 그 자산을 구매하기 위한 부채 금액, 자산에서 부채를 뺀 나머지를 모두 자본으로 넣겠습니다. 이것을 'TO-BE 미래의 자산 구조'라고 부르겠습니다.

〈TO-BE 미래의 자산 구조〉

자산		부채 + 자본	
자산 항목	금액(원)	자본 항목	금액(원)
목동 30평 아파트	650,000,000	목동 아파트 대출금	100,000,000
펀드 원금	100,000,000	마이너스 통장	5,000,000
상가	200,000,000		
현금성 자산	50,000,000	자본금	895,000,000
자산 총합	**1,000,000,000**	**부채+자본 총합**	**1,000,000,000**

〈TO-BE 미래의 자산 구조(직접 작성)〉

자산		부채 + 자본	
자산 항목	금액(원)	자본 항목	금액(원)
자산 총합		**부채+자본 총합**	

왜! 이렇게 10년 후의 자산 구조를 만들어 보니 흐뭇하네요. 이대로 된다면 정말 좋겠습니다.

네, 흐뭇하시죠? 요약해 보면 지금부터 10년 후 고객님의 희망 자본 금액은 8억 9천 5백만 원입니다. 현재의 자본금이 9000만 원이므로 앞으로 10년 동안 약 8억 원 이상의 자본을 더 불려야 고객님의 목표 금액에 도달할 수 있습니다. 대충 계산해 봐도 1년에 8000만 원을 꼬박꼬박 모아야 가능한 금액인데요. 가능할까요? 현 시점에서 1년에 8000만 원씩 모으는 것 말입니다.

제 연봉이 8000만 원이 안 되는데 어떻게 1년에 8000만 원을 모으겠습니까. 아, 갑자기 가슴이 답답해지네요. 얼마 전까지만 해도 '10년에 10억 벌기'가 대유행이었는데……. 돈을 많이 벌 수 있는 확실한 방법 없을까요?

죄송하지만 10년에 10억 원을 벌 수 있는 확실한 방법은 없습니다. 그건 다 과거의 사례를 든 것일 뿐입니다. 설령 벌 수 있다 치더라도 투자 운이 매우 좋아야 가능한 금액입니다. 또한 고객님과 같이 현재 1억 원 미만의 자본금을 보유하고 있는 분들이 10년에 10억 원 모으기는 거의 실현 불가능한 목표라고 볼 수 있습니다.

단기간에 재테크로 돈을 많이 번 분들의 대부분은 IMF 직후 부동산과 주식시장 폭등의 시기에 운 좋게 부동산과 주식에 잘 투자해 두고 지금과 같은 부동산 폭락이 언론에 거론되기 전에 시장에서 빠져나온 분들입니다. 하지만 그런 기회가 다시 오기는 쉽지 않습니다. 고객님의 경우를 보더라도 월급을 하나도 쓰지 않고 모아도 연 3600만 원인데, 어떻게 8000만 원을 저축합니까? 1년 치 월급인 3600만 원을 하나도 쓰지 않고 재테크를 귀신같이 해서 10년 안에 8억 원을 만들 수 있다고요? 말도 안 되는 소리입니다. 지금 같은 상황에 고객님이 무리해서 구매하신 아파트 가격이 옛날처럼 몇 억씩 쉽게 오를 수 있을까요?

그렇다면 저 같은 사람들은 평생 재테크를 할 수 없다는 건가요? 그냥 이렇게 살다가 노후에 돈 없이 비참하게 살라는 말로밖에 들리지 않습니다.

고객님을 포함한 수많은 분들은 왜 재테크의 성공을 '10년에 10억 원 벌기'로 한정하는 것일까요? 저는 10년에 10억 원을 벌어야 한다는 기준 자체가 모든 사람들에게 똑같이 적용되어서는 안 되는 매우 위험한 허상이라고 생각합니다. 이룰 수 없는 목표 때문에 많은 분들이 스트레스 받는 것을 보면 우리나라 사람들이 달성하기 힘든 재테크 서적의 이론만을 믿고 기계적으로 생활하는 것 같아서 마음이 아픕니다. 남들은 다 10년에 10억 원을 버는데 나만 못 번다고 생각하면 삶이 얼마나 고달프겠습니까? 실상은 그렇지 않은데 말입니다.

일단 머릿속에서 10년에 10억 원을 벌어야 한다는 강박관념을 버려야 합니다. 정말 중요한 것은 각자의 현재 상태를 정확하게 파악한 후, 향후 10년 동안 최대한 얼마를 벌 수 있는지 예상하고 그 목표를 향해서 뚜벅뚜벅 한 걸음씩 전진하는 것입니다. 만약 고객님께서 꼭 10억 원을 벌어야겠다고 목표를 정했는데 죽었다 깨어나도 그만큼은 못 번다면 어떻게 하실 건가요? 돈 걱정 없는 노후의 기본은 10억 원을 모으는 것이 아닙니다. 달성 가능한 목표를 세운 후 하루하루 후회하지 않고 행복하게 보내는 것입니다.

얼마 전까지만 해도 TV와 책, 인터넷 등에서 10억 원이야말로 행복한 노후를 위한 필수 조건이라 말하고, 보통 사람들조차도 은퇴 직전까지 10억 원을 모으지 못한다면 행복한 노후는 없다고 믿고 있었습니다. 지금이야 부동산 시장이 많이 축소되어 그런 말이 사라졌지만 아직도 많은 사람들이 10억 원에 대한 환상을 가지고 있는 것은 분명합니다. 그러나 지금 저희와 상담하는 분들 중에 벌써 10억 원을 모았거나 은퇴 직전까지 10억 원을 확실하게 모을 수 있는 사람이 과연 얼마나 될까요? 10억 원을 모았다 하더라도 현재 살고 있는 집의 가치를 빼고도 10억 원 이상의 자산을 보유하고 있는 분이 그중에서 몇 %나 될까요? 대한민국의 대다수는 죽을 때까지 노력해도 거주하고 있는 집을 제외하고 10억 원 모으기가 매우 힘들 텐데, 그렇다면 우리 모두 노후 대책의 패배자Looser가 되는 것일까요?

3

나의 노후 수준 측정하기

'노후 대책'이라는 말은 전 국민의 관심사가 되어 버렸습니다. 국가에서 노후를 보장해 준다고 대대적인 홍보를 해 가며 쥐꼬리만 한 월급에서 꼬박꼬박 떼어 가던 국민연금도 이제 와서는 노후를 위한 보조적인 지급 수준이라고 얼버무리고 있습니다. 한마디로 '자기 노후는 스스로 알아서 챙기세요.'라는 것이죠. 이러한 상황에서 우리는 어떻게 행복한 노후를 맞이할 수 있을까요?

서울복지재단에서 서울 시민 1천 명을 대상으로 조사한 결과에 따르면 지난 1년간 노년 준비 자금으로 연간 소득의 몇 %를 투자했느냐는 질문에 10% 미만을 투자했다는 사람이 45%로 가장 많았습니다. 10~20%를 투자한 사람은 20%, 20~30%를 투자한 사람은 17%, 30~50%를 투자한 사람은 4%였고 전혀 투자하지 않았다는 응답자도 13%로 비교적 많은 편이었습니다. 이들은 평균적으로 부동산에 약 3억 2천만 원, 주식과 채권에 3500만 원, 예금 및 적금에 2400만 원을 투자한 것으로 나타났는데요. 아마도 서울 시민을 대상으로 조사한 것이기 때문에 부동산의 경우 강남과 목동 같은 서울 중심부 아파트를 제외한 평균 주택 가격인 3억 원대가 나온 것으로 생각됩니다.

또한 우리나라는 평등한 사회가 아니기 때문에 소수의 주식 부자들이 보유한 주식과 채권으로 인해 실제보다는 평균 금액이 다소 부풀려서 나온 경향이 있습니다. 사실 제 주변 사람들과 대다수의 고객님을 보더라도 주식과 채권에 투자하지 않은 경우가 많거든요. 마지막으로 예금 및 적금은 아마 평균치에 근접할 것 같지만 아직까지도 많은 사람들이 예금 및 적금으로 1000만 원 만들기가 힘든 것은 엄연한 사실입니다.

그렇다면 이들이 예상하는 '노후에 필요한 최저생활비'는 얼마일까요? 결과를 살펴보면 월 90~140만 원이라는 응답자가 31.7%로 가장 많았고, 140~190만 원, 190~290만 원의 순으로 나타났습니다. 그러나 이 금액은 말 그대로 최저생활비입니다. 응답자의 대부분이 150~250만 원은 있어야 행복한 노후 생활이 가능할 것 같다고 대답했고, 300만 원 이상 있어야 한다는 응답자도 12.1%나 되었습니다. 반면 월 150만 원 미만으로 행복한 노후 생활이 가능하다는 응답자는 15% 정도밖에 되지 않았습니다.

고객님께서는 얼마가 있어야 행복한 노후를 맞이할 수 있다고 생각하십니까? 과연 얼마가 행복한 노후를 위한 적정한 수준일까요?

〈노후 생활에 필요한 월 최저생활비〉

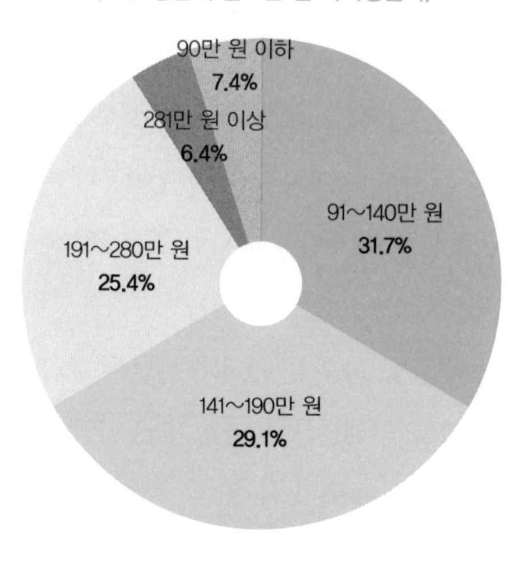

이에 대한 해답을 찾기 위해 먼저 고객님께서 원하시는 노후의 수준을 체크해 보겠습니다. 많은 사람들이 '내가 살 집이 한 채 있고, 자식에게 손 안 벌리고 먹고살면 되지'라고 막연히 생각하는데 과연 그 '먹고사는' 비용이 얼마나 될까요? 현재 거주할 집이 있고, 상환해야 하는 주택담보대출이 없다는 전제하에서 노후의 수준을 다음과 같이 6단계로 요약할 수 있습니다.

〈노후 수준의 6단계〉

(단위: 만 원)

수준		2인 기준	월 소요 비용	연 소요 비용	연 누적 소요 비용	월 누적 소요 비용	노후 예상 비용(월)
1	빈곤 (Poor)	기본 식비 및 피복비	40	480	480	40	90만 원 이하
		거주비 및 공과금 (세금 포함)	30	360	840	70	
		기본 의료비	20	240	1080	90	

2	기본 (Base)	교통비 및 차량 유지비	20	240	1320	110	91~ 140만 원
		기본적인 취미 및 여가 생활비	15	180	1500	125	
		추가 의료비	15	180	1680	140	
3	보통 (Standard)	여가 생활 1 (월 1회 국내여행 등)	30	360	2040	170	141~ 190만 원
4	중간 (Middle)	여가 생활 2 (연 1회 해외여행 등)	50	600	2640	220	191~ 280만 원
5	고급 (High)	골프와 같은 고비용 여가 생활	60	720	3360	280	280만 원 이상
6	호화 (Luxury)	최고의 의료 서비스 이용, 대형차(자동차) 보유 및 유지, 자녀에 대한 지속적 재정 지원	500만 원 +α				

만약 노후를 맞이했는데도 불구하고 본인 명의의 집이 없어서 매월 월세까지 내야 한다면 고객님의 노후는 더욱더 어려워질 수 있습니다. 전세를 살아도 되지 않겠냐고 반문할 수도 있지만 개인적으로는 향후 우리나라 주택 시장에서 전세의 비중이 점점 줄어들고 선진국과 같이 월세 위주의 시장으로 변화할 것으로 예상하기 때문에 그에 대한 대비를 충분히 해야 합니다. 전세는 우리나라 이외의 국가에서는 찾아보기 힘든 제도이기 때문입니다. 주택과 관련해서는 향후 4일차 상담에서 자세히 살펴볼 예정입니다. 은퇴 이후 평생 거주할 주택이 있으며, 관련된 대출금도 없다는 가정하에서 각각의 노후 수준을 살펴보겠습니다.

첫 번째는 '빈곤 수준Poor Level'입니다. 이 단계는 말 그대로 간신히 '먹고

사는' 수준입니다. 기본 식비 및 피복비, 주거비 및 공과금(세금 포함), 기본 의료비로 2인 부부 기준 월평균 90만 원 정도가 소요됩니다. 만약 젊었을 때부터 국민연금을 꾸준하게 부어 온 분들이라면 이 정도의 노후 생활이 가능할 수 있습니다. 그러나 100% 보장은 할 수 없습니다. 즉, 국민연금 하나만 믿고 별도의 노후 대책을 세워 놓지 않았다면 이 수준 이하의 노후를 맞이하게 될 것입니다. 덧붙여 말하면 이 단계는 노후에도 어느 정도 일을 해서 부가적인 수입이 있어야 먹고 싶은 음식을 사서 먹을 수 있는 수준입니다.

두 번째는 '기본 수준Base Level'입니다. 이 단계는 간간이 소형차를 몰고 다닐 수 있고 기본적인 취미 및 여가 활동이 가능한, 말 그대로 '기본' 수준입니다. 또한 몸이 아플 때 병원에 가서 내 돈으로 치료를 받을 수 있는 수준입니다. '빈곤 수준Poor Level'의 비용 이외에 추가적으로 교통비 및 차량 유지비, 기본적인 취미 및 여가 생활비, 추가 의료비가 더해져 2인 부부 기준 월평균 140만 원 정도가 소요됩니다. 국민연금을 맹신하지 않고 소액의 개인연금 보험에 가입했다거나 조그만 부동산에 투자해서 소액의 임대료가 꾸준하게 들어오는 경우라면 이 정도의 노후 생활이 가능합니다. 크게 돈이 아쉽지는 않지만 그렇다고 해서 마음 놓고 여가 생활을 누릴 수 있는 수준은 아닙니다.

세 번째는 '보통 수준Standard Level'입니다. '기본 수준Base Level'보다는 돈에 크게 구애 받지 않고 월 1~2회 정도 부부가 교외로 드라이브하면서 맛있는 음식을 사 먹을 수 있는 '보통' 수준입니다. '기본 수준Base Level'의 비용을 포함해서 월 1회 이상 국내여행과 같은 활동 등으로 2인 부부 기준 월 170만 원 정도가 소요됩니다. 고액의 개인연금 보험에 미리 가입했거나 거주 주택 이외에 일정 규모 이상의 부동산을 소유함으로써 월 100만 원 이상의 임대 수수료를 꾸준하게 받을 수 있도록 노후를 설계한 경우가 이 수준에 속하게 됩니다. 그러나 해외여행을 가거나 골프와 같은 고급 스포츠를 할 수 있는 수준은 아닙니다.

네 번째는 '중간 수준Middle Level'입니다. 이 단계는 '보통 수준Standard Level'에서 여가 생활에 좀 더 많은 돈을 소비할 수 있는 수준입니다. 부부가 1년에 한 번 정도는 해외여행도 다니고, 사랑스러운 손자 손녀들과 맛있는 외식을 즐기거나 용돈도 부담 없이 줄 수 있는 수준으로, 노후를 준비하는 대부분의 사람들이 꿈꾸는 수준입니다. '보통 수준Standard Level'의 비용을 포함해서 2인 부부 기준 월평균 220만 원 정도가 소요됩니다. 이 정도 규모라면 고액의 개인연금 보험과 부동산 임대 수수료가 복합적으로 들어올 수 있도록 노후를 설계한 경우입니다.

다섯 번째는 '고급 수준High Level'입니다. 이 단계에 들어서야 중형차를 몰고 다니면서 품위 유지를 하고 골프와 같은 소위 고급 스포츠를 가끔 즐길 수 있습니다. 2인 부부 기준으로 월평균 300만 원 정도가 소요됩니다. 이 정도 수준이라면 개인연금 보험이나 소액의 부동산 임대 수수료는 기본이고 상당한 규모의 주식, 펀드 등의 금융자산을 통한 투자 수익이 꾸준하게 들어올 수 있도록 노후를 설계한 경우입니다.

마지막으로는 '호화 수준Luxury Level'입니다. '럭셔리Luxury'라는 용어에 걸맞게 최신 모델의 자동차를 유지할 수 있으며 몸이 아플 때는 물론 1년에 한 번 최고의 의료 기관에서 정기검진을 실시하고, 심지어는 자녀들에게 집을 사 주고 생활비를 대 주는 등 지속적인 재정적 지원이 가능한 수준입니다. 이 정도 수준의 이른바 '자녀에게 기죽지 않고 오히려 큰소리칠 수 있는' 노후를 맞이하기 위해서는 은퇴 후 사망까지 매월 '500만 원+α'의 금액이 꼬박꼬박 들어올 수 있게 노후를 설계하거나 부모님으로부터 물려받은 20억 원 이상의 거액 자산이 있어야 가능합니다. 소위 은행의 PB고객들이 꿈꾸는 노후 수준인 셈입니다.

고객님께서는 어떠한 노후를 맞이하고 싶으십니까? 설마 '빈곤 수준(Poor Level)'의 노후를 맞이하기 위해 지금 저와 상담하고 계신 것은 아니시겠죠?

그럴 리가 있겠습니까. 돈이 많으면 많을수록 좋은 것처럼 저의 노후 수준도 높을수록 좋겠죠. 개인적인 희망은 방금 말씀하신 6가지 수준 중에서 '중간 수준' 정도만 되어도 좋을 것 같습니다. 지금부터라도 노후를 준비한다면 가능할까요?

개인마다 다르겠지만 고객님을 포함한 대부분이 보통에서 중간 수준의 노후를 희망하고 있을 것입니다. 그러기 위해서는 매월 170만 원에서 220만 원 정도가 소요되는데, 고객님이 은퇴할 시기인 2030년대에도 이 정도 규모의 금액이 필요할 것이라고 생각하는 사람은 아마 없을 것입니다. 시간의 흐름에 따라서 인플레이션Inflation으로 인해 노후 필요 자금은 눈덩이처럼 불어날 것이기 때문입니다.

현재 기준으로 빈곤 수준은 90만 원, 기본 수준은 140만 원, 보통 수준은 170만 원, 중간 수준은 220만 원, 고급 수준은 280만 원 이상의 월 노후 자금이 소요됩니다. 하지만 통계청에서 발표한 2008년 이후 평균 물가 상승률인 3.1%를 감안한다면 2037년 55세의 나이로 은퇴한 후 중간 수준의 노후를 위해서는 매월 약 500만 원의 자금이 소요될 것으로 예상됩니다. 만만치 않은 돈이죠? 또한 90세 사망 직전까지 중간 수준의 노후를 보내고자 한다면 2064년 기준으로 월 1179만 원의 생활비가 소요될 것으로 추정됩니다. 말도 안 된다고요?

1960년도에 15원이었던 자장면이 1975년에는 200원, 1985년에는 500원, 현재는 5000원까지 치솟았다는 사실을 보고도 믿지 못하시겠습니까? 1985년 대비 20년 동안 자장면의 가격은 10배가 올랐습니다. 고객님이 은퇴할 것으로 예상되는 2037년은 지금으로부터 약 20년 후인데, 자장면 한 그릇의 가격이 다시 10배가 올라 5만 원이 되지 않을 것이라고 누가 보장할 수 있을까요? 20년이 흐른 후, 다른 것은 몰라도 주머니 사정 고려하지 않고 손자 손녀들에게 자장면 한 그릇씩 사 줄 수 있는 경제력은 보유하고 있어야 하지 않겠습니까? 물론 자장면의 가격이 5만 원으로 오른 상황이라면 그 기간 동안 고객님의 소득과 자산 가치도 비례해서 오를 가능성이 큽니다. 그렇지만 이 세상 어느 시기를 막론하고 인플레이션 비율보다 소득 인상률이 높았던 적은 그리 많지 않습니다.

더욱 중요한 것은 고객님이 55세가 될 때까지 꼬박꼬박 월급이 나오는 안정적인 직장에서 근무하실 수 있을까요? 공무원이라면 가능하겠지만 고객님께서 정년과 연금이 보장되는 공무원이셨다면 지금 저와 노후 상담을 하고 계시지는 않을 것입니다. 따라서 샐러리맨은 직장에서 능력을 인정받아 가능한 한 직장을 오래 다녀 55세 이후에 정년퇴직하고, 자영업자라면 나이 들어서 기력이 없어질 때까지 일을 할 수 있도록 나 자신의 가치를 높이는 것이야말로 확실한 노후 대책이 아닐까 싶습니다. 한 치 앞도 내다볼 수 없는 현실 속에서 부모님이 물려주신 거액의 현금이나 매월 임대료가 꼬박꼬박 들어오는 빌딩이 있지 않은 이상 어느 한 가지 재테크 방법만 이용해서는 결코 우리의 노후를 준비할 수 없기 때문입니다.

4

은퇴 후, 어떤 일이 일어날까?

약 30년 전, 서울 변두리에 1000만 원의 주택담보대출을 끼고 3100만 원짜리 작은 연립주택을 장만한 저희 부모님이 1000만 원을 상환하기 위해 걸린 시간은 20년이었습니다. 그 후 세월이 흘러 저도 경기도에 3억 원짜리 아파트를 1억 원의 담보대출을 끼고 장만하였고, 현재의 수입과 지출 상태에서 추정해 보니 상환 예정 기간은 약 20년입니다. 세월은 흘렀지만 변한 것은 아무것도 없는 것일까요? 다시 한 번 저희 부모님의 경우로 돌아가 보겠습니다. 저희 부모님은 3100만 원을 주고 구입한 주택을 30년 후 3억 원에 팔고 지방으로 내려가셨습니다. 30년 동안 집값이 10배가 된 것입니다. 그렇다면 제가 얼마 전에 구입한 3억 원짜리 아파트도 30년이 흘러 은퇴할 나이가 되면 30억 원에 매도할 수 있을까요?

얼마 전만 해도 주택 가격이 지속적으로 상승할 것으로 예상하고 많은 사람들이 부동산에 집중적으로 투자하여 노후를 준비했습니다. 현재는 3억 원짜리 아파트지만 20~30년 뒤 자신들이 은퇴할 시점에 높은 가격으로 매도한 후 지방이나 소형 아파트로 이사하여 그 차익으로 10억 원 정도를 만들어 노후를 편안하게 보내겠다는 생각이었죠. 또한 수많은 재테크 관련 서적에서도 이것이야말로 가장 확실한 재테크 방법이라고 소개했습니다. 과연 맞는 이야기일까요?

많은 분들이 노후를 대비하는 방법에 대해 물어보시면 저는 통계청에서 공식 발표한 향후 대한민국 인구 구성과 관련한 데이터를 보여 드립니다. 2014년 기준으로 대한민국 총인구는 5100만 명이 넘는 것으로 조사되었지만 현재의 추세라면 2050년에는 4200만 명으로, 2014년보다 무려 17% 정도가 줄어들 것으로 예상되고 있습니다.

〈연령별(전국) 추계인구〉

연령별(전국)	추계인구				
	2010	2020	2030	2040	2050
계	48,874,539	49,325,689	48,634,571	46,343,017	42,342,769
0세	438,169	380,694	354,977	267,479	227,902
1세	439,839	379,968	359,553	271,988	228,924
2세	442,457	381,540	364,270	278,480	231,240
3세	443,947	385,768	367,567	285,960	233,977
4세	437,053	391,330	369,262	294,213	236,978
5세	447,025	397,615	369,478	303,066	240,210
6세	473,567	403,915	368,435	312,238	243,642

7세	487,457	410,418	366,769	321,605	247,435
8세	524,339	416,675	364,716	330,599	251,509
9세	584,910	422,210	366,884	338,879	255,950
10세	614,613	426,785	370,962	346,003	260,780
11세	612,031	430,021	371,626	351,750	266,134
12세	631,223	432,301	372,928	356,140	272,313
13세	655,380	433,263	376,631	358,957	279,309
14세	674,898	425,658	381,278	359,872	286,778
15세	687,177	434,308	386,456	359,204	294,689
16세	691,595	458,480	391,208	356,941	302,548
17세	690,506	471,479	397,134	354,996	311,340
18세	679,151	508,282	404,098	353,812	320,782
19세	653,837	567,437	409,788	356,208	329,095
20세	627,880	597,684	415,228	361,043	336,837
21세	612,701	595,509	418,598	361,885	342,624
22세	607,327	615,281	421,588	363,819	347,544
23세	620,180	641,217	424,131	368,845	351,653
24세	645,078	661,861	417,666	374,303	353,416
25세	654,712	674,109	426,323	379,556	352,936
26세	699,442	682,547	452,764	386,549	352,841
27세	753,706	683,636	467,094	393,673	352,059
28세	797,872	671,977	503,288	400,363	350,710
29세	814,909	647,558	562,410	406,429	353,456
30세	802,014	621,672	592,247	411,724	358,192
31세	772,573	607,868	591,399	416,018	359,866
32세	748,673	602,705	611,248	419,172	361,967
33세	743,502	614,207	635,761	420,882	366,260

34세	761,686	639,146	656,580	414,675	371,878
35세	797,512	650,373	670,629	424,453	378,173
36세	837,023	693,637	677,923	450,094	384,563
37세	866,470	746,131	677,818	463,597	391,052
38세	883,263	789,077	665,646	499,123	397,401
39세	885,946	805,177	640,943	557,365	403,177
40세	875,773	791,566	614,720	586,434	408,111
41세	856,597	761,178	600,101	584,735	411,805
42세	831,209	736,462	594,165	603,590	414,443
43세	812,432	730,425	604,835	627,198	415,793
44세	808,419	747,365	628,739	647,165	409,370
45세	812,869	781,818	639,370	660,654	418,873
46세	824,803	819,920	681,548	667,585	444,097
47세	841,625	848,274	732,924	667,422	457,465
48세	854,550	864,271	774,967	655,474	492,634
49세	858,141	866,508	790,701	631,204	550,309
50세	848,690	856,348	777,374	605,531	579,312
51세	823,550	838,467	748,492	592,114	578,668
52세	784,111	814,245	725,020	587,201	598,364
53세	742,633	795,709	719,352	598,141	622,296
54세	708,728	791,070	735,710	621,605	642,057
55세	663,319	793,939	768,435	631,412	654,717
56세	599,105	803,623	804,215	671,898	660,553
57세	552,611	817,458	829,727	720,800	658,962
58세	515,782	827,231	842,764	760,034	645,569
59세	474,387	827,690	842,145	773,128	619,889
60세	460,375	815,215	829,260	757,489	592,731
61	462,773	786,636	807,986	725,912	577,173

62	454,708	744,361	780,302	699,583	569,872
63	426,064	700,675	758,174	690,761	577,931
64	382,789	664,591	749,534	703,082	597,878
65	354,711	618,175	748,275	730,944	604,988
66	354,879	554,844	753,522	761,732	641,510
67	370,135	508,268	762,071	782,122	685,526
68	375,184	470,645	766,370	790,151	719,689
69	356,425	428,844	761,307	784,848	728,525
70	334,690	412,005	743,778	768,037	710,023
71	321,150	409,266	710,562	742,697	675,933
72	305,975	396,854	664,728	710,639	646,454
73	290,057	366,359	617,864	682,926	632,881
74	275,024	323,579	577,860	667,037	637,896
75	256,078	294,280	528,985	657,149	655,732
76	234,127	288,078	465,757	650,971	673,805
77	214,022	293,043	417,534	646,185	680,763
78	193,422	288,602	377,141	636,386	675,088
79	169,296	265,476	334,113	617,400	656,724
80	148,589	240,700	311,071	587,045	627,998
81	131,483	222,209	298,464	543,707	591,718
82	114,188	202,676	278,336	490,921	548,851
83	98,948	182,948	245,835	438,575	508,582
84	85,902	164,267	206,688	392,696	477,552
85	73,518	144,122	178,297	342,753	451,151
86	64,019	123,551	164,879	286,157	426,060
87	55,328	105,371	157,098	241,419	399,851
88	45,280	88,248	143,488	203,268	368,869
89	35,799	70,897	121,368	166,225	331,891

90	26,118	56,516	100,370	141,615	289,970
91	18,089	45,175	84,315	124,218	246,613
92	13,891	35,399	70,064	106,328	205,574
93	11,581	27,534	57,242	85,669	168,713
94	8,712	21,013	45,264	63,731	134,350
95세 이상	20,233	52,181	118,061	197,356	352,477

문제는 인구 비율이 심각하게 변한다는 것입니다. 언론에서 이미 '대한민국의 고령화 충격'에 대해 여러 차례 다룬 적이 있습니다만 의외로 많은 고객이 이러한 변화가 자신의 노후에 어떠한 영향을 미칠지 모르는 채 노후를 설계하고 있습니다. 아래의 차트를 살펴보면 2050년까지 우리나라 인구의 구성이 어떻게 변할 것인지 알 수 있습니다.

〈2010~2050년 대한민국 연령대 분포도〉

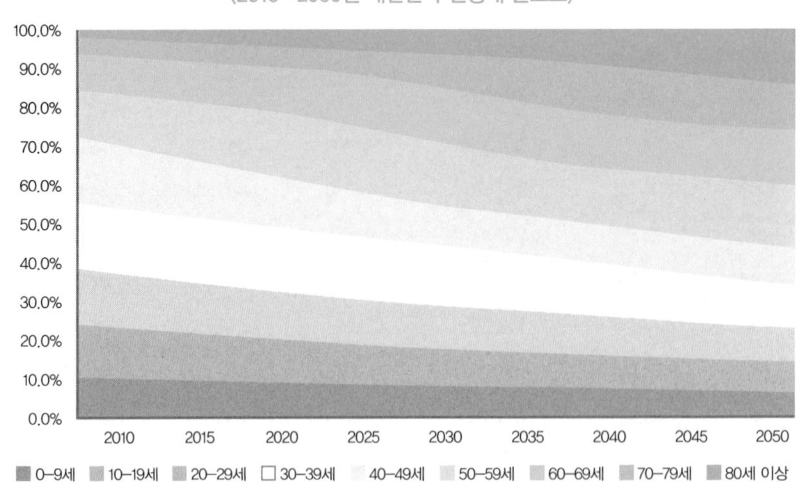

아직 잘 모르시겠다면 그래프를 하나 더 보여 드리겠습니다. 다음은 2050년까지의 우리나라 인구 중 60세 이상 노인의 비율을 보여 주고 있습니다. 60세 이상 노인의 비율이 2050년이면 45%까지 폭발적으로 증가한다는 것입니다. 즉, 길거리의 수많은 사람들 중 절반이 60세 이상 노인일 것이라는 예측입니다.

〈2010~2050년 대한민국 총인구 중 60세 이상 비율(예상)〉

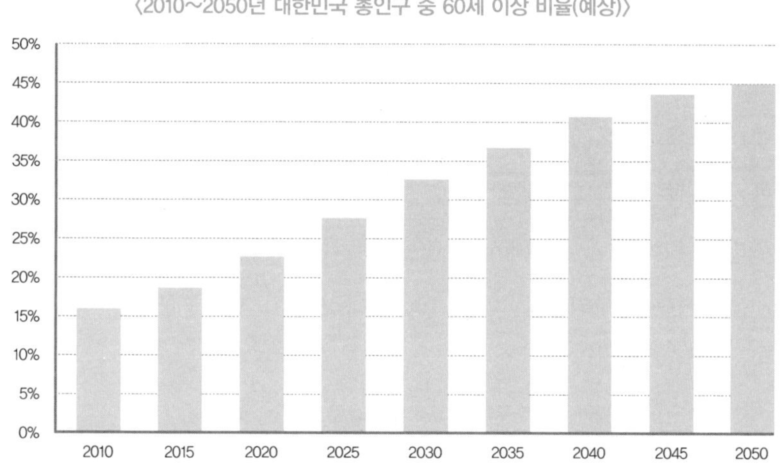

이를 통해 고객님이 은퇴하는 시점을 상상해 보면 거리에 있는 10명 중 4명이 60세 이상의 노인이며, 이분들 모두 용돈이라도 벌어 보기 위해서 소일거리를 찾고 있을 것입니다.

최근까지 많은 사람들이 담보를 끼고 구매한 아파트의 가격이 오르기를 기다리는 방법으로 자산을 늘려 갔습니다. 그러나 노후 대비를 위한 자산 포트폴리오를 부동산 위주로 구성한 사람들이 만약 2020년까지 그 구성을 유지한다면 어떻게 될까요? 경제적으로 힘든 노인들은 살고 있는 집을 줄이거나 전세로 옮겨서 현금을 확보하려고 할 것입니다. 이때 쏟아져 나올 것으로 예상되는 집들이 2020년부터 매년 20만 채 이상일 것으로 추정됩니다. 수요와 공급 법칙을 생각해 본다면, 이때 과연 여러분이 원하는 가격에 부동산을 처분할 수 있을까요?

앞서 살펴본 바와 같이 지금 가장 중요한 것은 자신의 현재 및 미래의 실현 가능한 자산 구조를 면밀하게 진단하는 것입니다. 그 후에는 투자를 위한 종잣돈을 확보하는 한편 자산을 불리기 위한 우선순위를 설정해야 합니다. 돈이 많다면 부동산을 사거나 주식과 채권, 상가도 사면서 자산이 증가하기를 기다리면 되지만, 보통의 서민들은 감히 시도조차 할 수 없는 방법입니다. 또한 계속해서 말씀드렸듯이 부동산 시장이 불확실한 현재 시점에서는 아무리 좋은 아파트를 사더라도 가격이 오를 것이라고 확신할 수 없습니다.

벌써 시간이 많이 흘렀습니다. 하루 만에 모든 것을 알려 드릴 수는 없으니 앞으로 추가적인 상담을 통해 고객님의 자산 관리를 지속적으로 지원해 드리겠습니다. 그럼 내일 다시 뵙겠습니다.

2일차 상담

이것도 모르면 **투자하지 마라**

1

투자 1단계 '목적'을 달성하기 위해 '목표'를 설정하라

어제 상담을 하고 집으로 가면서 참으로 많은 생각을 했습니다. 현재 하우스푸어인 나의 노후는 어떻게 될까? 내가 원하는 대로 중간 수준Middle Level의 노후를 보낼 수 있을까? 설마 나도 출근 시간대의 지하철에서 파지를 줍는 수많은 어르신처럼 살아야 하는 건 아니겠지? 그렇게 살지 않기 위해 무리해서 아파트를 매입한 거였는데, 도대체 어디서부터 잘못된 것일까? 지금 이 상황을 어떻게 수습해야 하지? 어제 본 인구통계 시뮬레이션대로라면 내가 은퇴할 때쯤에는 대한민국 국민의 1/3이 60세 이상 노인들일 텐데 그때까지 아파트 가격이 유지될 수 있을까? 20년 후 수많은 노인들이 생활비 때문에 아파트를 처분하기 시작하면 그 여파는 상상할 수 없을 텐데 손해를 보더라도 지금 당장 분양권을 헐값에 팔아야 하나? 이런 생각이 머릿속을 떠나지 않았습니다.

네, 그렇게 생각하시는 것도 무리가 아닐 것입니다. 저희와 상담한 많은 고객님들도 다른 것보다 인구통계 시뮬레이션 차트를 보고 큰 충격을 받으셨습니다. 말씀하신 것처럼 몇 십 년 후에는 대한민국 국민의 1/3이 60세 이상 노인들로 이루어질 텐데 그런 상황에서 자신의 노후를 위한 자산관리를 도대체 어떻게 해야 하는지 감이 잘 안 잡히신다고 합니다.

성공적인 자산 관리를 위해 '목표 가시화Goal Visualization'라는 기법을 사용합니다. 이 방법은 목표를 명확하게 설정한 후, 몇 가지 목표 중에서 가장 빠르게 달성할 수 있으면서 가장 효과가 좋은 것에 우선적으로 투자한다는 전략으로, 다음과 같은 5단계를 통해서 이루어지게 됩니다. 목표 가시화의 5단계 중 첫 번째 단계를 살펴보겠습니다.

목표 가시화를 위해서 가장 먼저 해야 할 일은 고객님의 목표를 설정하는 것입니다. 1가지의 목표가 아니라 여러 목표를 동시에 설정할 수 있습니다. 10년 안에 1억 원 만들기나 1년 안에 종잣돈 1000만 원 만들기, 5년 안에 자동차 바꾸기 등과 같이 노력하면 달성 가능한 개인의 목표를 설정하면 됩니다. 첫째 날에 상의한 바와 같이 고객님의 첫 번째 목표는 55세에 은퇴해서 중간 수준Middle Level의 노후를 보내는 것이라고 하셨죠? 원하는 노후 수준 이외의 다른 목표도 말씀해 주시겠습니까? 참고로 어제 말씀드렸듯이 행복하고 건강하게 사는 것과 같은 질적인 목표 외에 재무적인 목표로만 한정하도록 하겠습니다. 5가지 내에서 고객님의 재무 목표를 말씀해 주시겠습니까?

💬 갑자기 5가지 목표를 생각해 내려고 하니 어렵네요. 좀 도와주시겠습니까?

네, 알겠습니다. 첫째 날에 고객님의 'AS-IS 현재의 자산 구조'와 'TO-BE 미래의 자산 구조'를 작성하셨던 것 기억나십니까? 이것을 참고하여 목표를 설정해 보십시오.

〈AS-IS 현재의 자산 구조〉

자산		부채 + 자본	
자산 항목	금액(원)	자본 항목	금액(원)
전세 보증금	90,000,000	은행 대출	40,000,000
펀드 원금	10,000,000	무이자 대출	270,000,000
아파트 입주권	300,000,000	자본금	90.000.000
자산 총합	**400,000,000**	**부채+자본 총합**	**400,000,000**

〈TO-BE 미래의 자산 구조(최종 목표)〉

자산		부채 + 자본	
자산 항목	금액(원)	자본 항목	금액(원)
목동 30평 아파트	650,000,000	목동 아파트 대출금	100,000,000
펀드 원금	100,000,000	마이너스 통장	5,000,000
상가	200,000,000	자본금	895,000,000
현금성 자산	50,000,000		
자산 총합	**1,000,000,000**	**부채+자본 총합**	**1,000,000,000**

💬 제가 만들었던 'TO-BE 미래의 자산 구조'를 보니 저의 재무 목표는 다음과 같은 5가지 정도로 요약할 수 있겠군요.

최종 목표 55세에 은퇴해서 중간 수준(Middle Level)의 노후 보내기
세부 목표 ① 목동에 30평대 아파트 장만하기
세부 목표 ② 펀드 1억 원 달성하기
세부 목표 ③ 상가 장만하기
세부 목표 ④ 현금 5000만 원 마련하기

엄밀히 말씀드리자면 고객님의 현재 자산 구조에서 10년 이하의 단기간 내에 목표인 'TO-BE 자산 구조'로 가기에는 무리가 있습니다. 고객님께서 설정하신 목표를 보면 현재의 자본금인 9000만 원을 10년 내에 8억 원 이상으로 늘려야 합니다. 하지만 현재 자본금 9000만 원을 가지고 1년에 1억 원씩 자산을 늘리는 것은 거의 불가능합니다.

특히 '목동 아파트'가 과연 고객님께 합당한 목표인지 다시 한 번 생각해 보셔야 합니다. 집을 소유하고도 빈곤하게 사는 '하우스푸어House Poor'나 10억 원 이상의 집을 소유하고도 빚에 짓눌려 생활하는 '밀리어네어푸어Millionaire Poor'가 고객님의 상황이 될 수 있습니다.

앞서 언급했듯 복리의 마법을 이용해 마련한 종잣돈으로 일정 금액의 담보대출을 끼고 아파트를 구매한 후 집값이 오르기만을 기다리는 투자 방법은 과거의 이야기일 뿐입니다. 종잣돈이 복리의 마법을 부리기 위해서는 최소 10년이 필요하고, 앞으로 부동산 가격이 다시 폭등할 가능성은 지극히 낮아 보이기 때문입니다.

그렇다면 선생님께서 30대 초반에 생각하셨던 우선순위는 무엇이었는지 여쭤봐도 될까요?

저희들이 택한 방법이 다른 많은 분들에게는 맞지 않을 수도 있습니다. 그러나 자신이 처한 현재 상황을 냉정하게 분석하고 우선적인 방법을 찾는 것은 무엇보다 중요합니다. 제가 30대 초반에 생각한 우선순위는 일단 복리의 마법을 부릴 종잣돈을 확보하고, 저 자신의 가치는 물론 월수입을 높일 수 있는 방법을 찾는 것이었습니다. 그리고 다른 사람들에게 휩쓸리지 않고 저만의 철학을 가지고 재테크를 해 왔습니다.

자기 자신의 가치? 그것도 자산에 속하나요?

평범한 샐러리맨에게 자기 자신의 가치는 재테크를 위한 가장 중요한 항목이라고 생각합니다. 2002년, 제가 결혼할 당시 다니던 조그만 벤처 회사의 월급은 세금을 제외하고 정확하게 205만 원이었습니다. 그 중 용돈 30만 원을 제외한 나머지 모두를 원금 손실이 절대 발생하지 않는 금융 상품(연금 포함)에 가입했습니다. 당시 아내의 월급은 세후 240만 원이었고 그중 월 150만 원(보험료 포함)은 생활비로, 40만 원은 위험성이 다소 높은 펀드에 넣었고 나머지 50만 원은 여가비로 쓰기 위해 별도의 초단기 상품에 넣어 두고 있었습니다. 즉, 당시 저의 재무 상황은 소득 445(205+240)만 원에서 지출 230(30+150+50)만 원으로, 한 달간 순 자산 증가 금액은 215만 원이었습니다.

여가비로 월 50만 원을요? 그렇다면 1년에 600만 원을 여가비로 썼단 말씀이십니까?

네. 안락한 노후 생활도 중요하지만 인생을 즐기는 것 또한 어느 정도 필요하다고 생각합니다. 나중에 나이가 들어서 은퇴한 후 돌이켜 보니 치열하게 돈을 번 기억만 있고, 아내와 공유할 수 있는 취미나 행복한 기억이 없다면 그것도 재테크에 실패한 것이라고 생각했습니다. 그래서 맞벌이하는 동안은 무리하지 않는 선에서 매월 50만 원을 여가비로 책정하고 시간이 되면 공연을 보거나 여행도 다녔습니다. 맞벌이를 그만두면 그때 여가비도 줄이기로 했죠.

그렇게 여가비를 쓰면서도 재테크에 성공할 수 있나요?

재테크 성공의 기준을 왜 돈에만 두려고 하십니까? 돈도 중요한 부분이지만 인생을 살면서 누릴 수 있는 자잘한 경험을 쌓는 것도 하나의 재테크라고 생각합니다. 저는 그렇게 여가비를 지출하면서도 현재 융자 없는 아파트 한 채와 조그만 상가 지분 하나를 가지고 있습니다. 물론 보험금과 연금 및 정기적금도 꼬박꼬박 부어 가면서요. 저는 당장 내일 은퇴하더라도 그동안 여행하면서 남긴 많은 추억들 때문에 행복할 것 같습니다.

저는 6000만 원짜리 전셋집에서 결혼 생활을 시작했습니다. 그중 1000만 원은 융자였기 때문에 결혼 초에는 순 자산이 5000만 원이었습니다. 재테크를 위해서 가장 먼저 택한 우선순위는 대출금 1000만 원을 상환하는 것이었고, 이를 위해서는 이론상으로 5개월의 시간이 필요했습니다. 또한 학원 강사였던 아내의 소득 활동 예상 기간이 5년 정도밖에 남지 않은 상태였으므로 맞벌이를 그만두는 5년 안에 제 수입이 아내의 수입을 메꾸지 못하면 재테크는커녕 있던 전세도 줄여서 가야 하는 상황이었습니다. 저는 어떻게 해서든 5년 안에 제 소득을 2배로 늘려야 했습니다.

그 당시 '10년 안에 10억 벌기' 열풍이 불었는데, 저는 그 열풍을 보면서 반신반의했습니다. 저의 경우 5000만 원을 가지고 10년 안에 10억을 벌기 위해서는 매년 1억 원에 가까운 9500만 원의 순 자산이 차곡차곡 늘어나야 했습니다. 흔히 말하는 복리의 마법으로 매년 10%의 수익률을 올린다 하더라도 불가능한 상황이었습니다. 전세를 빼고 아버님 집에 얹혀살면서 그 돈으로 매년 10% 이상의 수익률을 올릴 수 있는 투자처를 제대로 찾는다 하더라도 3억 8천 500만 원이 있어야 가능한 상황이었거든요. 제가 만약 유복한 집안에서 태어나 결혼 초에 3억 8천 500만 원짜리 집이나 전세를 가지고 시작했다면 지금쯤 10억 원을 벌 수 있었을까요? 어떻게 보면 현실에 안주하고 치열하게 살지 않았을 것 같기도 합니다.

저는 일단 나쁜 부채인 1000만 원을 청산해야 했고, 다음으로는 월 소득을 늘리기 위한 방법을 찾았습니다. 다니던 회사에서 제 바로 위의 상사가 250~300만 원, 부장님은 300~350만 원, 이사님이 400만 원 정도의 월급을 받았는데, 당시 과장이었던 제가 차장으로 승진하기 위해서는 5년, 차장에서 부장으로 승진하기 위해서는 7년, 부장에서 이사로 승진하기 위해서는 얼마나 더 걸릴지 모르는 상황이었습니다. 승진은 고사하고 그때까지 회사가 잘 버텨 줄지도 의문이었습니다. 그 사실을 깨닫고 난 후 끊임없는 자기 계발과 인맥 관리를 통해 안정적으로 월 소득을 올릴 수 있도록 회사를 옮겼습니다. 얼마 전 예전 회사에 아직 다니고 있는 직원을 만났는데, 그 이후로 사정이 더 안 좋아져서 월급이 거의 오르지 않았다고 합니다. 만약 저도 계속 그 직장에 있었다면 재테크에 실패했을 것입니다.

월급이 50만 원 오르면 자산 5000만 원이 증가하는 것과 동일한 현금 유입을 가져올 수 있기 때문에 열심히 공부해서 5년 안에 월급을 2배 높일 수 있다면 그것을 최우선적으로 달성하도록 노력해야 합니다. 따라서 현실적인 'TO-BE 자산 구조'를 설정한 후 그 목표를 먼저 달성하는 방법을 추천해 드리고자 합니다. 고객님의 현 재무 상황에서는 향후 5년간의 자산 구조를 다음과 같이 예측하는 것이 가장 합리적일 것 같은데 어떠십니까? 즉, 고객님의 현재 자본금 9000만 원을 10년 내에 2억 8천만 원까지 늘리는 것으로 목표를 설정하는 것입니다. 고객님께서 처음에 설정하셨던 것보다는 좀 더 현실적인 목표입니다.

〈TO-BE 미래의 자산 구조(중간 목표)〉

자산		부채 + 자본	
자산 항목	금액(원)	자본 항목	금액(원)
입주 아파트	300,000,000	입주 아파트 대출금	70,000,000
펀드 원금	30,000,000		
연금 보험	20,000,000	자본금	280,000,000
자산 총합	**350,000,000**	**부채+자본 총합**	**350,000,000**

최종 목표	55세에 은퇴해서 중간 수준(Middle Level)의 노후 보내기
10년 목표	노후를 위한 연금보험 가입하기(연간 200만 원)
8년 목표	펀드 원금을 3000만 원으로 만들기
5년 목표	아파트 대출금을 7000만 원 이내로 만들기
2년 목표	현재의 소형차를 중형차로 바꾸기
1년 목표	마이너스 통장을 포함한 악성 신용 대출 상환하기
매년 목표	1년 만기 단기 적금 상품 가입하기(월 10만 원 이상)

'TO-BE 미래의 자산 구조(중간 목표)'에서 2년 후 바꿀 자동차는 자산 목록으로 두지 않았습니다. 자산을 늘려야 하는 사람들에게 자동차는 단지 돈 먹는 하마에 불과하기 때문입니다. 자동차는 비용을 일으키는 '소모성 자산'이라고 보시면 됩니다.

tip

종잣돈의 첫걸음 정기적금과 예금의 차이점

은행의 적금 및 예금 상품에 대해 알아보겠습니다. 수많은 은행의 예금 상품 중 고객님이 자신에게 맞는 최적의 상품을 찾아 투자 의사 결정을 내릴 수 있도록 도와 드릴 예정입니다. 먼저 의외로 많은 분들이 혼동하시는 정기적금과 예금의 차이점을 간단하게 알아볼까요?

은행의 벽면에는 사방으로 예금과 적금 포스터들이 붙어 있습니다. 하지만 예금과 적금의 기본적인 차이를 이해하지 못하고 금융 상품 및 투자 상담을 받는 고객이 의외로 많이 있는데요. 간단히 설명하면, 정기적금(定期積金)은 은행과 일정 기간을 계약하고 정기적으로 금액을 불입하여 계약 기간이 만료된 후 이를 이자와 함께 일괄적으로 돌려받는 것을 의미합니다. 예금(預金)은 큰 의미에서는 고객이 은행에 맡기는 돈을 통틀어 이야기하지만, 좁은 의미에서는 일정 금액을 일시불로 은행에 맡기고 일정 기간이 지난 후에 원금과 이자를 함께 돌려받는 것을 의미하기도 합니다.

예를 들어 고객님께서 매월 50만 원씩 1년 동안 불입하고 1년 후 원금과 이자를 받는 상품에 가입했다면 이는 정기적금이고, 5000만 원을 한꺼번에 불입한 후 1년 뒤에 원금과 이자를 받는 상품에 가입했다면 이는 예금인 것입니다.

2

투자 2단계 내 인생의 우선순위를 정하라

정확한 목표 목록을 작성했다면 다음으로는 좀 더 구체적으로 각 목표 간의 우선순위를 정해야 합니다. 또한 우선순위 목록을 관리하고 반드시 달성하겠다는 강한 성공 욕구를 불러일으켜야 합니다. 지금 이 순간 고객님이 저와 함께 목표를 설정하고 아무리 비장한 각오를 다졌다 하더라도 며칠만 지나면 평상시와 똑같이 행동하실 확률이 높기 때문입니다.

앞서 1단계에서 설정하신 7가지 목표의 우선순위를 나열하면 다음과 같습니다. 보시다시피 고객님의 목표 중 차를 바꾸는 것은 우선순위에서 배제하는 것이 좋을 것 같습니다. 차량을 교체하는 일보다 더 중요한 목표가 6가지나 있으니까요.

〈목표 달성을 위한 우선순위〉

<table>
<tr><th>우선순위 1</th><th>우선순위 2</th><th>우선순위 3</th><th>우선순위 4</th></tr>
<tr><td>마이너스 통장과
악성 대출 상환하기</td><td>1년 만기
단기 상품 가입하기</td><td rowspan="2">노후를 위한
장기 투자 상품
가입하기
(연간 200만 원)</td><td rowspan="2">55세에 은퇴해서
중간 수준(Middle
Level)의 노후
보내기</td></tr>
<tr><td>아파트 대출금
7000만 원 이내로 만들기
(하우스푸어,
카푸어 되지 않기)</td><td>펀드 원금
3000만 원으로 만들기</td></tr>
</table>

3

투자 3단계 투자 성향을 체크하라

혹시 주식에 투자해 보신 적이 있으십니까? 수익이 좀 나셨나요?

몇 번 해 본 적이 있지만 그때마다 제가 산 주식만 떨어졌습니다. 손해 보고는 못 사는 성격이라 원금 이하로 떨어지는 것을 보면 잠도 안 오고 해서 몇 년 전 원금 손해를 크게 본 이후로 주식은 아예 쳐다보지도 않습니다.

네, 사람마다 선호하는 투자 방법도 각기 다릅니다. 주식과 같이 원금 손실이 클 수 있는 투자 상품을 선호하는 사람이 있는 반면 고객님과 같이 투자한 원금에 손실이 나면 마음이 심란해지고 일이 손에 잡히지 않는 사람도 있기 마련입니다. 만약 10원의 손해도 못 참는, 극단적으로 소심한 투자자가 10년에 10억 원을 벌겠다는 목표를 설정하여 모든 자산을 주식에 투자한다면 어떻게 될까요? 아마도 그 투자자는 주식시장 시세를 매일 확인하다가 10년이 채 되기도 전에 심장마비로 사망할 가능성이 더 클 것입니다. 이와 같이 개인마다 다른 투자 성향을 진단할 수 있는 가장 손쉬운 방법은 금융투자협회[1](www.kofia.or.kr)의 '표준 투자 권유 준칙'을 이용하는 것인데요. 이에 따르면 모든 투자자는 다음과 같은 5가지 유형으로 분류될 수 있습니다. 유형별 투자 성향과 세부 특징은 다음과 같습니다.

No	투자 유형	주요 특징
1	안정형	'안정형' 성향을 가진 사람들의 가장 큰 특징은 투자 원금에서 단 1원의 손실도 발생하지 않아야 한다고 생각하는 것입니다. 위험(Risk)이 전혀 없는 안전한 투자처만 찾아서 투자하기 때문에 은행의 예금 또는 적금, 국공채 수준의 수익률 정도만을 기대해야 합니다. 간혹 원금 손실은 절대 없으면서 수익률은 10% 이상 되는 상품을 소개해 달라는 경우가 있는데, 만약 금융기관이나 TV 홈쇼핑에서 그런 투자 상품이 있다고 가입을 권유한다면 이는 100% 거짓말입니다. 이 세상에 위험은 없으면서 수익률이 높은 투자 상품은 존재하지 않는다는 것을 명심하시기 바랍니다.
2	안정 추구형	'안정 추구형' 성향을 가진 사람들은 '안정형'에 비해서 어느 정도의 투자 원금 손실을 받아들일 수 있습니다. 주로 이자소득이나 배당소득 수준의 안정적인 투자를 목표로 하고 있지만 수익을 위해서라면 단기적인 손실을 수용할 수 있는 경우입니다. 그러나 위험이 높은 상품에 투자하는 비중은 매우 적으며, 단지 예·적금보다 다소 높은 수익을 위해 자산 중 일부만을 위험이 있는 상품에 투자하는 사람들이 이 부류에 속합니다.
3	위험 중립형	'위험 중립형' 성향을 가진 사람들은 '위험 부담이 클수록 크게 돌아온다(High Risk, High Return)'는 투자의 영원한 공식을 매우 잘 알고 있습니다. 그렇기 때문에 만약 어떤 투자가 은행의 예·적금보다 높은 수익을 기대할 수 있다면 일정 수준의 손실 위험을 감수하고 투자하는 경우입니다. 즉, 투자를 통해 어느 정도의 원금 손실이 발생할 수 있지만 그 정도의 위험은 감수하겠다는 입장입니다.

1 금융투자협회는 대한민국 금융기관의 업무 질서 유지 및 공정한 거래를 확립하고 투자자를 보호하며 금융투자업의 건전한 발전을 위해 설립된 법인 단체입니다. 자본시장과 금융투자업에 관한 법률에 의해 설치가 의무화된 자율 규제 기관이며, 2009년 2월 4일 정식으로 출범하였습니다.

4	적극 투자형	'적극 투자형' 성향을 가진 사람들의 가장 큰 특징은 투자 원금의 보전보다는 위험을 감수하더라도 높은 수준의 투자 수익 실현을 추구한다는 것입니다. 이 경우에는 자신의 투자 금액 중 상당 부분을 주식, 주식형 펀드 또는 파생 상품 등과 같은 위험 자산에 투자할 의향이 있으며, 마찬가지로 투자를 통해서 원금 손실이 발생할 가능성이 커도 괜찮다고 생각합니다.
5	공격 투자형	'공격 투자형' 성향을 가진 사람들의 가장 큰 특징은 시장 평균 수익률을 훨씬 넘어서는 높은 수준의 투자 수익을 추구한다는 것입니다. 높은 투자 수익을 확보하기 위해서 원금 손실 위험을 적극적으로 수용하고, 투자 자금 대부분을 주식, 주식형 펀드 또는 파생 상품 등의 위험 자산에 투자할 의향을 가지고 있습니다.

그러나 위의 5가지 유형만으로는 고객의 투자 유형을 정확하게 파악하기 힘듭니다. 특히 고객이 자신의 성향을 잘 이해하지 못한 채 금융기관 직원의 권유만으로 유형을 선택해서 투자를 진행하는 상황들도 많이 발생했습니다. 따라서 증권사나 은행 등이 금융 상품 특성에 맞게 3~7단계 정도로 투자자 성향을 별도로 구분하도록 하고 있습니다. 이러한 방식의 취지는 투자자들에게 적절한 금융 상품을 추천할 수 있게 다양한 기준을 마련하려는 것인데요. 특히 연세가 많으신 노인 분들처럼 금융 상품에 대한 이해도가 떨어지는 고객에게는 '투자자가 상품을 제대로 이해하지 못했을 때는 권유를 즉시 중단'해야 하는 '투자 권유 중지 제도'가 적용됩니다.

국내의 어느 금융기관에서 어떤 투자 상품에 가입하시더라도 정보 확인 단계에서 작성하는 '투자자 정보 확인서' 하단에 고객님의 투자 유형을 기재하고 자필 서명을 해야 합니다. 이때 금융기관에서 투자자 유형별로 추천하는 상품의 조합은 다음과 같습니다. 각 상품의 특성은 추후 자세히 설명할 예정입니다.

〈5가지 투자자 유형별 금융기관의 추천 상품〉

		상품 위험도(원금 손실 위험도)				
		초고위험 (주식형, 파생)	고위험 (주식형)	중위험 (혼합형)	저위험 (채권형)	초저위험 (MMF)
투자유형	안정형	×	×	×	×	○
	안정 추구형	×	×	×	○	○
	위험 중립형	×	×	○	○	○
	적극 투자형	×	○	○	○	○
	공격 투자형	○	○	○	○	○

× 부적합 ○ 적합

현재 자본시장법에서는 투자자의 범위를 일반 투자자와 전문 투자자로 나누고 있습니다.[2] 일반 서민은 당연히 일반 투자자로 분류됩니다. 이렇게 일반과 전문 투자자로 구분하는 이유는 금융 상품 지식이 부족하거나 자본력이 취약한 서민들이 잘못된 투자를 함으로써 큰 손실을 입는 것을 사전에 방지하기 위한 것입니다. 일반 투자자에게는 투자 성향 분석을 실행하고 설명의 의무에 따라 투자 설명서 및 자료표Fact sheet[3] 내용을 설명하게 됩니다. 전문 투자자일 경우 투자 성향 분석을 실행하지 않고 위험 회피와 투기 등의 목적으로 모든 장외파생상품 거래를 마음대로 할 수 있지만 그만큼 위험 부담이 커지게 됩니다.

2 일반 투자자는 위험 회피 목적으로만 장외파생상품 거래가 가능하지만 전문 투자자는 위험 회피와 투기 등의 목적으로 모든 장외파생상품 거래가 가능합니다. 참고로 일반 투자자가 하루 전 금융 투자 상품의 잔고를 100억 원 이상 유지하면 전문 투자자로 분류됩니다.

3 자료표(Fact sheet)에는 펀드의 최근 포트폴리오 현황 및 주요 보유 종목, 수익률 추이 등과 같은 투자자를 위한 정보와 투자 설명서에 기술된 정보가 요약되어 있으며, 매월 투자자에게 제공됩니다.

4

투자 4단계 현재 당신의 수입과 자산은 얼마인가

고객님의 투자 유형을 파악하셨다면 이제 정확한 수입·지출 현황과 자산·부채 상황을 점검해야 합니다. 현재의 자산 구조를 알아본 후 자신의 수입과 지출 현황 점검을 통해 현재 얼마큼의 저축 및 투자가 가능한지 파악해야 합니다. 만약 지금 당장 투자를 할 만한 여력이 없다면 '매월 얼마씩 저축해서 언제부터 투자를 시작하겠다'는 상세한 투자 기간 및 시기를 추정해야 합니다. 다음 시트에 고객님의 현재 수입과 지출 및 자산, 부채 현황에 대해 적어 주시겠습니까?

		월 소득(현재)	연 소득(현재)
수입	근로소득(월급)		
	부동산임대소득		
	기타소득		
	총 수입		

			월 지출(현재)	연 지출(현재)
지출	순수 생활비(부부 용돈 포함)			
	자녀 교육비			
	주택담보대출 원리금 상환액			
	신용 대출 원리금 상환액			
	장기 투자	(1) 연금		
		(2) 펀드		
		(3) 장기 저축(주택마련저축 포함)		
		(4) 기타		
	단기 투자	(1) CMA/MMF 등		
		(2) 기타 단기 투자		
	보험	(1) 보장성 보험(자동차보험 포함)		
		(2) 저축성 보험		
	총 지출			

(단위: 원)

01 현재 수입과 지출 현황 파악

고객님의 수입과 지출 현황을 살펴보겠습니다. 수입은 근로소득 월 300만 원, 지출은 순수 생활비 140만 원을 포함해서 다음과 같이 사용하고 계시는군요. 자녀 교육비로는 월 30만 원, 대출과 관련해서는 월 45만 원의 원리금을 상환하고 계시고 나머지 85만 원 정도를 저축과 보험에 사용하고 계십니다. 이 중에서 보험을 제외하고 연간 약 600만 원 정도를 장·단기 투자 상품으로 미래를 위해 투자하는 것으로 나타나고 있습니다. 물론 펀드를 제외한 나머지 항목은 시작한 지 한 달밖에 되지 않았지만, 시작이 반이지 않습니까? 그렇다면 이번에는 자산과 부채 항목으로 가 볼까요?

		월 소득(현재)	연 소득(현재)
수입	근로소득(월급)	3,000,000	36,000,000
	부동산임대소득		
	기타소득		
	총 수입	3,000,000	36,000,000

			월 지출(현재)	연 지출(현재)
지출	순수 생활비(부부 용돈 포함)		1,400,000	16,800,000
	자녀 교육비		300,000	3,600,000
	주택담보대출 원리금 상환액		300,000	3,600,000
	신용 대출 원리금 상환액		150,000	1,800,000
	장기 투자	(1) 연금	200,000	2,400,000
		(2) 펀드	100,000	1,200,000
		(3) 장기 저축(주택마련저축 포함)	150,000	1,800,000
		(4) 기타		
	단기 투자	(1) CMA/MMF 등	100,000	1,200,000
		(2) 기타 단기 투자		
	보험	(1) 보장성 보험(자동차보험 포함)	150,000	1,800,000
		(2) 저축성 보험	150,000	1,800,000
	총 지출		3,000,000	36,000,000

(단위: 원)

현재 자산과 부채 현황 파악

앞서 살펴본 바와 같이 고객님의 현재 자산은 4억 원, 부채는 3억 1천만 원으로, 자본금은 총 9000만 원입니다. 부채 항목(부채 이자 및 원금 상환액 포함)으로는 다음과 같이 총 5가지의 대출이 있습니다.

〈자산/부채 현황〉

		고객님	직접 입력
자산	전세 보증금	90,000,000	
	저축 및 연금 원금		
	펀드 원금	10,000,000	
	동산 및 부동산(아파트)	300,000,000	
	총 자산	400,000,000	

		월 지출(현재)	연 지출(현재)
부채	전세 보증금 담보 대출	30,000,000	
	마이너스 대출	5,000,000	
	카드 현금 서비스 대출	3,000,000	
	캐피털 대출	2,000,000	
	아파트 중도금 대출	270,000,000	
	보증금		
	총 부채	310,000,000	

(단위: 원)

각각의 이자율에 따라 원리금을 계산해 보면 현재는 월 60만 원 정도이지만, 아파트 입주 후에는 무이자 대출이 유이자 대출로 변경되면서 원리금 상환액이 250만 원 수준으로 크게 오를 것이므로 매우 좋지 않은 상황입니다.

대출 종류	대출 금액(원)	이자율 (%)	월 원금 상환액(원)	월 이자 부담액(원)	현재 원리금 부담액(원)	아파트 입주 후 원리금 부담액(원)
전세 보증금	30,000,000	5.3	83,333	132,500	606,111	2,481,111
마이너스	5,000,000	10.2	138,889	42,500		
카드 현금 서비스	3,000,000	18.0	83,333	45,000		
캐피털	2,000,000	15.0	55,556	25,000		
아파트 중도금	270,000,000	5.0	750,000	1,125,000		
보증금		15.0				
총 부채	310,000,000					

• 아파트 중도금 대출은 현재 무이자이지만 입주 후 약 4.5~5% 이자 예상
• 원금 상환 기간: 담보대출은 30년, 신용 및 보증 대출은 3년으로 가정

여기에서 우선 1가지 질문이 있습니다. 학교에서 성적으로 학생들을 평가하는 것처럼 나의 재테크 수준이 어느 정도인지 측정하는 지수가 있다고 들었습니다. 이렇게 상담을 하면서 재테크에 대한 감이 잡히는 것 같으면서도 막상 제가 처해 있는 현실을 돌이켜 보면 막막합니다. 특히 저의 부채 수준이 심각한 것 같거든요.

네, 그렇게 생각하시는 것도 무리가 아닙니다. 많은 고객님들이 재테크의 단편적인 이론에 대해서는 많은 지식을 보유하고 있지만, 그 이론들을 종합해서 자신의 재테크에 적용하는 것에 대해서는 상당한 어려움을 느끼고 있습니다. '과연 나의 재테크가 잘되고 있는 건지 알려 주는 성적표는 없을까?'와 같은 고민을 해결해 줄 수 있는 것이 바로 '재테크 성공 지표Index'입니다. 본 지표는 지출·부채·기타의 3가지 항목에 걸쳐서 고객님의 현 재무 상황을 체크할 수 있으며, 적절한 노후 준비와 재테크를 위

해 지켜야 할 지표 범위에 대해서도 상세히 알려 드리고 있습니다.

각 지표들은 연령대별로 정상 범위의 수준이 다릅니다. 예를 들어 금융자산 중 '공격적 투자 상품(펀드나 주식과 같은 원금 손실 가능성이 있는 투자자산) 비중'은 연령대가 높아질수록 그 비중을 줄여 나가야 효율적인 노후 준비가 가능합니다. 이때 많이 사용하는 이론이 '100-나이' 법칙입니다. 즉, 금융자산 전체를 100%로 보았을 때 고객님의 현재 나이인 32세를 뺀 68% 이상을 주식형 펀드 등의 자산에 투자하면 위험이 너무 커서 바람직하지 않다는 것입니다. 이처럼 각 지표마다 연령대별로 지켜야 할 수준에 대해서도 참고할 수 있습니다. 다음 지표들은 30대 기준의 정상 범위를 나타낸 것입니다.

일부 내용은 아직은 고객님이 이해하시기에 어려울 수도 있습니다. 세부 사항에 대해서는 각 파트별로 상세하게 다룰 예정이므로 오늘은 본 지표에 대한 설명을 이해하고, 고객님의 경우 각 지표에서 어느 정도 범위에 속하는지 체크해 본다는 생각으로 살펴보시기 바랍니다.

❶ 지출 관련 지표

지출 관련 지표는 전체 소득 중에서 각 항목이 차지하는 비중에 따라 현재의 지출 수준이 적당한지 알려 주는 항목으로, 다음과 같이 총 4가지로 구성됩니다.

지출 관련 지표	현재 고객님의 지표
① 소득 대비 생활비 수준 월 소득 중에서 생활비가 차지하는 비중으로, 고객님과 같은 30대의 경우 일반적으로 50%가 넘어가면 생활비가 과다하게 지출되는 상황이라고 할 수 있습니다. 현재 고객님의 생활비는 전체 소득의 47%로, 정상 범위 이내이기 때문에 적정 수준에서 생활비를 지출하고 있다고 볼 수 있습니다.	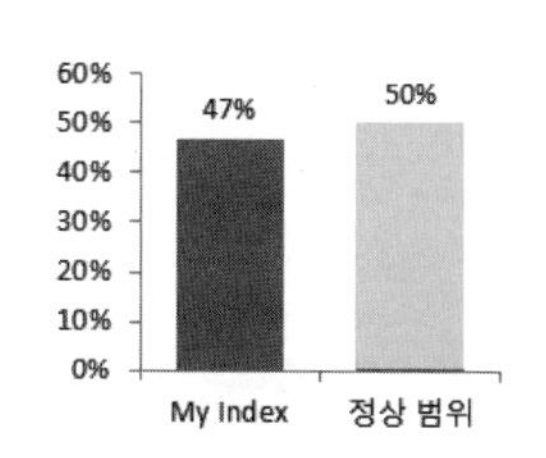
② 소득 대비 교육비 수준 월 소득 중에서 교육비가 차지하는 비중으로, 30대의 경우 15% 정도가 적당합니다. 현재 고객님의 교육비 비중은 10%로, 정상 범위 15% 이내이기 때문에 적정한 수준에서 교육비를 지출하고 있다고 볼 수 있습니다. 교육비는 자녀의 연령대 및 수에 따라서 큰 차이가 발생할 수 있으니 유의해서 체크하시기 바랍니다.	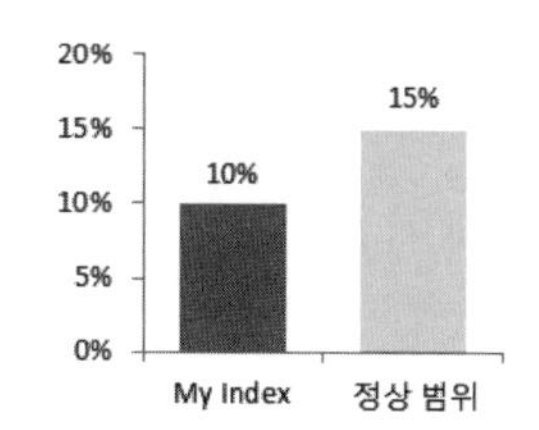
③ 소득 대비 보장성 보험 수준 보험은 너무 많아도, 너무 적어도 문제인 항목입니다. 그중에서도 보장성 보험은 만기가 되더라도 돌려받는 금액이 없거나 적기 때문에 재테크와 직접적인 연관이 없지만 불의의 사고에 대비하는 성격의 상품이므로 무시할 수 없는 항목입니다. 월 소득 중에서 보장성 보험과 관련한 지출이 5% 미만이거나 10%가 넘어가면 비용이 과소 혹은 과다하게 지출되는 상황이라고 볼 수 있습니다. 현재 고객님의 보장성 보험료 비중은 5%로, 정상 범위 5~10% 내에서 최소한의 수준을 유지하고 있는 것으로 나타납니다.	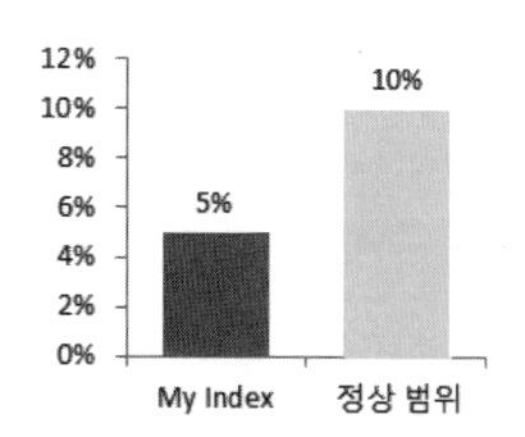
④ 소득 대비 금융자산 투자 수준 월 소득 중에서 금융자산에 투자하는 금액의 비중으로, 일반적으로 25% 수준이 적당합니다. 그러나 현재 고객님의 금융자산 수준은 전체 소득의 15%로, 정상 범위 25% 내외보다 다소 적은 수준이라고 볼 수 있습니다. 부동산에 편중된 현재의 재테크 방식에서 벗어나기 위해서는 본 지표를 단기간 내에 적어도 20% 수준까지 올릴 수 있도록 노력해야 합니다.	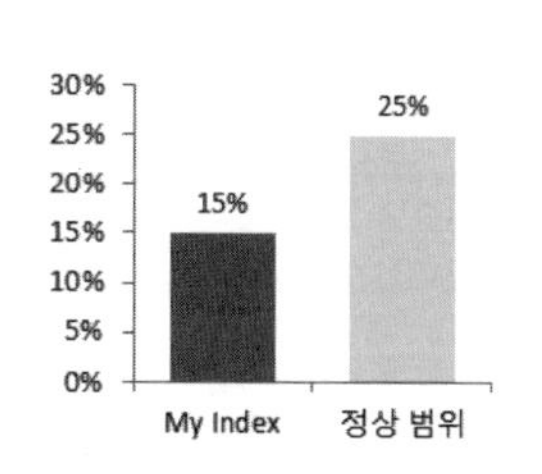

❷ 부채 관련 지표

부채 관련 지표는 현재의 부채 수준 및 지출 비용이 자산이나 소득 대비 적정한 수준인지 알려 주는 항목으로, 다음과 같이 총 4가지로 구성됩니다.

부채 관련 지표	현재 고객님의 지표
① 총 부채 비중 전체 자산에서 부채가 차지하는 비중이 30%를 넘어가면 자산 대비 부채의 비중이 과다한 상태라고 볼 수 있습니다. 참고로 부채에는 담보대출은 물론 신용 대출을 모두 포함해야 합니다. 현재 고객님의 부채 비중은 무려 78%로, 정상 범위 30%의 2배 이상인 매우 위험한 상황입니다. 이러한 경우에는 여타의 금융자산 투자보다 부채 규모를 줄이는 데 초점을 맞추어서 단기 재테크를 설계해야 합니다.	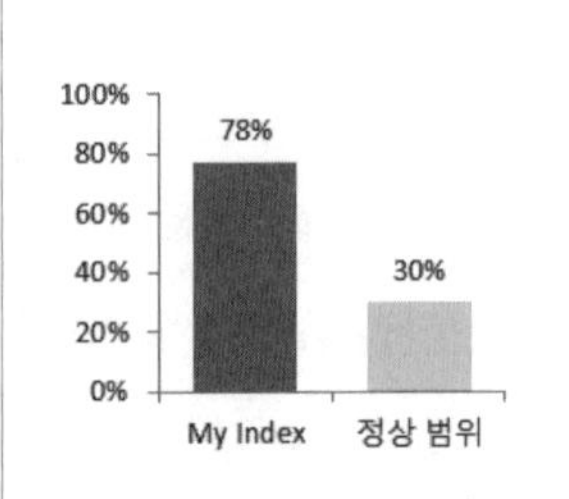
② 주택담보대출비율(LTV) 주택담보대출비율인 LTV는 'Loan To Value'의 약자로, 주택 가치 대비 '담보대출+보증금'의 비율을 의미합니다. 이 비율이 25%를 넘게 되면 주택 가치에서 부채가 차지하는 비중이 과다한 상태라고 볼 수 있습니다. 현재 고객님의 LTV 비중은 무려 68%로, 정상 범위 25%의 3배에 가까운 매우 위험한 상황입니다.	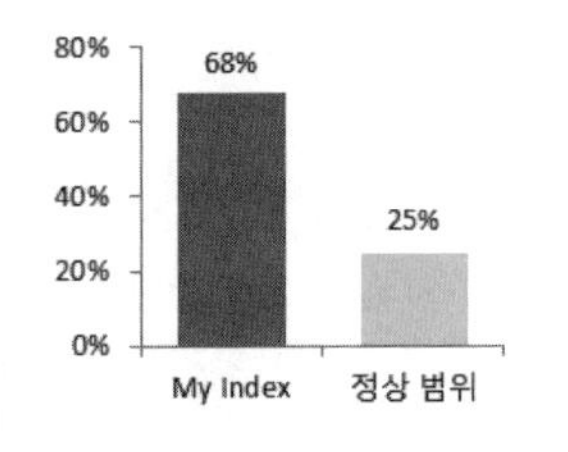
③ 총부채상환비율(DTI) DTI는 'Debt To Income'의 약자로, 소득 대비 '부채 이자+원금 상환' 지출의 비중을 나타냅니다. 즉, DTI가 10%라는 것은 전체 소득 중 10%를 부채의 원리금 상환을 위해 쓴다는 것을 의미합니다. 30대의 경우 이 비율이 30%를 넘게 되면 소득 대비 부채 상환 비중이 높아 정상적인 재테크에 위협을 받는 상황이라고 볼 수 있습니다. 현재 고객님의 DTI는 20%이지만 내년에 입주할 아파트의 무이자 대출이 유이자 대출로 변경되는 순간 무려 83%로 크게 상승하게 됩니다. 재테크 측면에서 특단의 조치가 필요한 상황입니다.	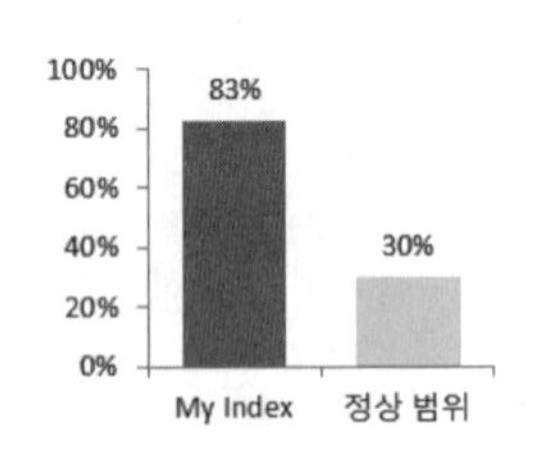

④ 주택 대출 제외 부채 비중

연 소득 중에서 주택담보대출을 제외한 신용 대출이 차지하는 비중으로, 20%를 넘어가면 과다한 신용 대출로 인해 재테크에 제한을 받는 상황이라고 볼 수 있습니다. 참고로 은행은 물론 모든 금융권에서 빌린 돈과 카드 현금 서비스, 자동차 할부금도 모두 포함해야 합니다. 현재 고객님의 경우 28%로, 정상 범위 20%에 비해 다소 높은 상황이라고 볼 수 있습니다. 특히 고객님의 신용 대출 내역을 살펴보면 은행의 마이너스 대출뿐만 아니라 금리 15%의 캐피털 대출과 금리 18%의 현금 서비스와 같이 고금리이면서 사용할수록 신용 등급이 낮아질 우려가 있는 질 나쁜 대출이 500만 원에 달합니다. 이는 고객님의 재테크에 있어서 가장 먼저 해결해야 하는 중요한 항목이라는 사실을 잊지 마시기 바랍니다.

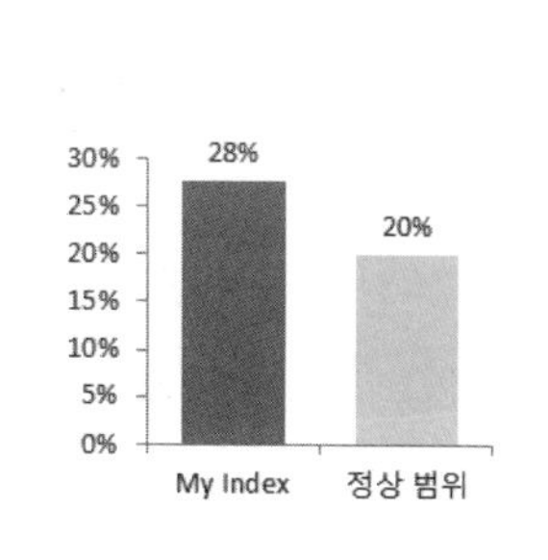

❸ 기타 지표

지출 및 부채 관련 지표 이외에도 고객님의 재테크 패턴과 비상 자금의 비중을 알려 주는 2가지 지표도 주기적으로 관리해야 합니다.

공격적 투자 상품(펀드·주식) 비중

전체 금융자산 중에서 원금 손실 가능성이 높은 펀드나 주식이 차지하는 비중으로, 30대의 경우 70% 정도를 유지해도 큰 문제가 없지만 '안정형' 투자자라면 약 40% 정도만을 공격적 자산에 투자하는 것을 추천합니다. 현재 고객님은 금융자산의 100%를 원금 손실 가능성이 있는 펀드에 투자한 상황이므로 이것의 비중을 줄이거나 안전 자산의 투자 비율을 높이는 전략이 필요합니다.

비상 자금(초단기 투자 상품) 비중

예기치 않게 목돈이 지출되는 상황에 대비하기 위해서 어느 정도의 여유 자금을 보유하고 있어야 합니다. 이러한 여유 자금은 어음관리계좌CMA: Cash Management Account와 같은 고금리 초단기 상품에 투자해서 중도에 인출하더라도 손실이 발생하는 것을 막을 수 있어야 합니다. 여유 자금이 너무 많으면 기회비용 손실이 발생할 수 있으므로 월 소득의 3배 정도를 비상 자금 명목으로 초단기 상품에 투자해 놓는 것이 현명한 방법입니다. 고객님의 경우 현재 비상 자금으로 사용할 수 있는 초단기 상품으로 어음관리계좌에 월 10만 원씩을 넣기 시작하셨는데, 사실 고객님과 같이 캐피털이나 카드 현금 서비스를 이용하고 있는 경우에는 아무리 금리가 높은 초단기 상품을 사용하더라도 재테크에는 무효합니다. 따라서 돈이 생기는 즉시 신용 대출을 상환해야 합니다. 저금리 시기에는 시중은행의 신용대출(금리 10% 미만) 이외의 대출을 이용하는 순간부터 재테크에서 열 발자국씩 멀어지는 것이라고 볼 수 있습니다.

연령이 높아짐에 따라 본 지표들의 정상 범위도 변동됩니다. 60세가 넘어 소득이 국민연금밖에 없는데 부채는 1억 원 정도 남아 있어서 매월 이자를 납부해야 하는 상황이라면 어떻게 생활하시겠습니까? 물론 자산이 수십억 원이라 1억 원의 부채가 별로 큰돈이 아니라면 상관없겠지만, 대부분의 경우 은퇴 후 60대에 들어서면 부채 상환 능력이 현저히 떨어지게 됩니다. 이러한 상황에서도 갚아야 할 부채가 많이 남아 있다면 큰일이겠죠? 또한 원금 손실이 발생할 수 있는 공격적 금융자산의 비중을 10% 미만으로 낮춰서 안정적인 노후 생활을 할 수 있도록 노력해야 할 것입니다.

5

투자 5단계 포트폴리오를 상세하게 설계하라

목표를 시각화하고 우선순위, 투자 및 재무 현황을 파악했다면 마지막으로 시뮬레이션을 통해서 자산 증식을 위한 고객님의 포트폴리오Portfolio를 구상해야 합니다. 금융기관의 PBPrivate Banking센터에서는 PB고객들의 위험 설계, 투자 설계, 세금 설계, 부동산 설계, 증여 설계, 상속 설계, 은퇴 설계, 사업 승계 설계를 궁극적인 목표에 초점을 맞추어서 균형을 이루도록 진행하지만 일반 샐러리맨들에게 이는 현실과 동떨어진 이야기일 것입니다. 부동산이라고는 현재 살고 있는 집 한 채뿐이고, 이마저도 30% 이상이 담보대출로 채워져 있기 때문입니다. 세금을 줄일 기회는 1년에 1번뿐인 근로소득세 환급밖에 없으며, 자식에게 물려줄 사업체가 없기 때문에 상속이나 사업 승계 설계와는 거리가 먼 것이 현실입니다.

대부분의 고객님들은 금융기관의 PB센터를 방문하더라도 상담을 받지 못합니다. 일반적으로 10억 원 이상의 자산이 있고, 5000만 원 이상 금융 상품에 투자할 여력이 있을 경우에 PB센터에서 상담을 받을 수 있습니다. 여러분은 그 대신 저와 함께 객관적이고 명확한 데이터를 이용하여 각자에게 맞는 재테크와 노후 대비 방법을 알아볼 것입니다. 어깨를 펴고 당당하게 PB센터를 방문하는 그날이 빨리 올 수 있도록 말입니다.

tip

한국은행 경제통계시스템과 친해지면 돈이 보인다!

많은 사람들이 원금 손실의 위험을 감수하면서까지 투자를 하는 이유는 무엇일까요? 그것은 바로 물가상승률(Inflation) 때문입니다. 물가상승률이 3%일 경우 100만 원의 자산을 저금통에 넣어 두고 아무런 투자 활동을 하지 않는다면 1년 후에는 97만 원으로 그 가치가 떨어지는 것과 같습니다. 즉, 1년 후 100만 원의 현재가치(PV: Present Value)는 97만 원이고, 현재 97만 원의 1년 후 미래가치(FV: Future Value)는 100만 원인 것입니다.

이러한 물가상승률 자료 및 인구통계 변수와 같은 자료는 재테크와 투자에 큰 도움이 됩니다. 이 자료들은 한국은행 및 통계청과 같은 국가기관에서 제공하고 있는데요. 수많은 재테크 전문가와 증권가의 펀드매니저들도 이곳에서 자료를 찾아서 그들의 투자를 결정하는 중요한 정보로 활용하고 있습니다. 특히 한국은행 홈페이지에는 투자 의사 결정에 도움이 되는 수많은 고급 정보가 가득합니다.

투자를 위한 필수 개념

현재가치 vs 미래가치

성공적인 자산 관리를 위해 기본적으로 습득해야 하는 용어가 바로 현재가치(PV: Present Value)와 미래가치(FV: Future Value)입니다. 여러분의 재테크를 도와주는 담당 프라이빗 뱅커가 없다면 스스로 자기 자신의 프라이빗 뱅커가 되어 봅시다.

● 현재가치(Present Value)

사전에서 현재가치의 개념을 찾아보면 '미래에 얻게 될 확실한 부(富)의 가치를 현재의 가치로 환산한 값을 말하며, 현가(現價)라고도 한다'라고 설명하고 있습니다. 무슨 말인지 잘 모르시겠다고요? 그렇다면 예를 하나 들어 보겠습니다. 오늘은 친구에게 빌려 준 100만 원을 받는 날인데 그 친구가 갑자기 "지금 100만 원을 받을래, 아니면 이자 없이 1년 후에 100만 원을 받을래?"라고 묻습니다. 대부분의 사람들이 당연히 오늘 받겠다고 할 것입니다. 이렇게 1년 후의 100만 원보다 현재의 100만 원이 더 크다는 〈가치 공식 1〉이 성립하게 됩니다.

가치 공식 ① 현재 100만 원 〉 미래(1년 후) 100만 원

이때 다시 친구가 말합니다. "인플레이션율이 현재 연 10%니까 1년 후에 10% 이자를 더해서 110만 원으로 줄게." 자, 이제 현재의 100만 원과 1년 후의 110만 원 중에서 무엇을 선택해야 할지 고민하게 될 것이고, 무엇이 이득인지 헷갈리게 될 것입니다. 1년 후의 110만 원과 현재의 100만 원이 똑같다는 〈가치 공식 2〉가 성립됩니다.

가치 공식 ② 현재 100만 원 = 미래(1년 후) 110만 원

※ 10% 인플레이션 가정

1년 후 110만 원의 현재가치는 100만 원인 것입니다. 일반적으로 동일한 100만 원일 경우 미래(1년 후)에 얻을 수 있는 돈의 가치가 현재에 얻을 수 있는 돈의 가치보다 적습니다. 현재의 100만 원을 은행의 정기예금에 넣어 두기만 해도 1년 뒤에는 100만 원보다 더 큰 금액을 받을 수 있기 때문입니다.

● 미래가치(Future Value)

미래가치는 현재가치와 반대되는 개념입니다. 다시 예를 들어, 친구로부터 1년 후에 받아야 하는 돈이 110만 원 있습니다. 그 친구가 묻습니다. "1년 후에 110만 원을 줄까, 아니면 지금 100만 원을 받을래?" 하지만 1년 후의 110만 원과 현재 100만 원의 가치는 동일하므로 〈가치 공식 3〉이 성립됩니다.

가치 공식 ③ 미래(1년 후) 110만 원 = 현재 100만 원 ※ 10% 인플레이션 가정

즉, 연 10%의 인플레이션을 가정했을 때 현재 100만 원의 1년 후 미래가치는 110만 원이며 1년 후 110만 원의 현재가치는 100만 원입니다.

3일차 상담

약인가 독인가
마이너스 통장, 대출 다루기

1

달콤한 유혹,
마이너스 통장과 신용 대출

투자 성향 분석 결과 저는 '안정 성장형'으로 진단되었고, 그에 따라 원금이 보장되는 은행의 정기예금, 적금과 위험이 낮은 우량주 위주의 펀드에 가입하는 것이 좋다고 나왔습니다. 그렇다면 말 나온 김에 지금 당장 펀드 하나 가입할까요? 아, 맞다. 어제 작성한 우선순위 목록을 보면 마이너스 통장 및 악성 대출의 상환과 아파트 대출금을 줄이는 것이 1순위이군요. 이 2가지를 가장 중요한 우선순위로 선정한 특별한 이유라도 있습니까?

〈목표 달성을 위한 우선순위〉

우선순위 1	우선순위 2	우선순위 3	우선순위 4
마이너스 통장과 악성 대출 상환하기	1년 만기 단기 상품 가입하기	노후를 위한 장기 투자 상품 가입하기 (연간 200만 원)	55세에 은퇴해서 중간 수준(Middle Level)의 노후 보내기
아파트 대출금 7000만 원 이내로 만들기 (하우스푸어, 카푸어 되지 않기)	펀드 원금 3000만 원으로 만들기		

신용 대출을 받아서 재테크를 하는 것은 가장 위험한 재테크 방법입니다. 그중에서도 시중은행이 아닌 캐피털, 카드 현금 서비스, 제도권 대출이라고 교묘하게 위장하여 영업하는 대부업 대출과 같은 비(非) 은행권 신용 대출을 저는 '악성 대출'이라고 칭합니다. 재테크의 성공을 위해서는 이러한 악성 대출을 무조건 멀리해야 한다고 알려 드리고 있습니다. 고객님께서는 다음과 같이 총 3군데에서 신용 대출을 사용하고 계시는데요. 이자율 18% 이상의 카드 현금 서비스를 사용하면서 어떻게 재테크 성공을 바랄 수 있겠습니까? 아무리 좋은 금융 상품이라도 18%는 고사하고 10% 이상의 수익을 기대하기가 상당히 어렵습니다.

	대출 금액(원)	이자율(%)	월 이자 부담액(원)
은행 마이너스 대출	5,000,000	10.2	42,500
캐피털 대출	2,000,000	15.0	25,000
카드 현금 서비스 대출	3,000,000	18.0	45,000

이 중에서 그나마 낮은 금리로 돈을 빌려 쓸 수 있는 은행의 마이너스 통장은 재테크의 뜨거운 감자입니다. 당연한 말이지만 마이너스 통장도 엄연한 빚입니다. 하지만 많은 분들이 1000만 원 한도의 마이너스 통장을

개설하면 한 번도 사용하지 않더라도 국내의 모든 금융기관이 해당 고객을 1000만 원의 은행 부채가 있는 사람으로 간주한다는 사실은 잘 모르십니다. 대출을 받을 때는 이미 사용 중인 다른 대출의 금액을 뺀 나머지 한도의 금액만을 빌려 쓸 수 있습니다. 이때 마이너스 통장이 있다면 그 한도만큼 대출이 있는 것으로 간주하기 때문에 대출 가능 금액이 줄어드는 것입니다. 오늘은 대부분의 샐러리맨들이 가지고 있는 마이너스 통장에 대해서 말씀드리고자 합니다.

바로 이 마이너스 통장이 재테크의 성공을 좌지우지합니다. 만약 사회생활을 한 지 1년이 지났는데도 마이너스 통장이 없다면 다음 4가지 경우 중 하나일 것입니다. 아직 미혼이고 술·담배를 안 하는 경우, 신용 등급이 낮거나 다른 대출 내역이 많아 은행에서 마이너스 통장 개설을 거부한 경우, 부모님의 충분한 지원이 있는 경우, 마지막으로 철저한 자금 관리를 통해 마이너스 통장 개설을 원천적으로 막은 경우입니다.

주변을 둘러보면 정말 많은 분들이 마이너스 통장을 사용하고 있습니다. 마이너스 통장을 사용하지 않더라도 마이너스 통장의 개념을 모르는 분들은 아마 없을 것입니다. 심지어 배우자 몰래 마이너스 통장을 사용하면서 보너스가 나오면 몰래 마이너스 잔액을 메꾸는 데 쓰고, 그것도 모자라 퇴직금 중간 정산을 통해 마이너스를 메꾸는 악순환의 고리를 끊지 못하는 분들도 많이 보았습니다. 과연 이런 분들이 재테크를 성공할 수 있을까요?

마이너스 통장 이외의 기타 신용 대출은 이율이 낮은 반면 도중에 여유 자금이 생겨서 중도 상환을 할 경우 '중도상환수수료'를 부담해야 합니다. 이 때문에 많은 직장인들이 마이너스 통장의 유혹에 쉽게 빠지는 것입니다. 마이너스 통장의 이러한 악순환 과정을 살펴보겠습니다.

2
마이너스 통장의 악순환 과정

처음부터 마이너스 통장의 한도를 꽉 채워서 사용하기 위해 마이너스 통장을 개설하는 경우는 없을 것입니다. 대부분 '마이너스 통장은 없다고 생각하고 혹시 급하게 돈이 필요하게 되면 잠깐 사용했다가 월급 받으면 바로 갚아야지.'라고 생각합니다. 그렇지만 어느 순간 돌이켜 보면 마이너스 통장으로 카드값을 메꾸고, 마이너스를 이용하여 주식 투자를 하거나 돈을 빼서 친구에게 빌려 주는 등 재테크에 반하는 행동을 하는 경우가 많습니다.

또한 많은 남성들이 술을 마시고 아내에게 들키지 않기 위해 마이너스 통장을 사용하기도 합니다. 카드를 사용하면 바로 알아챌 확률이 높지만 마이너스 통장을 이용해서 술값을 계산한 후 용돈이나 보너스 금액의 일부로 마이너스 금액을 메꾸면 완전범죄가 가능하다고 생각하기 때문입니다. 그러나 현실은 그렇게 만만하지 않습니다. 쥐꼬리 같은 용돈을 아끼는 것도 한계가 있을뿐더러 사회생활을 하다 보면 밤늦게까지 술을 마시는 횟수는 점점 더 늘어나기 마련입니다. 그렇게 마이너스 잔액이 지속적으로 증가하는 안타까운 사례가 많습니다.

개인 입장에서 마이너스 통장의 가장 큰 문제점은 바로 이것입니다. 지출 관리를 잘 못해서 마이너스 잔액이 야금야금 늘어나더라도 마이너스 한도 내에서는 카드 결제가 원만히 이루어지고, 필요할 때 현금 자동 입출금기ATM 앞에만 가면 현금을 꼬박꼬박 내주기 때문에 마이너스 한도가 거의 다 찰 때까지 사태의 심각성을 인식하지 못하는 것입니다. 다음 도표를 보면 그 과정을 이해하기 쉽습니다.

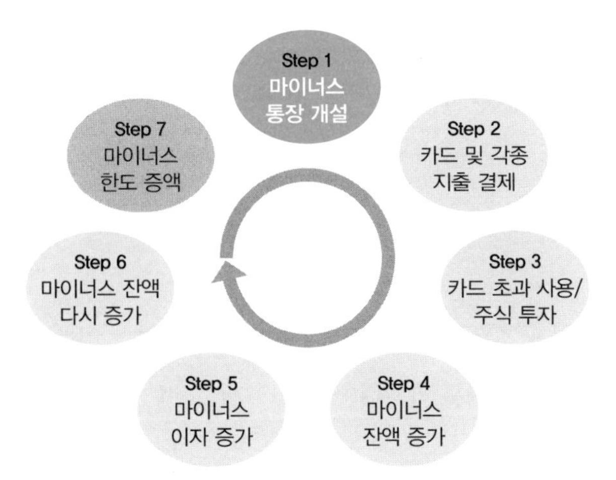

마이너스 통장이 결국 마이너스 한도 증액으로 연결되는 이 악순환을 끊기 위해서는 어떻게 해야 할까요? 이 악순환의 고리를 끊을 수 있는 방법은 2가지입니다. 첫 번째는 'Step 3'의 지출을 줄임으로써 마이너스 통장의 과다한 사용을 막는 방법입니다. 사용 금액을 줄이면 자연스럽게 마이너스 잔액이 증가하는 것을 막을 수 있습니다. 그러나 어지간한 마음가짐으로는 카드 사용과 지출을 통제하기 쉽지 않습니다. 그렇다면 어떻게 해야 할까요? 두 번째 방법은 다음과 같이 'Step 1'과 'Step 2'의 연결 고리를 끊는 것입니다.

〈마이너스 통장의 악순환 끊기〉

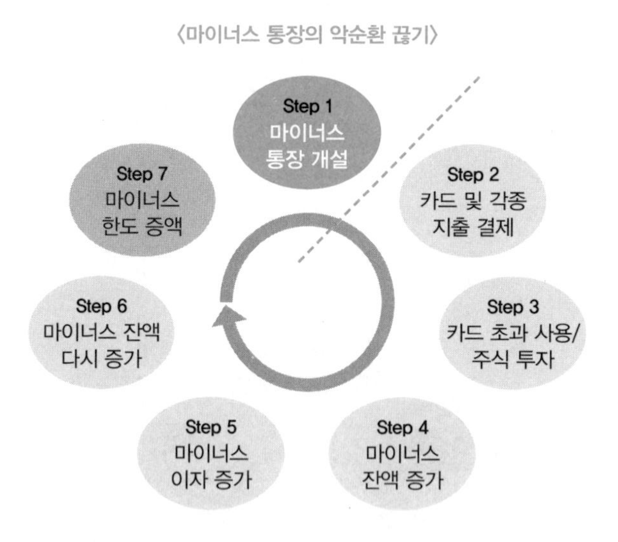

여기에서 많은 분들이 반문할 것입니다. '카드 결제 계좌를 마이너스 통장으로 등록해서 연체를 사전에 막고 있는데, 그럼 카드값이 연체되면 어떻게 하죠?', '제 마이너스 통장 이자율이 원래 12%이지만 급여를 이체하고 카드 결제 계좌를 연결하는 조건으로 1% 금리 할인을 받고 있는데, 금

리를 더 내라고요?' 등으로 말이지요.

카드 및 각종 지출 결제를 마이너스 통장으로 연결하게 되면 마이너스 잔액에 대한 통제가 거의 불가능합니다. 또한 이번 달 카드 결제금이 얼마인지도 모른 채 마이너스 통장에서 빠져나가게 하는 것은 재테크에 대한 기본자세가 안 돼 있는 것으로 볼 수 있습니다. 마이너스 통장에 대한 통제가 불가능하다면 남는 것은 지속적인 마이너스 잔액의 증가와 재테크 실패입니다.

마이너스 금리 할인을 받는 경우에는 급여 이체와 고정 지출만 마이너스 통장과 연결해 두고 다른 지출은 철저하게 통제해야 합니다. 예를 들어 보험료, 아파트 관리비, 통신료 등 고정적으로 나가는 지출 몇 가지만 마이너스 통장에서 자동이체되도록 해도 금리 할인을 받는 데 아무 문제가 없습니다. 즉, 급여 이체나 각종 공과금 결제를 마이너스 통장으로 연결하면 우대금리가 적용되므로 이를 적극적으로 활용해서 마이너스 대출의 금리를 사전에 낮춰 놓는 것도 중요하다는 것입니다.

이와 같이 카드 및 각종 지출 결제를 제한한 후 급여 이체와 공과금 결제 위주로 마이너스 통장을 관리하게 되면 다음 도표에서 알 수 있듯이 마이너스 잔액에 대한 효과적인 통제가 가능해집니다.

〈마이너스 통장 사용의 효과적인 통제〉

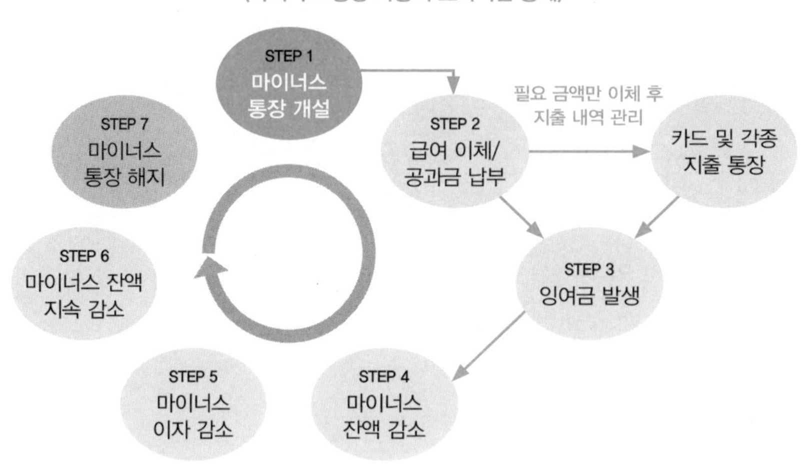

3

마이너스 통장을 쓰는 사람들에게 적용되는 복리의 두 얼굴

사회생활을 하는 사람들은 다 알겠지만 쉽게 돈을 벌거나 모을 수 있는 세상이 아닙니다. 향후 20년간 매년 10% 이상의 수익률을 가져다줄 수 있는 확실한 투자처를 찾기는 거의 불가능하다고 볼 수 있습니다. 워런 버핏Warren Edward Buffett[1]처럼 귀신같이 투자처를 찾아내는 능력이 있다면 모르겠지만 우리에게는 가능성이 없는 이야기입니다. 그렇기 때문에 수많은 부자들은 높은 수익률을 가져다줄 새로운 투자처를 찾아서 여기저기 기웃거립니다. 유망한 투자처는 세월의 흐름에 따라 그때그때 변하기 마련이니까요. 근래 몇 년 동안 수없이 쏟아져 나온 재테크·노후 대책 관련 서적의 핵심은 다음의 4단계로 요약 가능합니다.

---

1 1956년 100달러로 주식 투자를 시작하여 미국 최고의 부자로 올라선 전설적인 투자의 귀재로, 철저하게 기업이 내재하고 있는 가치만을 따져 투자 종목을 선정하는 투자 전략으로 유명하다.

〈재테크 및 노후 대책과 관련한 기존 서적의 핵심〉

1단계	생활비를 최대한 줄여서 매월 투자할 수 있는 금액을 확보한다.
2단계	매월 확보한 투자 금액을 이용해서 복리의 마법을 부릴 수 있는 금융 상품(은행 예금, 펀드 등)에 투자하여 최단기간 내에 종잣돈을 마련한다.
3단계	종잣돈으로 또 다른 투자(상대적으로 큰돈이 들어가는 부동산이나 상가 투자)를 해서 큰돈을 번다.
4단계	세월이 흘러 50대 이상이 되면 위험 자산의 비중을 줄이고 안전 자산 위주로 포트폴리오(Portfolio)를 구성하여 안락하고 편안한 노후를 보낸다.

위의 4단계 중에서 많은 분들이 감탄하는 부분이 바로 '복리의 마법'입니다. 수많은 재테크 서적을 통해 복리의 마법이라는 용어를 이미 들어보셨을 것입니다. 투자한 원금에 이자가 붙고 그것(원금+이자)에 또 이자가 붙어서 10년 정도만 지나도 투자한 금액에 맞먹는 이자가 붙는다는 이 놀라운 이론은 시간과 돈이 있는 투자자들에게는 천사의 선물이지만 안타깝게도 주식이나 펀드, 부동산과 같이 돈을 들여 투자하는 곳에는 적용되지 않습니다. 반면 엉뚱하게도 마이너스 통장에 복리의 마법이 적용되면 이용자들에게 매우 불리하게 작용합니다. 마이너스 통장에 어떤 식으로 복리가 적용되는지 구체적인 금액으로 계산해 보겠습니다.

마이너스 통장에서 매년 100만 원씩 사용하고 20년간 원금을 상환하지 않는다고 가정하겠습니다. 단리 이자율과는 달리 복리 이자율의 경우 시간의 흐름에 따라 이자 금액이 급등합니다. 즉, '원금+이자' 금액에 또 다시 이자율이 적용되어 다음 연도 원금에 추가되는 것입니다. 이 상태로 20년이 지나면 원금 2000만 원을 사용했지만 이자로 약 4300만 원 정도를 지급해야 합니다.

만약 2년 후 CD금리가 5% 상승하여 마이너스 금리도 15%로 오르면 어떻게 될까요? 금리가 5%만 올라도 이자 금액은 급등합니다. 이 상태로 20년이 지나면 원금 2000만 원을 사용했지만 이자는 무려 9580만 원 정도를 지급해야 하는 것이죠.

마이너스 통장은 매일 이자를 계산한 후 한 달에 한 번씩 합산해서 월 이자액을 산정하기 때문에 사용자들은 이번 달에 마이너스 통장의 이자가 얼마나 나올지 감을 잡지 못하는 경우가 많습니다.

저도 그렇습니다. 이자가 매일매일 계산된다고 하셨는데, 그렇다면 아침에 500만 원을 빼서 쓰고 1시간 후에 바로 200만 원을 상환하여 마이너스 잔액이 300만 원이 될 경우 이자는 어떻게 계산되는지 궁금합니다. 잠깐 사용한 200만 원은 1시간에 해당하는 이자만 내면 되는 것인가요?

많은 분들이 착각하시는 부분인데요. 이때는 500만 원에 해당하는 하루치 이자를 모두 납부해야 합니다. 마이너스 통장은 하루 중 가장 많이 사용한 금액을 기준으로 하루치 이자가 책정되기 때문입니다. 예를 들어 살펴볼까요?

-500만 원에서 시작한 마이너스 잔액이 월급 300만 원이 입금되면서 -200만 원으로 변경되었다가 몇 시간 뒤 신용카드 요금, 보험료, 통신비 등이 차례대로 빠져나가면서 저녁에는 -453만 원으로 다시 증가했습니다. 마이너스 잔액이 계속 들쑥날쑥했지만 사용자가 내야 하는 이자는 하

루 중 가장 많이 사용한 -500만 원의 하루치 이자인 1,233원입니다. 1초만 사용하고 바로 상환하더라도 하루치 이자를 납부해야 하는 것이 바로 마이너스 통장의 이자인 것입니다.

마이너스 통장의 금리는 원리금 균등 또는 원금 균등 상환 방식을 취하는 일반 신용 대출에 비해 평균 1% 이상 높습니다. 그럼에도 불구하고 마이너스 통장을 쓰는 이유는 바로 편리성 때문입니다. 높은 이자율로 편리함의 대가를 치르는 셈입니다. 살다 보면 이런저런 이유로 예기치 못한 급전이 필요할 수 있습니다. 이때 마이너스 통장이 있다면 손쉽게 자금 융통이 가능하죠. 하지만 마이너스 통장은 일시적이고 보조적인 수단으로 활용하는 것이 바람직합니다. 만약 1년 정도의 기간 동안 일정한 금액의 자금이 필요하다면 마이너스 대출이 아닌 일반 신용 대출을 사용하는 것이 더 유리할 수 있기 때문에 자금 소요 목적에 따라 대출의 종류도 달리하는 방법을 취해야 합니다.

tip

마이너스 통장 활용 시 가장 신경 써야 할 것은?

마이너스 통장을 사용할 때 가장 신경 써야 하는 부분은 '만기 연장'입니다. 마이너스 통장은 여러분이 현재 재직 중인 직장의 크기와 소득을 기반으로 은행에서 1년 동안 대출 한도를 빌려 주는 방식의 대출입니다. 그렇게 때문에 통장 발급 후 1년 동안은 별다른 심사 없이 사용 가능하지만 문제는 그 기간이 1년으로 한정되어 있다는 점입니다. 마이너스 통장을 개설하고 1년이 지나면 은행으로부터 만기 연장을 위한 서류를 제출하라는 연락을 받게 됩니다. 보통 만기 2개월 전에 문자 메시지 등으로 알려 주거나 은행의 콜센터 또는 지점 담당자가 연락을 주는데, 연장하지 않으면 연체자로 분류된다는 사실은 알려 주는 경우가 별로 없기 때문에 자칫 잘못하면 연체자로 분류되어 금융거래에 제한을 받을 수 있습니다. 1년 동안 연체 없이 마이너스 통장을 사용했더라도 만기 연장 기간 내 제출 서류를 내지 못한 경우에 마이너스 잔액이 있다면 은행은 1분 1초의 망설임도 없이 고객님을 연체자로 등록하게 됩니다.

만기를 연장할 때 직장이 바뀌었거나 급여가 올라간 경우에는 신용도를 감안하여 대출 한도와 금리가 변경될 수 있습니다. 만약 중소기업의 말단 사원으로 근무하면서 마이너스 통장을 개설하였는데 중간에 대기업의 대리로 스카우트되어 이직했다면 만기 연장 때 한도가 늘어나고 금리도 획기적으로 낮아질 수 있습니다. 이와 같이 소득, 신용 등급이 상승하거나 더 좋은 회사로 이직한 경우에는 만기 전일지라도 은행에 금리 조정을 요구하여 이자율을 낮출 수 있습니다. 반대로 대기업에서 조그만 회사로 옮겼거나 연봉이 전년도에 비해 감소한 경우에는 한도가 줄어드는 것은 물론 금리가 생각지도 못한 수준까지 오를 수 있습니다. 혹시라도 중도에 퇴사하여 무직 상태에서 마이너스 통장 만기가 돌아온다면 연장을 거부 당할 확률이 높습니다. 운 좋게 만기 연장이 되더라도 한도 삭감은 물론이고 기존에 사용하던 금리보다 크게는 배 이상 오를 수 있습니다.

4

마이너스 통장으로 '투자'를 하겠다고?

많은 사람들이 마이너스 통장을 사용하면서 한편으로는 적금을 들고 펀드와 보험에 가입합니다. 이때 0.1%의 금리라도 더 받기 위해 노골적으로 은행에 금리 인하를 요구하기도 합니다. 그러나 0.1%의 금리를 더 받는 것보다 평소 신용 관리를 철저하게 하여 필요한 경우 1% 낮은 이자율로 대출을 받는 것이 더 큰 이득이 될 수 있습니다.

2014년 현재, 은행에서 제공하는 대부분의 예금 상품은 금리가 높아 봤자 세전 4%를 넘기 힘듭니다. 여기에서 또 이자소득에 대한 세금을 떼어 가니 은행에서 받을 수 있는 연 이자는 3%대가 최대라고 보면 됩니다. 물론 일부 은행에는 신용카드 실적에 따라 금리를 더 주는 방식 등으로 5% 이상의 이자 수익을 올릴 수 있는 상품도 있지만, 그런 예외적인 상황은 일단 배제하겠습니다.

가장 안전한 축에 속하는 은행에 돈을 맡겨 최대 4%의 이자 수익을 얻는다 하더라도 2008년 이후 평균 물가상승률인 3.1%를 감안하면 실제 소득 증가는 0.9%에 불과합니다. 이 때문에 수많은 분들이 CMA나 MMF와 같은 상품들을 이리저리 옮겨 다니면서 0.9%보다 높은 실제 소득을 얻기 위해 펀드나 부동산 쪽의 정보도 수집하는 것입니다.

죄송하지만 CMA와 MMF의 차이점이 무엇인가요? TV 광고에 많이 나와서 용어는 익숙하지만 사실 뭐가 뭔지 잘 모르거든요.

네, 그럼 CMA와 MMF에 대해 간략하게 살펴보겠습니다.[2]

CMA	먼저 CMA(Cash Management Account, 어음관리계좌)는 단기 금융시장에서 자금의 대차(貸借) 또는 중개를 하는 단자회사가 투자자로부터 예탁금을 받아 수익성이 좋은 기업어음(CP)이나 단기 국공채, 양도성예금증서(CD) 등의 금융 상품으로 운용·관리하여 발생한 수익금을 투자자에게 되돌려 주는 어음관리구좌로, 종합자산관리계정이라고도 합니다. 즉, 고객이 예치한 자금을 기업어음이나 양도성예금증서, 국공채 등의 채권에 투자하여 그 수익을 고객에게 돌려주는 금융 상품인 것입니다. 주의해야 할 점은 종합금융회사의 CMA는 예금자보호법에 따라 해당 업체가 부도나더라도 최고 5000만 원까지 보호 받을 수 있으나 증권사의 경우에는 보호받지 못한다는 것입니다. 그러나 단기간을 예치해도 높은 이자율이 적용되어 여유자금을 운용하는 데 적합하며, 수시 입출금과 체크카드 기능까지 갖추고 있어 직장인들의 급여 통장으로 많이 사용되고 있습니다.

2 CMA와 MMF에 대한 자세한 내용은 각각 222쪽, 218쪽을 참고합니다.

MMF	MMF(Money Market Funds)는 투자신탁회사가 고객의 자금을 모아 펀드를 구성한 후 금리가 높은 만기 1년 미만의 기업어음(CP), 양도성예금증서(CD) 등의 단기 금융 상품에 집중 투자하여 얻은 수익을 고객에게 되돌려 주는 만기 30일 이내의 초단기 금융 상품입니다. 은행의 보통예금처럼 수시로 입출금이 가능한 상품으로, 하루만 돈을 예치해 놓아도 펀드 운용 실적에 따라 이익금을 받을 수 있으며 환매수수료가 부과되지 않기 때문에 단기 자금을 운용하는 데 적합한 상품입니다. 은행은 물론 각 증권사에서 모두 운용되고 있습니다. 단, 세금 혜택이 없고 예금자보호 제도의 대상이 아니기 때문에 투자 시 약간의 주의가 필요합니다.

다시 본론으로 돌아가 볼까요? 마이너스 통장을 사용하는 사람들에게 가장 치명적인 상황은 바로 마이너스 통장으로 마련한 돈을 다른 금융 상품에 투자하는 것인데요. 이 경우 과연 어떤 결과가 나타날까요? 그 결과를 살펴보기에 앞서 먼저 마이너스 통장의 금리를 결정하는 CD(양도성예금증서)금리에 대해 알아보겠습니다. 양도성예금증서란 정기예금증서의 양도를 가능하게 함으로써 정기예금에 유동성을 부여한 것을 의미합니다. 현행 CD의 최저 발행 단위는 2000만 원이고 현금으로 바꿀 수 있는 만기가 91일부터 180일 이내로 되어 있으며, 무기명 할인 방식으로 발행되고 있습니다. 또한 CD의 유동성을 제고하기 위해 종합금융회사, 대형 증권사가 CD의 매매 및 중개 업무를 취급할 수 있도록 허용하고 있습니다.

마이너스 통장은 물론이고 거의 대부분의 신용 대출 금리가 '3M CD+α'라는 수식으로 산정됩니다. 3M CD는 '3개월(Month) 평균 CD금리'라는 의미입니다. 혹시 고객님께서 사용하고 계시는 마이너스 대출의 현재 금리가 얼마나 되는지 알고 계십니까?

그런 것에 큰 관심을 두지 않고 살아서 잘 모르겠습니다. 한 7% 정도 되나요?

제가 지금 조회해 보니 고객님께서는 3M CD 기준 현재 7%의 가산금리로 사용하고 계십니다. 어제 날짜의 기준금리가 3%이므로 약 10%의 금리로 마이너스 대출을 사용하시는 것이죠. 여기서 질문 하나 드리겠습니다. 만약 지인이 2000만 원을 1년 정도 투자하면 15%의 수익을 올릴 수 있다고 투자를 제안하면 어떻게 하시겠습니까? 현재 고객님은 마이너스 통장 한도 3000만 원 중에서 1000만 원을 쓰고 있으므로 아직 2000만 원의 한도 여유가 있는 상태입니다.

현재 마이너스 통장 이자율이 10%이므로 대략적으로 계산해 보더라도 마이너스 잔액 2000만 원으로 1년만 투자하면 5%(15%–10%)의 수익률을 올릴 수 있겠네요. 어떻게 보면 제 돈은 안 들이고도 1년 후 세전 약 100만 원 정도가 남는 장사 아닙니까? 투자 원금 대비 수익률을 계산하면 대체 수익률이 얼마라는 이야기입니까? 이것이 바로 〈부자 아빠 가난한 아빠〉라는 책에서 말하는 '부채의 지렛대(Leverage) 효과' 아닐까요?

글쎄요. 과연 고객님의 계산이 맞는 것일까요? 마이너스 통장(대출)을 이용해서 투자하는 것이 100% 나쁘다고 볼 수는 없습니다. 그러나 남의 돈을 빌려서 투자하는 것은 세상의 모든 투자 방법 중에서 가장 위험할 뿐만 아니라 실패했을 때 그 피해가 가장 크기도 합니다. 만약 대출을 받아 다른 곳에 투자할 예정이라면 그 전에 다음과 같은 4가지 사항을 반드시 체크해야 합니다.

체크 1 대출금리가 최대 몇 %까지 오를 수 있는가?

현재 3%대의 CD금리가 2008년도까지만 해도 5~6%대였다는 것을 알고 계십니까? 현재의 CD금리는 정부가 기준금리를 인하하자 은행들이 '눈치 보기' 식으로 낮춘 것에 불과합니다. 이처럼 CD금리는 경기가 회복될수록 조금씩 오르게 되어 있습니다. 최악의 경우 2008년 수준인 6%까지 상승할 가능성도 충분히 있습니다. 마이너스 금리가 올라도 그것을 커버하고도 남을 만큼의 수익을 올릴 수 있는 투자처인지 면밀하게 판단해야 합니다.

체크 2 투자를 통한 수익이 100% 보장되는가?

이 세상에서 100% 확실한 투자 수익을 가져다주는 것은 시중은행의 예금과 국공채 같은 낮은 이자율의 상품들밖에 없습니다. 여러분에게 투자를 제안한 사람은 절대 거짓말을 할 사람이 아니라고요? 사람이 거짓말하는 것이 아닙니다. 돈이 거짓말하는 것입니다.

체크 3 투자 기간 동안 급전이 필요한 비상사태가 발생할 가능성은 없는가?

대출금으로 투자한다는 것은 여유 자금이 없다는 것을 의미합니다. 살다 보면 가족이 아프다거나 예기치 못한 사고 등으로 인해 급전이 필요한 상황이 발생할 수 있는데, 그에 대한 대책이 있으십니까? 카드 할부를 사용한 후 갚으면 된다고요? 그렇다면 카드사의 할부 이자율을 알아보겠습니다. 현재 대한민국에서 시장점유율이 가장 높은 S 신용카드사의 홈페이지에 공시되어 있는 현금 서비스, 할부, 카드론, 리볼빙의 이자율은 다음과 같습니다. 할부의 경우 이자율이 9.5~20.9%인데 문제는 신용 등급이 낮을 경우 이자율이 올라간다는 것입니다. 가장 낮은 9.5% 할부 이자율을 적용 받을 수 있는 신용 1등급의 고객 수는 많지 않습니다. 대부분 15% 수준의 할부 이자율이 적용되며 현금 서비스와 카드론, 리볼빙 역시 마찬가지입니다. 만약 신용 등급이 7, 8등급 정도라면 20%에 달하는 할부 이자율을 부담해야 합니다. 각자 사용하는 카드사의 홈페이지에서 현금 서비스, 할부, 카드론, 리볼빙의 이자율을 확인해 보시기 바랍니다. 생각보다 높은 이자율에 깜짝 놀라게 될 것입니다.

(단위: %)

현금 서비스	할부	카드론	리볼빙	
			일시불	현금
7.84~27.44	9.5~20.9	7.6~25.9	6.34~24.94	7.34~25.94

물론 무이자 할부라면 이야기가 달라집니다. 그러나 '12개월 무이자 할부'라고 하면 별 부담감 없이 카드를 사용하는 습관은 위험합니다. 이자가 없더라도 과다한 할부 결제가 누적되면 가정경제에 큰 타격을 줄 수 있으므로 적정한 수준에서 무이자 할부 서비스를 이용하는 것이 현명한 카드 소비의 첫걸음입니다.

체크 4 투자 기간 중 현재의 직장에 문제가 생길 경우 대안이 있는가?

은행 마이너스 통장의 만기는 대부분 1년입니다. 만기가 다가오면 은행으로부터 재직증명서와 작년도 소득 금액을 증빙하는 서류를 제출하라는 연락이 옵니다. 이때 직장이나 소득이 적어도 1년 전과 동일하게 유지되어야만 만기 연장이 가능합니다. 만약 회사에 문제가 발생해서 중도 퇴직을 했거나 경영난 때문에 회사가 부도·법정 관리 등의 상태가 된다면 마이너스 대출의 만기 연장이 불가능할 수 있습니다. 이러한 경우 사용 중인 3000만 원을 한꺼번에 모두 상환해야 하는데, 이에 대한 충분한 대책이 있으십니까? 공무원이 아니라면 반드시 짚고 넘어가야 할 부분입니다.

고객님의 사례로 다시 돌아가 보겠습니다. 만약 3M CD가 2008년 말 수준인 6%로 오르면 현재 10%인 고객님의 마이너스 금리가 당장 13% 이상으로 올라가게 됩니다(3M 6%+가산금리 7%). 따라서 1년 투자 수익률은 2%대로 줄어들게 되는 것입니다(15%-13%). 그렇다면 CD금리가 올라도 2%가 남는 장사니까 투자를 진행하는 것이 맞을까요? 1000만 원의 2%면 1년에 20만 원이고, 세금을 고려하면 10만 원이 약간 넘는 돈입니다. 판단은 고객님께 맡기겠습니다. 단, 투자한 원금 2000만 원은 고객님의 돈이 아니라는 점을 잊지 마시기 바랍니다.

tip

대출상담사를 통한 대출

캐피털과 저축은행 등에서 '찾아가는 대출'이라는 서비스를 제공하면서 대출상담사가 직접 고객님이 근무하고 계시는 직장이나 자택을 방문하여 대출 상담 및 대출 실행을 해 주는 경우가 있습니다. 주택담보대출 역시 오래전부터 부동산에서 계약할 때 대출상담사가 같이 방문하여 처리해 주는 경우가 많았습니다.

이렇게 대출상담사를 통해 대출을 받으면 은행에 가지 않아도 되기 때문에 편하다는 장점이 있습니다. 그러나 주택담보대출은 은행에 가서 처리하든지 대출상담사를 통해 처리하든지 금리와 한도에 차이가 없지만, 신용 대출의 경우에는 이야기가 달라집니다. 대부분의 금융기관이 대출상담사를 통해 신용 대출을 신청하는 고객에게 조금 더 높은 금리와 한도를 제공하고 있기 때문입니다. 즉, 한도를 조금 더 주는 대신 금리를 높여서 받고 있습니다.

실례로 금융기관에 직접 방문해서 신청하면 10% 미만의 낮은 금리로 신용 대출을 받을 수 있는데 대출상담사를 통해서는 10% 이상의 고금리 대출로 진행되는 경우가 종종 발생합니다. 물론 직접 방문하여 신청하는 신용 대출의 금리가 무조건 낮다고는 볼 수 없지만, 시중은행과 같은 금융기관의 지점을 방문하여 금리와 한도를 체크한 후 대출상담사를 통한 대출을 진행하는 것이 좀 더 저렴한 금리의 신용 대출을 사용할 수 있는 방법입니다.

또한 많은 고객님들이 자신에게 연락한 대출상담사가 은행 직원인지 궁금해하시는데요. 캐피털, 상호저축은행의 모든 대출상담사는 은행의 정규 직원이 아니라 금융기관과 별도로 계약하여 은행의 대출 상품을 판매하는 분들입니다. 전국은행연합회가 제공하는 대출상담사 조회 사이트(www.loanconsultant.or.kr)에서 대출상담사의 소속 금융기관 및 대출상담사 정식 등록 여부를 확인할 수 있으니 안전한 대출을 위해 꼭 참고하시기 바랍니다.

최근 일부 은행에서는 대출상담사가 아닌 정식 은행원들이 외부 영업을 통해 지점과 동일한 상품을 판매하고 있습니다. 따라서 외부에서 은행원을 만나는 경우 정식 은행원인지 대출상담자인지 확인하시는 것이 좋습니다.

5

제도권 대출이라 속이는 대부업체를 이용하면

은행의 신용 대출이 거절되면 캐피털이나 대부업체를 알아보는 분들이 많은데요. 은행에서 신용 대출을 거부할 때는 신용 등급이나 연령이 낮은 경우, 신용 불량 경력 또는 현재 연체 중인 대출이 있거나 과거에 연체한 경험이 많은 경우, 보증 금액이 과다한 경우, 카드론이나 현금 서비스를 과다하게 받은 적이 있는 경우, 신용정보회사에 불량 거래자로 등재된 경우 등 다양한 사유가 있을 것입니다. 이 중에서 특히 안타까운 사유는 대부업체에 대한 무분별한 대출 가능 여부 조회입니다.

몇 년 전 TV 광고 시장을 강타했던 모 대부업체의 '무이자' 로고송을 듣고 정말 무이자 대출인 줄 알고 신청했다가 낭패 보신 분들이 많았습니다. TV 광고에 나오는 연예인들의 말만 믿고 대부업체를 이용한 대다수가 무이자는커녕 터무니없이 비싼 이자를 부담한 것은 실제로 그들이 받은 타격에 비하면 미미하다고 볼 수 있습니다.

어떤 고객이 1000만 원을 대출 받아 한 달만 사용한 후 갚으려고 은행 금리를 알아보니 17%로 생각보다 높게 나와서 무이자 광고를 한 대부업체에 알아봤습니다. 마침 대부업체의 금리가 은행보다 1%가 낮은 16%이기에 대부업체 대출을 이용했습니다. 결론부터 말하자면 이 고객은 앞으로 은행거래가 힘들어질 것입니다. 설령 대부업체에서 받은 대출을 단 한 번의 연체 없이 잘 갚았더라도 말입니다.

대부업체에서 신용 등급을 조회하면 그 조회 결과가 개인신용평가기관에 바로 알려지게 됩니다. 똑같은 1000만 원의 은행 대출을 신청한 2명의 고객 중 A 고객은 은행에서만 신용 등급을 조회한 반면, B 고객은 대부업체에서도 조회했던 고객이라고 가정해 봅시다. 은행은 B 고객에 대해 일반 은행이나 캐피털, 심지어는 카드사의 카드론도 받기 어려워서 대부업체의 돈을 빌렸다고 해석하게 됩니다. 즉, 향후 대출금 상환 능력이 현저히 떨어진다고 판단하는 것입니다.

그렇기 때문에 대부업체에서 일정 기간 내에 단 1회라도 대출 가능 여부를 조회한 기록이 남아 있다면 신용 등급은 낮아지는 것입니다. 심지어는 대부업체에 3년 전 조회 이력이 있다는 이유만으로 은행 대출과 카드 발급이 안 되는 경우도 종종 발생합니다.

개인적으로 안타깝게 생각하는 고객 한 분이 있습니다. 호기심에 대부업체에서 얼마나 대출해 주는지 조회했다가 신용 등급이 7등급 이하로 하락하는 바람에 그 이후 결국 은행 대출을 받지 못하고 20%의 고금리로 대부업체 대출을 받은 사례입니다. 대부업체 대출을 받았으니 이 고객은 앞으로도 은행의 대출 서비스를 받기는 힘들 것입니다. 이렇게 대부업체의 늪에 한 번 빠져들게 되면 헤어 나오기 어렵습니다. 은행 대출금리 12%와 대부업체의 12% 금리가 같다고요? 천만의 말씀입니다.

최근 TV나 신문 광고에서 '제도권 대출'이라는 애매모호한 말로 대출이 필요한 사람들을 현혹하는 것을 볼 수 있습니다. 여기서 '제도권'이란 금융감독원의 감시를 받는 정식 금융기관을 의미합니다. 은행이나 보험회사는 금융감독원의 감시를 받는 기관들이기 때문에 제도권에 속합니다. 문제는 저축은행이나 일부 규모가 큰 대부업체 역시 금융감독원의 감시를 받기 때문에 제도권에 포함된다는 것입니다.

그러나 제도권이라고 무조건 신뢰해서는 안 됩니다. 저축은행 및 대부업체에서 신용 등급을 한 번 조회하면 일반 시중은행에서 수십 번 조회하는 것보다 신용 등급이 더 하락한다는 사실을 반드시 알아야 하며, 일단 사용하는 순간부터 낮은 금리의 시중은행 대출은 이용할 수 없다고 보면 됩니다.

앞서 살펴보았듯 10%의 비교적 낮은 금리의 마이너스 통장을 사용해도 알고 보면 엄청난 이자를 부담해야 하는데, 악성 대출이라고 명명한 금리 10% 이상의 캐피털이나 카드 현금 서비스, 금리 30% 이상의 대부업체 대출을 이용하게 된다면 아마도 평생 재테크는 성공할 수 없을지 모릅니다. 긴급하게 대출을 받아야 하더라도 무턱대고 카드 현금 서비스를 쓰거나 제2 금융권 또는 대부업체의 대출상담사를 불러서 신용 대출 상담을 받기 전에 잠시 시간을 내서 가까운 은행을 먼저 찾아가는 것이 현명한 재테크의 시작입니다.

6

내 신용 등급은 어떻게 정해진 걸까?

신용이란 한마디로 '고객이 빚을 갚을 수 있는 능력'을 등급화한 것이라고 할 수 있습니다. 은행을 포함한 많은 금융기관들이 신용 등급에 따라 대출이자와 한도 금액을 달리 적용하고 있습니다. 예를 들어 신용 1등급의 고객이 은행의 마이너스 대출을 5% 금리에 받을 수 있다면 6등급 고객은 15%, 그 이하 등급의 고객은 아예 대출을 받지 못하는 것입니다. 이러한 신용 등급은 은행이나 금융기관에서 직접 만들기보다는 외부의 전문 평가 기관에서 평가한 등급을 사 오는데요. 현재 우리나라는 다음과 같은 개인신용평가기관CB: Credit Bureau에서 일정한 간격으로 전 국민의 신용 등급을 산정하고 금융기관으로부터 돈을 받아 신용 정보를 제공하고 있습니다.

- 코리아크레딧뷰로(KCB, www.koreacb.com)
- 나이스홀딩스(NICE, www.nice.co.kr)

한편 비영리 기관인 전국은행연합회(www.kfb.or.kr)는 1995년 시행된 '신용 정보의 이용 및 보호에 관한 법률'에 의해 설립된 '종합신용정보집중기관'으로, 국내 모든 금융기관의 신용 정보를 집중 관리하고 있습니다. 전국은행연합회에서는 금융기관에서 발생하는 각종 신용 정보 및 공공 기관에서 보유하고 있는 공공 기록 정보를 신용 정보 제공·이용 기관은 물론 금융위원회, 한국은행, 금융감독원 등의 공공 기관 및 신용평가기관 등에게 제공합니다.

전국은행연합회는 위의 신용평가기관과는 달리 법률에 의해 등록된 공적 기관으로, 금융기관으로부터 금융거래 등의 상거래와 관련된 신용 정보를 집중 관리하며 홈페이지에서는 개인의 신용 정보를 무료로 조회할 수 있습니다.

본인의 신용 정보를 조회하는 것은 제도적으로 보장 받은 권리입니다. 이러한 신용 정보 조회의 권리를 찾아 드리기 위해 전국은행연합회에서는 2003년 12월 15일부터 '크레딧포유(www.credit4u.or.kr)' 서비스를 시행하고 있습니다. 조회 가능한 '본인 신용정보 조회 서비스'의 구성은 다음과 같습니다. 참고로 본 메뉴 구성은 자주 변경되므로 고객님께서 확인하실 때에는 다를 수 있습니다. 그러나 중요 정보는 바뀌지 않기 때문에 혹시 메뉴가 바뀌었더라도 찬찬히 훑어보면서 확인해 보시기 바랍니다.

본인 신용정보 조회 서비스	• 소비자 신용 보고서 • 신용도판단정보 • 공공정보 • 대출정보 • 현금서비스정보 • 채무보증정보 • 신용개설/발급정보
본인 신용정보 관리 서비스	• 신용정보 제공 내역 • 신용정보 제공사실 삭제 • 본인 신용정보 열람현황 • 본인 신용정보 조회서 발급 • 공인인증서 관리

영리를 목적으로 하는 신용평가기관은 전국은행연합회로부터 신용 정보를 제공 받는 것 이외에도 통신 사업자, 유통업자, 중소기업으로부터 이동통신 요금 체납 정보, 백화점 카드 대금 연체 정보, 상거래 채권 연체 정보 등의 신용 정보를 자체적으로 수집하여 더욱 세부적인 데이터베이스를 구축하고, 이렇게 수집한 정보를 금융기관 등에 판매하고 있습니다.

신용평가기관마다 개인의 부채 상환 능력을 수치화해서 1~10등급으로 나누는데, 보통 7~10등급은 '저신용자'로 분류되어 은행에서 신용 대출을 받기 힘듭니다. 하지만 신용 등급은 고정되어 있는 것이 아니라 시간에 따라서 변동되기도 합니다. 중요한 것은 신용 등급 조회를 많이 할수록 등급이 하락한다는 사실입니다.

일반적으로 부채나 보증, 연체가 많거나 최근 신용 등급 조회 기록이 잦을수록 신용 등급이 하락합니다. 그렇다면 신용 등급을 조회한다는 것은 무엇을 의미할까요? 예금이나 펀드에 가입할 때는 신용 등급을 조회하지 않습니다. 대출이나 카드를 신청할 때 금융기관에서 신용 등급 조회를 의뢰하죠. 은행의 조회 시스템에 여러분의 주민등록번호를 입력하여 조회하면 온라인으로 신용 등급 조회 결과를 바로 확인할 수 있습니다. 이를 바탕으로 대출 및 카드 발급 여부를 결정하게 되는 것입니다. 이때 A 은행, B 은행, C 캐피털, D 저축은행 모두에서 대출 신청을 하거나 카드를 많이 발급할수록 신용 조회 횟수가 올라가게 되겠죠?

카드 및 핸드폰 요금의 이체가 늦어져서 신용 등급이 하락하는 경우도 있는데요. 많은 분들이 10만 원도 안 되는 핸드폰 요금이 연체되었다고 해서 신용 등급을 하락시키는 것은 너무하지 않느냐고 하시는데, 이는 은행에서 해결할 수 있는 문제가 아닙니다. 아쉬운 우리가 신용 등급이 떨어지지 않도록 조심해야 합니다.

신용카드의 현금 서비스도 주의해야 합니다. 카드 현금 서비스는 사용 금액과 횟수에 따라 신용에 매우 부정적인 영향을 미치게 됩니다. 요새는 카드사의 현금 서비스도 신용 등급별로 차이를 두기 때문에 신용 등급이 좋은 사람의 경우 은행의 대출이자와 거의 비슷한 수준으로 돈을 빌릴 수 있다는 것이 오히려 문제가 됩니다. 돈이 필요한 고객의 입장에서는 은행에 아쉬운 소리를 하는 것보다 현금 자동 입출금기ATM에 가서 현금 서비스를 받는 것이 더 편하겠지만 현금 서비스는 악마의 유혹 그 자체라는 사실을 알아야 합니다. 현금 서비스를 받는 순간 '저는 급전이 자주 필요한 사람입니다. 저에게는 대출 이자율을 조금 더 높게 받으셔도 됩니다.'

라고 온 금융기관에 알리는 것과 같습니다. 또한 모든 금융기관이 그 사실을 알고 해당 고객의 신용 등급을 낮추는 한편 대출금리를 살금살금 올릴 것입니다.

이처럼 신용 등급을 나쁘게 만드는 것은 무척이나 쉽습니다. 무이자를 외치는 대부업체나 제도권 금융을 표방하는 저축은행에 잠깐 방문하여 대출 조회를 하거나 카드 현금 서비스를 두세 번 정도 크게 받으면 되니까요. 반면 신용 등급을 올리기 위해서는 기나긴 시간과 노력이 필요합니다. 마치 100만 원을 하루 만에 쓰기는 쉬워도 모으기는 어려운 것과 같습니다. 가장 좋은 방법은 하나의 주거래은행를 만들어 해당 은행에 급여를 이체하거나 대출과 적금, 신용카드도 사용하면서 신용을 쌓는 것입니다. 은행은 급여 및 기타 자동이체 등을 하는 고객을 우대하기 때문에 이를 한 은행에서 통합 관리하는 것이 유리합니다. 신용카드 역시 여러 개를 사용하는 것보다 주거래은행의 신용카드 1장만 사용하는 것이 신용 등급을 올릴 수 있는 방법입니다.

신용 등급 상승은 은행에서 별도로 통보하지 않기 때문에 스스로 챙겨야 이자를 아낄 수 있습니다. 다만 첫 대출 이후 6개월 이상 지난 후에 금리 조정이 가능합니다.

tip

기록을 남기지 않고 신용 등급 조회하기

본인이 직접 개인신용평가기관(Credit Bureau)에 의뢰해서 신용 등급을 조회하면 기록도 남지 않고 신용 점수에도 영향이 없습니다. 앞서 말씀드린 신용평가기관은 물론 국가에서 운영하는 새희망네트워크(www.hopenet.or.kr)에서도 신용 등급 하락 없이 신용 정보 및 등급을 확인할 수 있습니다. 새희망네트워크의 신용 등급 조회는 앞서 살펴본 KCB에서 제공하는 서비스입니다.

7

신용 대출을 위한 완벽한 서류 준비

신용 대출은 20~60세 사이의 소득이 있는 사람들을 대상으로 소득과 신용도에 따라서 대출하는 것을 의미하며, 앞에서 살펴본 마이너스 통장을 포함하는 개념입니다. 일반적인 근로소득자 이외에도 자영업자, 보험설계사와 같은 자유직업자, 연금 수급권자, 주부(대부분 배우자가 급여생활자인 경우, 본인이나 배우자 명의의 주택이 있는 경우에만 가능), 금융기관에 일정액 이상을 예치한 수신 거래 고객도 수신 금액을 담보로 대출을 받을 수 있습니다.

금융기관마다 신용 대출 심사 기준이 상이하므로 같은 고객이라도 금융기관에 따라 한도와 금리가 다르게 도출될 수 있습니다. 따라서 신용 대출이 필요할 경우 2군데 이상의 은행을 방문하여 금리와 한도를 비교해 보는 게 좋습니다. 대신 너무 많은 금융기관을 찾아다니면 자칫 신용 등급을 떨어뜨릴 수 있다는 점을 주의해야 합니다. 신용 등급 산출 회사는 고객님이 어느 금융기관에서 조회했는지 모두 알고 있으며 신용 조회 횟수가 과다하게 증가하는 경우 신용 등급을 하락시킵니다.

금융기관에서 신용 대출을 신청하면 여러 장의 서류를 작성해야 합니다. 그중 신용 등급 조회와 관련된 서류가 바로 '개인 신용 정보 제공 및 활용 동의서'입니다. 은행원이 서류를 주면서 사인하라고 하면 대부분 읽어 보지 않고 사인만 하는데요. 여기에서 '개인 신용 정보 제공 및 활용 동의서'의 내용을 제대로 살펴보겠습니다.

개인 신용 정보 조회 동의서 「신용 정보의 이용 및 보호에 관한 법률」 제32조 제2항에 따라 각 금융기관이 '신용정보집중기관 또는 신용평가기관으로부터 고객님의 개인 신용 정보를 조회하는 것에 대하여 동의한다'는 내용의 문서를 충분히 인지한 후 모두 숙지하였다는 증거로 고객님의 이름과 주민등록번호, 사인을 기입하는 문서입니다. 이때 중요한 것은 다음과 같은 5가지입니다.

❶ 금융기관이 조회하는 신용 정보는 무엇인가?
본 동의서에 사인하면 은행원이 고객님의 신용 등급은 물론 타 금융기관에서 신용 조회를 한 기록, 대출(카드 현금 서비스 포함), 채무 보증, 신용카드 개수 및 사용 현황(체크카드 포함), 당좌(가계 당좌)예금은 물론 재산·채무·소득의 총액, 국세청 납세 실적 등과 같은 신용 능력 정보를 실시간으로 받아 볼 수 있는 권한을 갖게 됩니다.

❷ 어느 회사로부터 개인 신용 정보를 받게 되는 것인가?
은행원 앞의 단말기와 연결되어 있는 컴퓨터를 통해 신용 등급을 조회하면 신용정보집중기관(전국은행연합회, 여신금융협회 등)과 신용평가기관(코리아크레딧뷰로, 나이스홀딩스 등)으로부터 고객님의 신용 정보를 받게 됩니다.

❸ 신용 등급을 조회하면 어떻게 되는가?
금융기관에서 신용 정보 회사를 통해 고객님의 개인 신용 정보를 조회한 기록이 타 금융회사에 제공될 수 있으며, 이 때문에 고객님의 신용 등급이 하락할 수 있습니다.

❹ 신용 등급 조회의 목적은 무엇인가?
대부분의 경우 대출, 신용카드 발급 등 금융거래를 하기 위한 목적으로 신용 조회를 실시하지만 개인적으로 요청해도 금융기관에서 고객님의 신용 정보를 조회할 수 있습니다. 이때는 상세한 조회 목적을 제출해야 합니다.

❺ 동의서의 효력은 언제까지인가?
금융거래 설정을 위한 상담 목적으로 개인 신용 정보 조회 동의서를 제출한 시점부터 신청한 대출의 실행 시까지 신용 정보 제공 동의의 효력이 유지됩니다. 그러나 대출 신청을 직접 취소하거나 금융기관으로부터 대출 신청이 거절된 경우 그 시점부터 동의의 효력은 소멸하게 됩니다.

tip

은행에서 신용 대출을 받을 때 준비해야 하는 서류

갑작스럽게 대출을 받거나 기존 대출의 한도를 늘려서 사용해야 하는 경우 무턱대고 은행을 방문했다가는 추가 서류를 준비해서 다시 방문해 달라는 답변을 들을 수 있는데요. 이러한 사태를 미연에 방지하기 위해 재직 확인 서류와 소득 증빙 자료를 미리 준비하면 빠르게 대출을 신청할 수 있습니다.

구분	서류
본인 확인 자료	주민등록증, 운전면허증, 여권 중 택일(여권의 경우 대부분 주민등록등본과 함께 제출)
소득 증빙 자료	• 소득금액증명원(국세청 홈텍스(www.hometax.go.kr) 발행 원본 또는 국세청장 발행 원본) • 재직 회사에서 발행한 근로소득 원천징수 영수증(직전 연도) 또는 근로소득 원천징수부 또는 갑근세 증명원 중 택일
재직 확인 서류	• 재직증명서 • 국민건강보험 납부 확인서
추가 서류	• 공무원의 경우 공무원증 사본(재직증명서 대체 가능) • 의사, 변호사, 약사와 같은 전문직 종사자의 경우 자격증 사본 • 자영업자의 경우 사업자등록증과 국세청 휴폐업 조회 확인서

8

아는 만큼 싸게 빌린다

일반적으로 신용 대출의 한도와 금리는 고객님의 신용 등급과 소득에 따라 다음과 같은 행렬Matrix에 의해서 결정됩니다. 화살표 방향으로 내려갈수록 신용 한도는 낮아지고 금리는 올라가는 구조입니다. 또한 소득 금액이나 신용 등급이 매우 낮다면 제1 금융권(은행)에서의 대출이 거의 불가능합니다. 이러한 로직Logic은 금융기관별로 상이하며, 상세한 구분 기준은 금융기관의 핵심 영업 기밀에 속하므로 절대 외부로 유출하거나 고객에게 상세하게 설명하지 않습니다.

〈신용 대출 한도/금리 산출 Logic〉

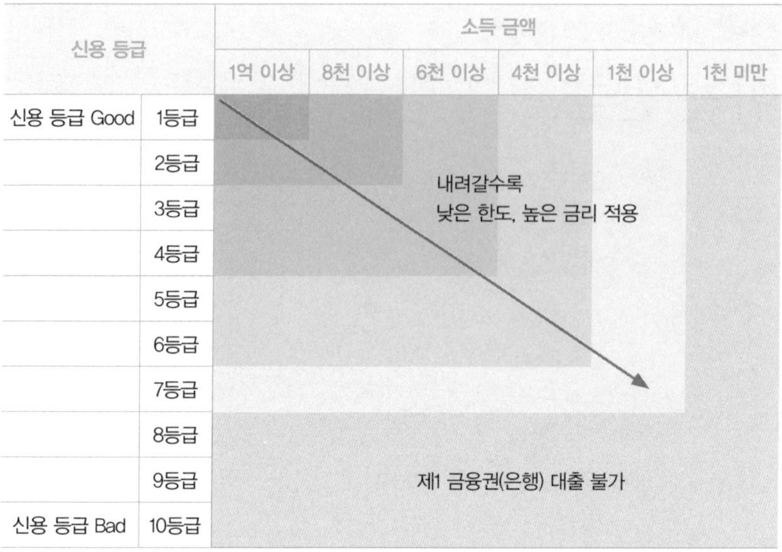

신용 등급		소득 금액					
		1억 이상	8천 이상	6천 이상	4천 이상	1천 이상	1천 미만
신용 등급 Good	1등급						
	2등급			내려갈수록 낮은 한도, 높은 금리 적용			
	3등급						
	4등급						
	5등급						
	6등급						
	7등급						
	8등급						
	9등급			제1 금융권(은행) 대출 불가			
신용 등급 Bad	10등급						

신용 한도와 금리를 결정하는 또 다른 요소는 직업입니다. 연봉이 같은 근로소득자라도 대기업 근무자와 중소기업 근무자는 금리와 한도 측면에서 많은 차이가 날 수 있습니다. 대기업 근무자라면 본인의 회사와 주거래은행 간에 체결된 약정에 의해서 특별 할인된 금리와 높은 신용 한도를 부여한 임직원 특별 대출을 받을 수 있는 가능성도 있기 때문에 반드시 확인해 보기 바랍니다.

모든 금융기관이 전문직 종사자에게는 낮은 금리와 높은 한도의 특별 대출을 제공하고 있습니다. 이러한 특별 대우를 받을 수 있는 전문직은 의료 관련(의사, 한의사, 수의사, 약사 등), 법률 관련(변호사, 법무사, 변리사 등), 세무·회계 관련(세무사, 공인회계사, 관세사 등), 기술 관련(건축사, 도선사 등)

등으로 분류됩니다.

은행마다 우대금리와 가산금리 체계가 다르기 때문에 2군데 정도는 체크해 보는 것이 좋습니다(3군데 이상 조회하면 일정 기간 동안 신용 대출을 거절하는 은행도 있으므로 주의합니다). 예를 들어 급여 이체를 하거나 몇 건 이상의 자동이체를 연결해 놓는다거나 은행 신용카드를 매월 일정 금액 이상 사용하는 데 동의하면 상당한 부분의 금리 할인을 받을 수 있습니다. 반대로 '가산금리'를 추가하는 경우도 있는데요. 일반적으로 마이너스 대출이나 리볼빙 대출과 같이 일정 한도를 정해 놓고 사용하는 금액에 따라 이자를 내는 경우 금리 추가가 적용됩니다. 신용 대출 관련 상담을 받으면서 주눅 들 필요 없습니다. 어깨를 펴고 당당하게 금리를 할인 받을 수 있는 우대금리 조건을 물어보시기 바랍니다.

만약 한동안 일정 금액 이상을 써야 한다면 만기 일시 상환 대출을 이용하는 것이 좀 더 유리하며, 매월 일정 금액을 상환할 자금의 여유가 있다면 원리금 균등 방식의 신용 대출을 받는 것이 좋습니다.

다음은 마이너스 통장에 대한 신문 기사입니다. 한번 읽어 보시고 마이너스 통장이 무조건 좋은 것만은 아니라는 사실을 이해하신다면 오늘의 상담 내용을 제대로 배우신 것입니다.

직장인 '빚 잔치' 의 필수품이 된 마이너스 통장

4대 은행 마이너스 통장 대출 잔액 30조 원에 육박

은행원인 A씨는 최근 경쟁 은행에서 대출을 받았다. 마이너스 통장 대출 한도가 소진됐기 때문이다. A씨가 근무하는 은행에서 직원들에게 지원하는 마이너스 통장의 대출 한도는 2000만 원. 급전이 필요할 때마다 마이너스 통장을 이용할 수밖에 없는 그가 선택한 것은 경쟁 은행의 마이너스 통장이었다. 상황이 이렇다 보니 한때 경쟁 은행 앞에서 영업을 하는 또 다른 은행의 모습이 구설수에 오르기도 했다.

그나마 신용이 보장된 은행원들은 행복한 직장인이다. 일반적인 직장인들의 경우 마이너스 통장에 더욱 얽매여 있다. 매달 월급에서 생활비를 제외한 상당수의 금액이 신용카드 결제 대금으로 빠져나가고, 모자란 금액은 마이너스 통장으로 채운다. 급전도 마이너스 통장의 몫이다. 30~40대 직장인 대부분이 마이너스 통장 1~2개 정도는 보유할 수밖에 없는 이유다. 마이너스 통장은 이제 직장인 '빚 잔치'의 필수품이 됐다.

23일 금융권에 따르면 지난 6월 말 기준으로 국내 4대 은행(국민, 신한, 우리, 하나)의 마이너스 통장 대출 잔액은 총 29조 1065억 원으로 집계됐다. 이는 전년 동기 대비 5858억 원 늘어난 수치다. 증가폭은 크지 않지만 최근 3~4년 동안 마이너스 통장 대출 잔액이 사실상 제자리였다는 점을 감안하면 의미 있는 변화다. 실제로 최근 은행들은 마이너스 통장 대출한도도 꾸준히 확대하고 있다.

마이너스 통장 대출은 신용 대출 한도를 미리 설정하고 자유롭게 돈을 입출금할 수 있어 직장인 사이에서 인기다. 이자는 한도와 상관없이 마이너스로 표시된 부분에 대해서만 내면 된다. 대부분의 직장인들은 마이너스 통장을 비상금으로 생각하는 경향이 있다. 하지만 마이너스 통장은 엄연한 신용 대출이다. 게다가 이자는 복리로 계산된다. 마이너스 통장을 한번 개설하면 대출 잔액이 늘어날 수밖에 없는 구조다.

실제로 2011년 40조 원대였던 은행권의 전체 마이너스 통장 대출 잔액은 최근 50조 원대를 돌파한 것으로 집계된다. 은행권의 전체 마이너스 통장 대출 잔액은 공식 집계되지 않지만 한국은행에서 집계하는 가계대출 수치로 추이를 엿볼 수 있다. 한국은행은 가계대출에서 주택담보대출을 제외한 기타 대출에 마이너스 통장 대출을 포함시킨다. 기타 대출에서 마이너스 통장 대출이 차지하는 비중은 30~40%다.

한국은행에 따르면 지난 6월 말 기준 기타 대출 잔액은 150조 3000억 원이다. 지난해 1월 말 보다 약 3조 원 늘어난 수치다. 기타 대출은 지난 2006년 6월 말 기준 120조 1000억 원 수준이었지만 2007년 6월 130조 9000억 원, 2008년 6월 145조 4000억 원으로 꾸준히 늘었다. 이후 2012년까지 145조 원 수준을 유지했다. 하지만 지난해 10월 처음으로 150조 원을 돌파하며 증가세를 보이고 있다.

직장인들의 운명과 마이너스 통장 대출 잔액의 연관성도 주목할 부분이다. 마이너스 통장 대출 잔액은 직장인들의 소비 패턴과 연관성을 보인다. 마이너스 통장 대출 잔액이 매년 1분기에 감소세를 보이는 것도 이 때문이다. 1월과 2월에 집중된 설 상여금과 3월에 지급되는 공무원의 평가상여금에 따라 마이너스 통장 대출 잔액은 연초에 항상 감소세다.

반면 5월과 8월에는 마이너스 통장 대출 잔액이 늘어난다. 5월의 경우 어버이날과 어린이날 등 가족 행사에 따른 지출이 늘어나고, 8월에도 휴가지에서 지출이 많기 때문이다. 마이너스 통장이 사실상 직장인들의 운명과 궤를 같이 하는 것이다. 금융권 관계자는 "은행권의 가계대출에서 마이너스 통장 대출 비중이 꾸준히 10% 수준을 유지한다"며 "마이너스 통장 잔액은 증감을 반복하지만 전체적으로 증가 추세"라고 말했다.

2014년 7월 머니투데이

tip

사용 중인 대출보다 더 낮은 금리의 신용 대출을 알게 되었을 때

A 은행에서 11% 금리의 신용 대출을 사용하고 있는데 B 은행에서 10% 금리를 제안하며 접근하는 경우가 종종 있습니다. 이러한 경우를 '타행 대출 상환 조건부'라고 하는데요. 금리가 조금 낮다고 수락했다가는 낭패를 볼 수 있습니다. 모든 대출에 대해서는 중도상환수수료가 있기 때문입니다. 중도상환수수료는 은행마다 다릅니다. 예를 들어 1000만 원의 신용 대출을 쓰다가 만기 전에 상환할 경우 평균 1%에 해당하는 10만 원의 중도상환수수료를 납부해야 하며, 마이너스 대출의 경우 10원도 쓰지 않았더라도 중도상환수수료를 납부해야 할 수 있습니다. 마이너스 통장은 사용 여부에 상관없이 전체 한도가 부채로 인식되기 때문입니다. 또한 제2 금융권의 대출은 은행에서 타행 대출 상환 조건부로 취급하기 힘들며, 해 주더라도 추가적인 가산금리가 붙습니다.

9

신용 대출,
갚는 방법도 가지가지

신용 대출의 상환 방법으로는 크게 만기 일시, 원리금 균등 분할, 원금 균등 분할, 마이너스(한도 대출), 리볼빙revolving의 5가지가 있습니다. 만기 일시와 원리금 균등 분할이 결합된 상환 방식도 있는데, 이는 일정 기간(2년) 동안 이자만 내다가 그 이후(3년 차)부터 원리금 균등으로 상환하는 조건이며, '거치식 원리금 균등 분할 상환 방식'이라고도 합니다. '거치식 원금 균등 분할 상환 방식'도 같은 원리입니다.

당장은 자금이 부족하지만 2년 정도 지난 후에는 현금 흐름이 좋아질 것이 확실하다면 거치식 상환 방법을 이용하는 것도 좋습니다만 대부분 이러한 특수 상환 조건에는 가산금리를 부여하기 때문에 고객님에게 맞는 최적의 상환 방법을 찾는 것이 중요합니다. 리볼빙[3]은 우리나라 국민 정서와 다소 맞지 않는 방식이기 때문에 사용 비중이 극히 적은 편입니다.

다음 그래프는 3000만 원의 신용 대출을 받은 경우 상환 방식별 매월 이자와 원금 상환 금액의 비율을 나타낸 것입니다. 고객님의 빠른 이해를 위해 대출 기간 동안 이자율이 변하지 않는 고정금리 대출이라는 전제하에서 만든 것이니 착오 없으시기 바랍니다.

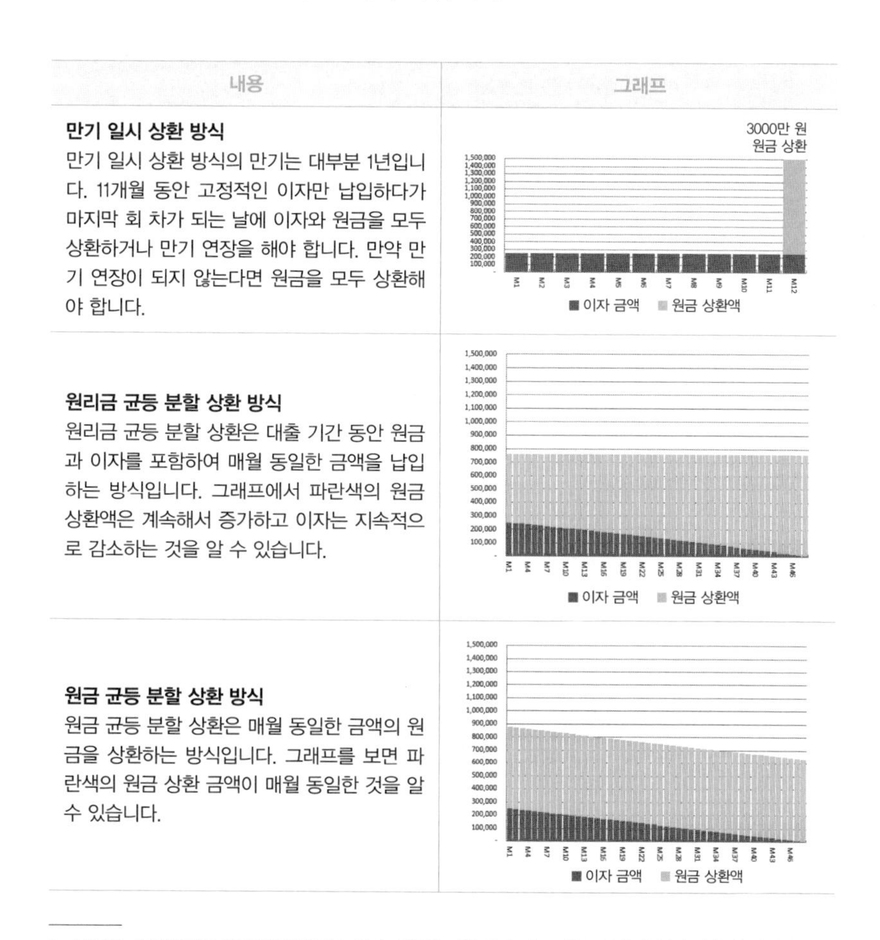

내용	그래프
만기 일시 상환 방식 만기 일시 상환 방식의 만기는 대부분 1년입니다. 11개월 동안 고정적인 이자만 납입하다가 마지막 회 차가 되는 날에 이자와 원금을 모두 상환하거나 만기 연장을 해야 합니다. 만약 만기 연장이 되지 않는다면 원금을 모두 상환해야 합니다.	3000만 원 원금 상환 ■ 이자 금액 ■ 원금 상환액
원리금 균등 분할 상환 방식 원리금 균등 분할 상환은 대출 기간 동안 원금과 이자를 포함하여 매월 동일한 금액을 납입하는 방식입니다. 그래프에서 파란색의 원금 상환액은 계속해서 증가하고 이자는 지속적으로 감소하는 것을 알 수 있습니다.	■ 이자 금액 ■ 원금 상환액
원금 균등 분할 상환 방식 원금 균등 분할 상환은 매월 동일한 금액의 원금을 상환하는 방식입니다. 그래프를 보면 파란색의 원금 상환 금액이 매월 동일한 것을 알 수 있습니다.	■ 이자 금액 ■ 원금 상환액

3 리볼빙 상환 방식은 '회전결제'라고도 하며, 사용한 대출이나 카드 대금 중에서 일정 비율만 결제하면 나머지 금액은 다음 결제 대상으로 자동 연장되는 방식을 의미합니다.

거치식 원리금 균등 분할 상환 방식
(2년 거치 2년 상환)
거치식 원리금 균등 분할 상환은 처음 2년 동안은 이자만 납입한 후, 3년 차부터 원금과 이자를 포함하여 매월 동일한 금액을 납입하는 방식입니다. 그래프를 보면 파란색의 원금 상환액은 3년 차부터 발생하며 그 후로 매월 증가하는 것을 알 수 있습니다.

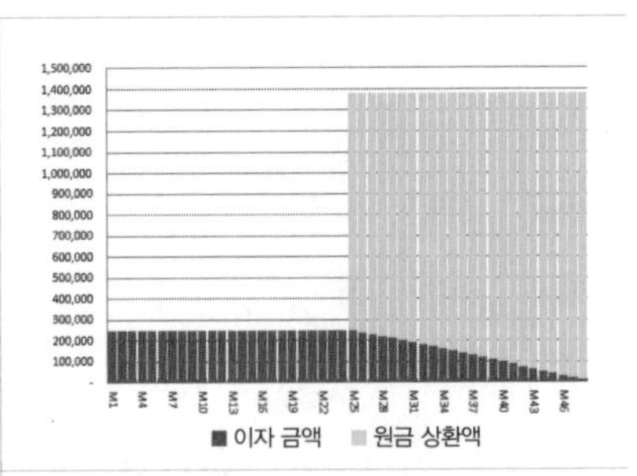

거치식 원금 균등 분할 상환 방식
(2년 거치 2년 상환)
거치식 원금 균등 분할 상환은 처음 2년 동안은 이자만 납입한 후, 3년 차부터 매월 동일한 금액의 원금을 상환하는 방식입니다. 그래프를 보면 3년 차부터 파란색의 원금 상환 금액이 매월 동일한 것을 알 수 있습니다.

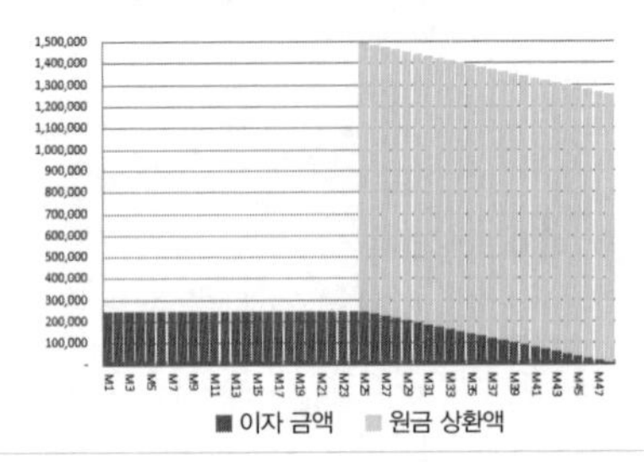

마이너스 상환 방식(한도 대출)
마이너스 상환 방식은 만기 일시 상환 방식처럼 대부분 만기가 1년입니다. 사용한 금액에 대해서만 익월에 이자를 납입하다가 1년 후 만기 연장 시점에 은행에서 요청하는 서류를 제출하여 연장할 수 있습니다. 만기 연장이 안 된다면 12개월 차에 사용한 원금을 모두 상환해야 합니다.

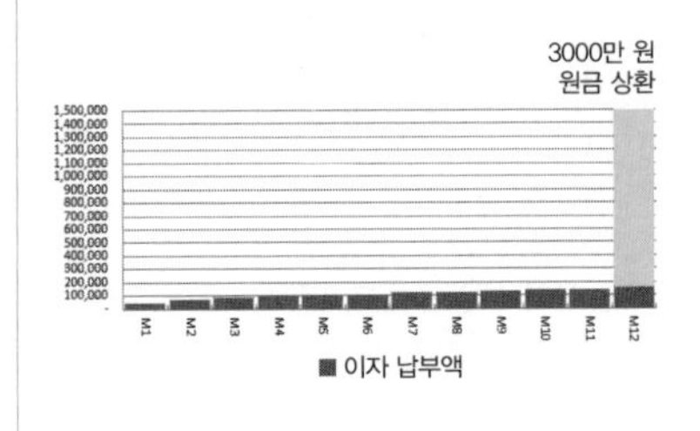

마이너스 대출을 받는 경우에는 연체이자와 만기 연장을 특히 주의해야 합니다. 만약 1000만 원 한도의 마이너스 대출에서 990만 원을 쓰고 있다가 이자 금액 20만 원이 붙어 10만 원이 연체되면 10만 원에 대한 연체이자가 아니라 1010만 원에 대한 연체이자를 내야 합니다. 만기 일시 상환 방식 또한 대부분의 금융기관에서 1년마다 대출을 연장하기 때문에 사전에 반드시 확인한 후 대출을 신청해야 합니다.

4일차 상담

하우스푸어, **카푸어 탈출하기**

1

주택담보대출,
어찌하오리까

제가 안산 변두리의 전세 6000만 원짜리 아파트에서 결혼 생활을 시작할 때, 그와 비슷한 시기에 돈 많은 부모님 덕분에 서울 서초구의 30평대 아파트에서 대출 없이 결혼 생활을 시작한 대학 동기가 있었습니다. 그로부터 5년 후 저희 부부가 맞벌이하며 힘들게 모은 돈과 난생처음 받아 본 1억 원의 주택담보대출을 끼고 경기도 외곽에 20평대 아파트를 장만하고 좋아할 때, 그 친구는 부모님의 도움으로 융자 없는 강남의 40평대 아파트로 이사해 있었습니다.

오늘은 돈 없고 백 없는 서민들을 짧게는 수년에서 길게는 수십 년 동안 밤잠 설치게 만드는 아파트 대출에 대해서 살펴보겠습니다. 첫날 저와 함께 설정한 고객님의 목표가 '아파트 대출금 7000만 원 이내로 만들기'였다는 것을 기억하고 오늘의 진도를 나가겠습니다.

〈목표 달성을 위한 우선순위〉

우선순위 1	우선순위 2	우선순위 3	최종 목표
마이너스 통장과 악성 대출 상환하기	1년 만기 단기 상품 가입하기	노후를 위한 장기 투자 상품 가입하기 (연간 200만 원)	55세에 은퇴해서 중간 수준(Middle Level)의 노후 보내기
아파트 대출금 7000만 원 이내로 만들기 (하우스푸어, 카푸어 되지 않기)	펀드 원금 3000만 원으로 만들기		

돈 많은 부모님의 지원이 있거나 사업에 성공해서 큰돈을 벌지 않는 이상 첫 집은 대출을 끼고 장만한 후 대출을 거의 갚아 갈 무렵 큰 평수의 집으로 옮기면서 다시 대출을 받아 재산을 늘리는 것이 대한민국 재테크의 정석이었습니다. 그러나 현재 대한민국 부동산 시장은 수많은 하우스푸어House Poor와 밀리어네어 푸어Millionaire Poor를 양산하는 재테크의 블랙홀이 되어 버렸습니다.

저도 요새 집만 생각하면 속상해 죽겠습니다. 집값이 좀 오를 거라 기대하고 작년에 조금 무리해서 아파트를 분양 받았는데, 집값이 오르기는커녕 내년에 입주할 때 분양가 이하로 떨어지지나 않았으면 합니다. 며칠 전 부동산에 가서 혹시 분양가 그대로 팔 수 있겠느냐고 물어보니 저 같이 분양권을 매물로 내놓는 경우가 꽤 많다더라고요. 정말로 팔 의향이 있다면 분양가 이하로 내놓아야 한답니다. 3억 원 주고 산 분양권을 3억 원에 팔기도 힘들다니, 부동산 시장이 이렇게 될 줄 누가 알았겠습니까?

분양권 때문에 속상하다고 말씀하셨는데, 그래도 고객님은 다른 분들에 비해 그나마 사정이 나은 편입니다. 살고 있는 집을 담보로 대출 받아 새 아파트를 분양 받았다가 입주가 얼마 남지 않은 상황에서 살던 집을 팔지 못해 고민하는 분들도 정말 많거든요. 입주할 아파트를 매물로 내놓아도 팔리지 않아 울며 겨자 먹기로 캐피털이나 대부업체에서 높은 금리의 대출을 더 받고 그중 하나를 전세로 놓는 경우도 있습니다.

그건 그렇고 선생님은 부동산 재테크를 어떻게 하시는지 굉장히 궁금합니다. 재테크 지식이 많으시니까 제 생각에는 융자 없이 강남에 번듯한 아파트 하나 정도는 가지고 계실 것 같은데요.

현재 강남도 서울도 아닌 경기도 광명의 30평대 아파트에서 적정한 수준의 주택담보대출을 갚으며 살고 있습니다. 저 역시 부동산 광풍이 몰아치던 당시 다소 무리해서라도 강남에 입성하는 것을 고려해 본 적이 있었는데, 경기가 나빠져서 자칫 부동산이 하락하거나 오르지 않는다면 낭패를 볼 것 같아 생각을 접었습니다.

그렇다면 아파트 가격이 이렇게 하락할 것을 예상하신 건가요?

신이 아닌 이상 어떻게 미래를 정확하게 내다볼 수 있겠습니까. 저는 둘째 날에 살펴본 투자 성향 중에서 극단적인 '안정형'에 속하거든요. 투자 원금에 단 1원의 손실이라도 발생하면 잠을 제대로 자지 못할뿐더러 한 달 수입의 절반 이상을 은행 이자로 내는 것에 대해 상당한 거부감이 들었을 뿐입니다. 아내와 상의한 끝에, 월 수백만 원의 이자를 내면서 집값이 오르기만을 기다리는 것보다 무리하지 않는 수준에서 집을 구입하고 나머지 차액으로 인생을 즐기는 것을 선택한 것이죠. 저는 항상 저의 주택담보대출비율LTV과 총부채상환비율DTI이 나빠지지 않도록 부채 규모를 관리하고 있습니다.

LTV와 DTI는 아파트 구입 시 대출과 연계되는 개념 아닌가요? 비율이 높을수록 대출을 더 많이 해 주나요? 선생님께서는 LTV와 DTI를 어떻게 관리하시는지 속 시원히 설명 좀 해 주시겠습니까?

네, 알겠습니다. 사실 십여 년 전까지만 해도 담보 물건의 가치만으로 대출 한도와 금리를 결정했지만 지금은 고객의 신용도를 같이 평가하고 있습니다. 그중에서 최근 가장 이슈가 되고 있는 LTV와 DTI에 대해 자세히 살펴보겠습니다.

2
구입한 부동산에서 대출이 차지하는 비율을 따져 보자

1) LTV 산출 방법과 제한

LTVLoan To Value를 우리말로 해석하면 '주택담보대출(인정)비율'이며, 이는 '우리 집의 가치에서 집과 관련된 대출금이나 보증금이 차지하는 비율'을 의미합니다. 즉, 아파트의 가치가 4억 원이고 그중 주택담보대출 금액이 1억 원이라면 '1억/4억'의 수식을 통해 LTV는 25%가 되는 것입니다. 따라서 대출금이 많을수록 LTV도 높아집니다. 만약 LTV가 100%라면 아파트의 순 가치는 '4억-4억'으로, 0원이 됩니다. 그렇기 때문에 LTV는 높을수록 나쁘다고 볼 수 있습니다. 대출을 받아 아파트를 구입했다면 최대한 빠른 시간 내에 LTV가 '0'이 될 수 있도록 열심히 대출 원금을 상환해야 그만큼 노후 대책이 수월해지는 것입니다. LTV는 다음과 같은 수식으로 표현할 수 있습니다.

LTV=(①집과 관련된 대출금이나 보증금/②우리 집의 가치)

그러나 금융기관에서는 좀 더 복잡한 방법으로 정확한 LTV 값을 산출하고 있는데요. 이러한 계산 방법에 대해서는 항목별로 자세하게 설명하겠습니다.

01 집과 관련된 대출금이나 보증금

LTV 수식의 분자에 해당하는 '집과 관련된 대출금이나 보증금' 항목은 다음과 같이 대출 금액, 선순위 채권, 임차보증금, 소액 보증금의 4가지 항목으로 다시 구분할 수 있습니다.

항목	세부 설명
대출 금액	'대출 금액'은 은행으로부터 대출 받은 원금을 의미하며, 마이너스 대출과 같은 한도 거래일 경우에는 실제 사용액이 아닌 한도 전체 금액을 대출금으로 보고 LTV를 계산합니다. 그렇기 때문에 상황에 따라 마이너스 통장을 해지한 후 주택담보대출을 신청해야 원하는 대출 금액을 받을 수 있기도 합니다.
선순위 채권	'선순위 채권'은 담보로 제공된 부동산에 대한 '선순위 저당권 설정 최고액'을 의미합니다. 즉, 담보(아파트) 처분 시 해당 대출 채권보다 우선하여 배당을 받을 수 있는 모든 채권을 뜻합니다. 예를 들어 A 은행에서 1억 원의 대출을 받은 상태에서 B 은행에서 추가로 5000만 원을 대출 받는다면, A 은행에서 대출해 준 1억 원은 B 은행의 입장에서 '선순위 채권'이 되는 것입니다.

임차보증금 및 소액 보증금	대항요건[1]을 갖춘 임차인이 있는 경우에는 임차보증금을, 임대차 없는 방이 있는 경우에는 공제 기준에 따라 산출된 소액 보증금을 의미합니다. 즉, 아파트에 전세를 주고 있거나 주인이 살고 있는 상태에서 임대차 계약 없이 방 하나를 빌려 준 경우에는 해당 전세금이나 소정의 산식에 의해서 산출된 소액 보증금도 '집과 관련된 대출금이나 보증금'에 속하게 됩니다.

02 우리 집의 가치

LTV 수식의 분모에 해당하는 '우리 집의 가치'는 '감정가(담보 가치)'라고도 하며, 이는 감정평가법인에 의해 제시된 감정평가액 또는 시가 추정 가액을 의미합니다.

그렇다면 이렇게 산출된 LTV 값을 금융기관에서는 어떠한 용도로 사용하고 있을까요? 금융기관마다 조금씩 다르겠지만 대부분 대출 신청자의 신용 등급과 LTV 값을 함께 고려하여 대출 한도와 대출 가능 여부, 대출금리를 산출하는 데 사용합니다. 만약 한도가 '0'으로 나온다면 그 고객에게는 담보대출을 해 줄 수 없다는 의미가 되겠죠? 이는 다음과 같은 표로 나타낼 수 있습니다.

1 대항요건(對抗要件)은 민법에서 이미 이루어진 권리관계를 다른 사람에게 내세우고자 할 때에 요구되는 조건으로, 등기, 등록, 통지 등이 이에 해당합니다.

신용 등급	LTV 산출 값					
	20% 이하	40% 이하	60% 이하	80% 이하	100% 이하	100% 초과
1등급						
2등급						
3등급						
4등급						
5등급						
6등급						
7등급						
8등급						
9등급						
10등급						

아래로 갈수록 금리 상승

대출거절

표에서 볼 수 있듯 신용 등급이 좋은 사람은 LTV가 다소 높게 나오더라도 금융기관에서 대출을 받을 수 있습니다. 따라서 평소에 신용 관리를 잘해야 대출과 같은 금융기관의 도움이 필요할 때 적절한 서비스를 받을 수 있는 것입니다.

현재 신용 등급 1등급인 사람이 거주하고 있는 집의 LTV가 20%라면, 위의 도표에 따라 LTV가 80%가 될 때까지 추가적인 담보대출을 받을 수 있습니다. 참고로 주거용 오피스텔의 경우 대부분의 금융기관에서 더욱 엄격한 LTV 기준을 적용하여 상대적으로 적은 한도를 제공합니다. 주거용 오피스텔이란 등기부 등본상 상업용 시설(오피스텔)로 등재되어 있으나 외부 감정서(담보 조사서 포함)에 이용 현황이 주거용 오피스텔로 표시된 물건을 의미합니다.

2014년 8월부터 LTV가 완화되었다고 들었는데요. 이건 무엇을 의미하는 것입니까?

LTV는 은행의 주택담보대출 취급 한도를 산정하는 기준이 되기도 합니다. 만약 모든 은행에서 집값의 100%만큼을 대출해 준다면 어떻게 될까요? 예를 들어 2억 원짜리 집을 사기 위해 2억 원을 대출 받는다면 집값이 조금만 떨어져도 대출해 준 은행은 급격하게 부실화할 것입니다. 그렇기 때문에 정부에서는 'LTV 규제'를 시행하고 있습니다. 한마디로 'LTV 60% 허용'은 은행에서 집값의 60%까지만 대출 받을 수 있다는 의미입니다.

여기에서 '투기지역'과 '투기과열지구'에 대해 간략하게 짚고 넘어가겠습니다. 먼저 투기지역은 부동산 가격 상승률(국민은행이 발표하는 도시주택가격 동향)이 비정상적으로 높다고 판단될 때 기획재정부 장관이 '부동산가격안정심의위원회'의 심의를 거쳐 지정한 지역입니다. 이러한 투기지역은 주택담보대출 규제, 양도세 탄력세율 적용 등 주로 세금 정책과 관련되어 있습니다. 다음으로 투기과열지구는 주택 분양 시장의 과열을 방지하기 위해 신규 주택 청약률을 기준으로 국토해양부 장관이 지정하게 됩니다. 이러한 투기과열지구는 분양권 전매 제한이나 청약 규제 등과 같은 주택 정책과 주로 연관되어 있습니다.

IMF 직후인 2000년대 초반에 아파트 가격이 폭락한 적이 있었습니다. 이때 정부가 부동산 경기 활성화를 위해 LTV를 80~90%까지 허용해 주었고, 2005년 이후 아파트 가격이 다시 폭등하자 60%대로 낮추었다가

2014년 8월 LTV 기준을 70%로 대폭 완화했습니다. 즉, 집값 대비 70% 수준까지 담보대출을 받을 수 있는 것입니다. 이러한 영향 때문인지 2014년 9월부터 은행권의 담보대출 판매가 급증하고 있는 추세이지만 이후의 상황은 계속 지켜봐야 하겠습니다.

〈2014년 8월 LTV 기준 완화 전후 비교〉

<table>
<tr><th>구분</th><th colspan="4">변경 전</th><th>변경 후</th></tr>
<tr><td rowspan="5">수도권
(서울, 인천, 경기)</td><td rowspan="3">아파트</td><td colspan="2">10년 이하</td><td>50%</td><td rowspan="6">70%</td></tr>
<tr><td rowspan="2">10년 초과</td><td>6억 원 초과</td><td>50%</td></tr>
<tr><td>6억 원 이하</td><td>60%</td></tr>
<tr><td rowspan="2">주택</td><td colspan="2">3년 이하</td><td>50%</td></tr>
<tr><td colspan="2">3년 초과</td><td>60%</td></tr>
<tr><td colspan="4">기타 지역</td><td>60%</td></tr>
</table>

위의 변동 사항에서 가장 눈여겨봐야 할 포인트는 다음 2가지입니다.

① 기존에 지역, 담보, 만기 등의 기준에 따라 50~60%로 달리 적용했던 LTV 비율을 70%로 단일화하였습니다.

② 무조건 집값의 70%까지 대출 가능한 것은 아닙니다. 각 은행별로 고객의 신용 등급에 따라 최대 LTV가 적용되기 때문입니다. 만약 신용 등급이 좋지 않아 해당 은행에서 '저(低) 신용 고객'으로 분류된 경우에는 LTV 60%가 적용될 수 있습니다. 또한 아파트가 아닌 경우에 70%보다 낮은 LTV를 적용하기도 합니다. 하지만 일부 은행은 장기 고정금리 담보대출의 경우 주택 종류에 상관없이 70%를 적용하므로 담보대출을 받기 전에는 2~3군데 은행의 금리와 한도를 꼼꼼히 비교해 보는 것이 좋습니다.

그러나 가장 중요한 것은 집값의 70%를 대출 받는다면 이자가 아무리 낮더라도 가정경제에 큰 타격이 될 수 있다는 사실입니다. 3억 원짜리 집을 최대 LTV 70%로 대출 받으면 2억 1천만 원입니다. 3%(2014년 9월 기준)의 저금리라고 하더라도 연간 담보대출 이자는 630만 원으로, 월 50만 원이 조금 넘는 금액입니다. 향후 담보대출 이자가 5%대로 오른다면 월 90만 원 정도를 내야 하는 것입니다. 물론 집값이 오르는 만큼 그 비용이 상쇄될 것이라고 생각할 수도 있습니다. 선택은 각자의 몫이지만 그에 따른 엄청난 결과 역시 각자의 몫입니다.

2) 소득 중 부채로 인해 지출되는 비중 -총부채상환비율DTI 알아보기

DTIDebt To Income를 우리말로 해석하면 '총부채상환비율'이며, 이는 '소득 수준 대비 부채 상환 능력 비율'을 의미합니다. 즉, 고객님의 소득으로 주택담보대출의 원리금을 갚을 수 있는지 알아보는 방법입니다. 세후 연 소득이 5000만 원이고, 주택담보대출 1억 원을 15년간 매월 원금 50만 원과 이자 5%의 원금 균등 분할 상환 조건으로 갚아 나가기로 했다고 가정해 보겠습니다. 대출 후 처음 1년 동안은 대략 원금 600만 원과 이자 약 500만 원을 합친 1100만 원을 은행에 내야 할 것입니다. 이 금액을 소득 5000만 원으로 나누면(1100만 원/5000만 원) DTI는 22%로 산출됩니다.

DTI가 100%라면 월급의 전부를 은행에 갖다 바치는 구조가 되는 것이군요?

네, 그렇습니다. 한마디로 생활비가 하나도 없는 것이죠. 은행 입장에서 DTI가 100%인 고객에게 돈을 빌려 줄 수 있을까요? 은행에서 빌린 돈을 갚으면 그달에 먹고살 수 있는 최소한의 생활비도 남지 않는데, 15년이라는 담보대출 기간 동안 은행거래를 잘할 수 있을 거라고 생각하는 금융기관은 아마 없을 것입니다.

DTI는 개인이 소득 수준 대비 과도한 부채를 지지 않도록 정부가 금융기관을 규제하는 방법으로도 사용합니다. 예전에는 일반적으로 DTI를 40%까지 인정해 주고 주택투기지역 및 수도권(서울, 인천, 경기), 투기과열지구 아파트(주상 복합 포함)의 경우 더욱 엄격한 DTI 기준을 적용했습니다. 그러나 2014년 8월, LTV와 함께 DTI도 완화되었습니다. 아래의 표를 통해 변경된 기준에 대해서 살펴보겠습니다. 한마디로 대출 금액 1억 원 이하의 집은 제한이 없으며, 대출이 1억 원을 초과하는 경우에만 기본적으로 DTI를 60%까지 적용하되 고정금리 대출의 경우 70%까지 더 완화해 주는 것입니다.

담보 가치	대출 금액	기본 DTI 서울(비투기), 인천/경기	가산 항목 (+5% 적용 항목)	DTI 최고한도 서울(비투기), 인천/경기
감정가 불문, 소유권 이전 후 경과 기간 불문	1억 원 초과	60%	고정금리 대출, 분할 상환 (단, 거치식은 거치 기간 1년 이내인 경우)	70%
	1억 원 이하	제한 사항 없음		

DTI가 낮을수록 생활에 여유가 생기고, 그만큼 부채를 상환할 수 있는

능력이 높아집니다. 따라서 모든 은행에서 부동산 담보대출 취급 시 신청자의 소득 증빙 자료를 받아 DTI를 산출하는 것입니다. DTI 산출 방법을 수식으로 표현하면 다음과 같습니다.

DTI=((①해당 주택담보대출 연 원리금 상환액+②기타 금융기관 부채의 연 이자 상환액)/③연 소득)

그러나 실제 은행에서는 좀 더 복잡한 방법으로 DTI 값을 산출합니다. 각 항목의 계산 방법에 대해 자세하게 살펴보도록 하겠습니다.

01 해당 주택담보대출 연 원리금 상환액

해당 주택담보대출의 연 원리금 상환액은 담보대출의 상환 방식에 따라 다음과 같이 계산합니다.

상환 방식	연 원리금 상환액
원리금 균등 분할 상환 방식 거치식 변동·고정금리 상환 방식	분할 상환 개시 이후 연간 원리금 상환액
만기 일시 상환 방식 (한도, 리볼빙)	연간 이자액+(대출(한도) 금액/대출 기간(연)) ※10년 이상의 만기 일시 상환 대출인 경우 대출 기간을 10년으로 계산함
원금 일부 분할 상환 방식	분할 상환 개시 이후 연간 원리금 상환액+(만기 상환액/(대출 기간–거치 기간))

02 기타 금융기관 부채의 연 이자 상환액

기타 금융기관 부채의 연 이자 상환액은 주택담보대출 취급 당시 '기타 부채의 총액'에 각 대출의 '평균 대출금리'를 곱하여 산출합니다. '기타 부채'에는 대환 대상 대출과 예금·적금 담보대출은 제외되며, 신용카드 현금 서비스는 포함됩니다. 또한 '평균 대출금리'는 매월 한국은행에서 발표하는 예금은행 가중평균 가계 대출금리에 은행마다 일부 금리를 가중해서 산출합니다.

03 연 소득

은행에서 신용 대출은 물론 부동산 담보대출을 받고자 한다면 반드시 소득 증빙 서류를 제출해야 합니다. 이때 근로소득자는 확실한 소득 금액의 입증이 가능합니다. 이를 '풀 도큐먼트Full Document' 증빙, 줄여서 '풀 독Full Doc'이라고도 합니다. 그러나 자영업자, 자유직업 소득자와 같은 경우에는 각 금융기관에서 정한 별도의 기준을 이용하여 신고소득을 입증해야 합니다. 이를 '노 도큐먼트No Document' 증빙, 줄여서 '노 독No Doc'이라고도 합니다.

그렇다면 선생님께서는 LTV와 DTI를 직접 산출해서 관리하시는 건가요? 저에게는 어느 정도의 LTV와 DTI가 적정한 것입니까?

저의 경험을 토대로 대답드릴 수 있을 것 같습니다. 제가 35세에 기존의 20평대 집을 팔고 30평대로 옮겨 갈 당시는 마침 우리나라에 부동산 광풍이 불던 때였습니다. 말씀드렸던 것처럼 '몇 억 원의 융자를 받아서 부동산 투자를 해 볼까?'라는 생각이 들기도 했지만 아내와 상의한 끝에 LTV 25%를 넘지 않는 선에서 융자를 받기로 했습니다. 집값이 4억 원 정도였으므로 제가 감당할 수 있는 융자의 범위는 4억 원의 25%인 1억 원 정도라고 생각했던 것입니다. 그리고 매년 1000만 원의 원금을 상환하여 해마다 LTV를 2%씩 낮춰서 제가 은퇴하기 약 10년 전인 45세까지 주택 융자금을 '0'으로 만드는 것을 목표로 세웠습니다. 보통 45세부터는 아이들 학자금부터 시작해서 생각지도 않던 목돈이 나가야 하는 경우가 굉장히 많아지기 때문입니다. 45세가 넘어서도 은행 융자금을 갚느라 일하고 싶지는 않았거든요. 따라서 1년에 1000만 원 정도의 담보대출을 상환하는 재무 설계를 구성했고, 이를 저의 목표 LTV에 반영했습니다.

두 번째 계획은 DTI 부분이었습니다. 매년 1000만 원의 원금을 상환할 계획으로 약 5% 금리의 주택담보대출을 받을 당시 저의 부채 현황에는 3000만 원짜리 마이너스 대출(약 10% 금리)도 포함되어 있었습니다. 그 중 약 1000만 원 정도를 사용하고 있었지만 금융기관에서 DTI를 산정할 때에는 마이너스 한도 전체를 대출로 간주하기 때문에 저의 첫 DTI는 약 35%로 산출되었습니다.

사실 35%도 엄청난 수치 아닙니까? 한 달 동안 고생해서 받은 월급의 35%에 해당하는 금액은 만져 보지도 못하고 꼬박꼬박 은행에 납부해야 한다는 사실에 경악했습니다. 그러나 당시의 우리나라 부동산 상황에서는 제 마음속 한구석에도 '내가 산 아파트의 가격이 더 오르지 않을까?' 하는 생각이 있었습니다. 그래서 아마도 35%의 DTI를 감내하면서 집을 구입한 것이겠지요. 그리고 10년 동안 대출을 모두 상환한다면 저의 DTI가 얼마로 내려갈지 계산해 보았습니다. 35세에 35%였던 저의 DTI는 10년 후 15%까지 떨어지고, 그다음 해에 원금을 모두 상환하면 46세부터는 DTI가 '0'이 됨으로써 LTV '0'과 맞물려 빚 없이 소득에 대한 100%의 결정권이 생기는 것으로 예상되었습니다.

하지만 10년 동안 한결같은 마음으로 DTI와 LTV를 관리하는 것은 생각보다 어렵지 않겠습니까?

그러나 저는 재테크의 기본 원칙은 최악의 상황에서도 나와 우리 가족을 지킬 수 있는 재무 구조를 스스로 만들어 가는 것이라 믿고 있습니다. 40대 중반에도 고객님의 LTV와 DTI가 제로Zero가 아니라면 고객님뿐만 아니라 가족 모두가 힘들어질 수 있습니다. 금융기관에서 고객님의 상황을 감안하여 대출금을 나중에 갚아도 된다고 할 일은 절대 없을 테니까요. 만약 40대 중반을 넘은 나이에 LTV와 DTI가 남아 있다면 적어도 5년 안에는 이를 '0'으로 만들겠다는 확실한 목표를 세워야 합니다. 물론 해당 집에서 월세가 나와 은행의 대출이자를 상쇄하는 상황이라면 이 목표를 반드시 달성하지 않아도 됩니다.

LTV, DTI 관리를 위해서는 매월 상환해야 하는 주택담보대출의 원금을 계산한 후 해당 비용부터 갚아 나가야 합니다. 만약 5년 이내에 도저히 목표를 달성할 수 없을 것 같다면 집을 줄여서 해결하는 방안도 추천합니다.

tip

나의 주택담보대출 이자와 상환액, 최악의 경우 얼마까지 올라갈 수 있을까?

대출 원금은 연체하지 않는 한 증가하지 않지만 대출이자는 다릅니다. 2014년 현재 CD금리가 2% 수준에서 머물고 있지만, 과거 2008년 11월에 CD금리가 6% 이상으로 올라간 적이 있습니다. CD금리가 6%라는 말은 대부분의 주택담보대출 금리가 8~10%에 육박한다는 것을 의미합니다.

주택담보대출의 금리가 지금보다 4% 더 오른다면 가정경제에 큰 타격 없이 버틸 수 있을까요? 참고로 1억 원의 담보대출이 있는 상황에서 금리가 4% 오르면 월 33만 원의 이자를 은행에 더 납부해야 합니다.

월 33만 원 정도는 어떻게든 버틸 수 있을 것 같으신가요? 그렇다면 1998년 IMF 관리체제 시절을 기억해 보죠. 당시 정기예금 금리는 최대 18%, 은행의 대출금리는 최대 23~25%까지 올랐습니다. 1억 원의 담보대출이 있는 상황에서 만약 대출금리가 20%까지 오른다면, 원금 상환은 고사하고 이자만 월 150만 원이 훨씬 넘습니다.

그런 상황이 다시는 안 올 것이라고 누구도 확신할 수 없습니다. 저나 고객님이나 이제 30~40대로, 앞으로 살아갈 날이 50년은 더 남았습니다. 앞으로 50년 뒤, 우리가 살아 있을 때 무슨 일이 일어날지는 아무도 모르는 것 아니겠습니까?

3

현명한 주택담보대출을 위한 5가지 포인트

최소 10년 이상을 갚아 나가야 하는 주택담보대출을 현명하게 받기 위해서는 부동산중개업자나 은행원과 대화가 통하는 수준이 되어야 합니다. 주택담보대출과 관련하여 꼭 알아 두어야 하는 5가지 상식에 대해 살펴보겠습니다.

| 포인트 ❶ | 주택 관련 대출의 종류

주택 관련 대출에는 3가지 종류가 있습니다. 새로운 아파트를 구입하기 위해서 그 아파트를 담보로 대출 받는 '주택 구입 자금 대출', 현재 살고 있는 집을 담보로 대출 받는 '주택담보대출'이 있으며, '경매'와 관련하여 낙찰 받은 물건을 담보로 대출 받는 '경락잔금대출'도 있으니 참조하기 바랍니다.

대출 종류	상세 설명
주택담보대출	현재 살고 있는 주택이나 본인 이외의 제3자가 소유하고 있는 주택을 담보로 대출을 받는 것입니다.
주택 구입 자금 대출	구입하려는 주택을 담보로 대출을 받는 것입니다.
경락잔금대출	법원에서 경매 물건을 낙찰 받은 후, 경매 물건의 잔금을 납부하기 위해 금융기관에서 대출을 받는 것입니다.

| 포인트 ❷ | 착각하기 쉬운 부동산의 9가지 종류와 구분 방법

부동산에 아파트만 있는 것은 아니며, 고객님께서 알고 계시는 아파트는 실제로 아파트가 아닐 가능성이 있습니다. 대한민국 부(富)의 상징인 타워팰리스는 왜 '주상 복합 아파트'라고 불리는 것이고, 그 특징은 무엇일까요? 흔히 착각하기 쉬운 부동산의 9가지 종류에 대해 간략하게 설명하겠습니다. 부동산 종류별로 금융기관에서 대출해 주는 한도와 금리가 각각 다를 수 있기 때문에 알아 두면 유용한 정보입니다. 또한 지금은 어림없다 해도 언젠가 큰돈을 벌어서 상가나 오피스텔, 주상 복합과 같은 이런저런 부동산에 투자할 날을 위해 함께 살펴보도록 하겠습니다.

부동산	주요 특징
아파트	일반적인 아파트는 건축법의 특별법 개념인 '주택건설촉진법'에 따라 사업이 이루어진 100% 주거용 아파트를 의미하며, 주택으로 쓰이는 층수가 5개 층 이상이어야 합니다. 건축법과는 달리 주택건설촉진법은 원활한 주택 공급을 위해 건설사에 대한 지원 등의 내용을 담고 있고, 입주자 보호를 위해 주택 공급 과정을 좀 더 꼼꼼하게 규정해 놓은 특별법입니다. 일반적인 아파트는 사업 승인과 분양 승인을 받은 후 분양할 수 있으며, 20가구 이상은 반드시 공개 청약을 통해 분양해야 합니다. 건축 공정률 50%를 기준으로 분양 대금을 2회 이상 나눠서 내도록 되어 있으며 사후 관리 역시 '공동주택관리령' 규정에 따라야 합니다. 관리비는 지역마다 약간씩 차이 나지만 표준화되어 있습니다.

주상 복합 아파트	300가구 이상이나 주거 비율 90% 이상의 주상 복합 아파트는 아파트와 같이 주택건설촉진법에 따라 사업이 이루어지며, 그 외의 경우는 건축법을 따릅니다. 주상 복합이나 오피스텔은 시행사가 분양 및 대금 납부 방식을 임의로 정할 수 있습니다. 분양 보증 대상이 아니기 때문에 시행사가 부도나면 수요자가 보상 받을 안전장치는 없습니다. 또한 관리비도 난방 방식이나 관리 형태에 따라 건물마다 편차가 큽니다. 주상 복합은 주택으로 구분되므로 내부에 욕조를 설치하여 주거용으로 사용할 수 있는 것이 가장 큰 특징입니다. 또한 주택임대사업자의 대상으로 임차인이 임대차보호법에 의해 보호 받을 뿐만 아니라 두 채를 가지고 있을 경우 1가구 2주택으로 적용됩니다.
오피스텔	오피스텔은 앞서 살펴본 '주상 복합 아파트'와 대부분 유사하나 내부에 욕조를 설치할 수 없으며 전용 면적 중 주거용 부분이 50%를 넘을 수 없다는 제한이 있습니다. 주거용 오피스텔과 업무용 오피스텔로 구분되지만 혼자서 자취하는 경우가 아닌 이상 가족 단위로 생활하기에는 상당한 제한이 있다고 할 수 있습니다. 또한 국세청의 '실질과세원칙'에 따라 주거용 오피스텔은 주택으로 간주하여 과세합니다. 즉, 사업자 등록 이후 오피스텔을 상가로 임대했더라도 임차인이 오피스텔을 주거용으로 이용하고 있다면 주택으로 분류돼 1가구 2주택에 해당될 수 있기 때문에 주의해야 합니다.
다세대주택	다세대주택은 가구(세대)별로 등기가 가능한 총면적 660㎡ 이하, 4개 층 이하의 공동주택을 의미합니다. 총면적에서 지하 주차장 면적은 제외하며, 층수에서는 지하층을 제외합니다.
다가구주택	총면적 660㎡ 이하, 3층 이하, 19세대 이하가 거주하고 있는 건물을 의미합니다. 다가구주택과 다세대주택의 가장 큰 차이점은 다가구주택에는 등기상 집주인이 1명만 존재한다는 것입니다.
연립주택	총면적 660㎡를 초과한다는 것을 제외하고는 다세대주택과 유사합니다. 즉, 연립주택은 가구(세대)별로 등기가 가능한 총면적 660㎡ 초과, 4개 층 이하의 공동주택을 의미합니다.
단독주택	단독주택은 말 그대로 한 채씩 따로 지어서 100% 주거용으로만 사용하는 건물을 의미합니다.
근린 주택	'근린'이라는 말은 생활권에 인접해 있다는 것을 의미합니다. 근린생활시설은 거주 지역과 가까워 도보 접근성이 우수하며, 우리가 자주 찾는 약국, 세탁소, 학원 등이 입주해 있는 상가 건물입니다. 공부(公簿)[2]상 면적을 기준으로 주택 부분의 면적이 전체 면적의 50%를 초과하는 경우 근린 주택으로 분류됩니다.
근린 상가	근린 주택으로 분류되지 않는 상가 건물로, 대개 2~5층의 중간층 규모로 세워지며 상층부에 주택이 들어서는 경우도 있습니다.

2 국가기관이나 공공단체 등에서 공식으로 작성하는 장부(네이버 사전 참조)

그 밖에 '상가 주택'은 근린 상가 지역에 있는 주택형 상가로, 일반적으로 1·2층은 상가로, 3층은 주택으로 활용합니다. 참고로 근린생활시설은 동산이나 부동산을 이용한 재테크 시 많이 접할 수 있는 용어입니다. 근린생활시설은 다음과 같이 1종, 2종의 2가지 종류가 있으니 가볍게 살펴보시기 바랍니다. 제1종 근린생활시설은 실생활과 친밀도가 높기 때문에 없어서는 안 되는 시설이며, 제2종 근린생활시설은 실생활과 친밀도가 떨어지는 시설을 의미합니다.

제1종 근린 생활 시설	1. 슈퍼마켓과 일용품(식품, 잡화, 의류, 완구, 서적, 건축자재, 의약품류 등) 등의 소매점으로서 동일한 건축물(하나의 대지에 2동 이상의 건축물이 있는 경우에는 이를 동일한 건축물로 본다) 안에서 해당 용도에 쓰이는 바닥 면적의 합계가 1,000㎡ 미만인 것 2. 휴게 음식점으로서 동일한 건축물 안에서 해당 용도에 쓰이는 바닥 면적의 합계가 300㎡ 미만인 것 3. 이용원, 미용원, 일반 목욕장 및 세탁소(공장이 부설된 것은 제외한다) 4. 의원, 치과 의원, 한의원, 침술원, 접골원 및 조산소 5. 탁구장 및 체육 도장으로서 동일한 건축물 안에서 해당 용도에 쓰이는 바닥 면적의 합계가 500㎡ 미만인 것 6. 동사무소, 경찰관, 파출소, 소방서, 우체국, 전신 전화국, 방송국, 보건소, 공공 도서관, 지역 의료 보험 조합, 기타 이와 유사한 것으로 동일한 건축물 안에서 바닥 면적의 합계가 1,000㎡ 미만인 것 7. 마을 공회당, 마을 공동 작업장, 마을 공동 구판장, 기타 이와 유사한 것 8. 변전소, 양수장, 대피소, 공중 화장실, 기타 이와 유사한 것

제2종 근린 생활 시설	1. 일반 음식점 · 기원 2. 휴게 음식점으로서 제1종 근린 생활 시설에 해당하지 아니하는 것 3. 서점으로서 제1종 근린생활시설에 해당하지 아니하는 것 4. 테니스장 · 체력 단련장 · 에어로빅장 · 볼링장 · 당구장 · 실내 낚시터 · 골프 연습장 기타 이와 유사한 것으로서 동일한 건축물 안에서 당해 용도에 쓰이는 바닥 면적의 합계가 500㎡ 미만인 것 5. 종교 집회장 · 공연장이나 비디오물 감상실 · 비디오물 소극장(음반 · 비디오물 및 게임물에 관한 법률 제2조 제8호 가목 및 나목의 시설을 말한다)으로서 동일한 건축물 안에서 당해 용도에 쓰이는 바닥 면적의 합계가 300㎡ 미만인 것 6. 금융업소, 사무소, 부동산 중개업소, 결혼 상담소 등 소개업소, 출판사 기타 이와 유사한 것으로서 동일한 건축물 안에서 당해 용도에 쓰이는 바닥 면적의 합계가 500㎡ 미만인 것 7. 제조업소 · 수리점(특례 적용) · 세탁소 기타 이와 유사한 것으로서 동일한 건축물 안에서 당해 용도에 쓰이는 바닥 면적의 합계가 500㎡ 미만이고, 대기 환경 보전법, 수질 환경 보전법 또는 소음/진동 규제법에 의한 배출 시설의 설치 허가 또는 신고를 요하지 아니하는 것 8. 게임 제공업소, 멀티미디어 문화 콘텐츠 설비 제공업소, 복합 유통 · 제공업소(음반 · 비디오물 및 게임물에 관한 법률 제2조 제9호 · 제10호 및 제12호의 규정에 의한 시설을 말한다)로서 동일한 건축물 안에서 당해 용도에 쓰이는 바닥 면적의 합계가 500㎡ 미만인 것 9. 사진관 · 표구점 · 학원(동일한 건축물 안에서 당해 용도에 쓰이는 바닥 면적의 합계가 500㎡ 미만인 것에 한하며, 자동차 학원 및 무도 학원을 제외한다) · 장의사 · 동물 병원 · 독서실 · 총포 판매소 기타 이와 유사한 것 10. 단란주점으로서 동일한 건축물 안에서 당해 용도에 쓰이는 바닥 면적의 합계가 150㎡ 미만인 것 11. 의약품 도매점 및 자동차 영업소로서 동일한 건축물 안에서 당해 용도에 쓰이는 바닥 면적의 합계가 1천㎡ 미만인 것 12. 안마 시술소 및 노래 연습장

| 포인트 ❸ | 주택담보대출의 금리 결정 체계–CD, COFIX, 금융채의 차이점

신용 대출은 물론 담보대출을 취급하는 모든 은행의 고객 적용 금리는 '기본 금리+가산금리-우대금리'의 체계를 가지고 있습니다. 먼저 기본 금리는 개인의 신용 상태와 LTV 등 개인 신용을 측정할 수 있는 계량화된 수치를 종합하여 행렬Matrix 형태로 산정됩니다. 기본 금리에는 CD금리(91일 CD 유통 수익률)와 COFIX금리, 금융채의 3가지 종류가 있습니다.

구분	기본 금리	비고
변동금리	CD	한국증권업협회가 고시하는 91일 CD 유통 수익률(종가 기준)의 10영업일 평균
	COFIX	대출 실행일 전일을 기준으로 가장 최근에 전국은행연합회에서 고시한 신규 취급액 기준 또는 잔액 기준을 적용하며, 금리 변동 주기는 신규 취급액 기준(6개월)이나 잔액 기준(6개월 또는 1년) 중 고객이 선택한 기간마다 변경
고정금리	금융채	대출 기표 시점의 기간별 금융채 10영업일 평균 기준금리

COFIX금리는 무엇입니까?

2008년, 전 세계를 강타한 금융 위기 이후 정부의 정책 금리Call rate 인하에 따라 CD금리(91일)도 동반 하락하여 시장실세금리와의 차이가 크게 증가했습니다. 당시만 해도 대부분의 주택담보대출이 CD금리(91일)에 연동되어 있어 시중은행들은 주택담보대출에 부과하는 가산금리Spread를 인상하여 시장실세금리(조달금리)와의 차이를 줄이면서 적정 자금 마진을 유지했습니다. 이러한 상황에서 정부는 경기 회복에 따른 인플레이션을 우려하여 정책 금리 인상을 통한 출구 전략을 실시할 경우, CD금리(91일)도 동반 상승하여 가계 채무 상환 부담이 급격하게 증가하는 부작용을 염려하게 된 것입니다.

그 이후로 정부가 전국은행연합회에 금리 변동성이 큰 CD(91일)와는 별도로 주택담보대출에 적용할 수 있는 새로운 기준금리를 제정하여 줄 것을 요청하여 2010년에 만들어진 것이 지금의 COFIX금리 연동 대출입니다. 정보 제공 은행의 다양한 자금 조달 상품에 적용되는 금리를 가중평균하기 때문에 CD금리 등 기타 시장 금리에 비해 은행의 자금 조달 비용을 더욱 충실히 반영할 수 있습니다.

즉, COFIX Cost of Funds Index는 국내 9개 은행[3]이 제공한 자금 조달 관련 정보를 기초로 산출되는 자금 조달 비용 지수로, 다음과 같이 신규 취급액 기준 COFIX와 잔액 기준 COFIX로 구분되며 매월 15일(공휴일인 경우 익영업일) 전국은행연합회 홈페이지(www.kfb.or.kr)에 전월 COFIX를 공시하고 있습니다(최초 공시일: 2010.2.16). 은행의 자금 조달 평균 기간이 6~12개월 사이인 점을 고려하여 COFIX 대출의 금리 변동 주기는 6개월과 12개월로 구분하여 운용합니다.

COFIX를 기준금리로 사용하는 방식은 잔액 기준 방식, 신규 취급액 기준 방식, 잔액 기준과 신규 취급액 기준 COFIX를 혼합하는 방식이 있으며 은행마다 이러한 방식 중 일부 또는 전부를 다양하게 채택할 수 있습니다.

	CD(91일)	신규 취급액 기준 COFIX	잔액 기준 COFIX
장점	시장의 실질적인 CD금리를 즉각적으로 반영하는 인덱스(Index) 금리로, 투명성이 매우 높습니다.	정보 제공 은행들의 월중 신규 조달 자금을 대상으로 지수가 산출되므로 은행의 실제 자금 조달 비용을 잘 반영해 줍니다. 잔액 기준 COFIX에 비해 시장 금리 변동이 신속히 반영됩니다.	정보 제공 은행들의 월말 자금 조달 잔액을 기준으로 지수가 산출되므로 시장 금리에 비해 변동 폭이 작고 시장 금리 변동도 서서히 반영됩니다. 신규 취급액 기준 COFIX와 마찬가지로 은행의 실제 자금 조달 비용을 잘 반영한다는 특징이 있습니다.

3 스탠다드차타드은행, 농협중앙회, 신한은행, 우리은행, 하나은행, 중소기업은행, 국민은행, 한국외환은행, 한국씨티은행(총 9개)

단점	금리 변동성이 매우 크며, CD를 이용한 은행의 실제 자금조달 비중이 낮기 때문에 은행의 실제 자금 조달 비용이 잘 반영되지 않습니다.	금리 변동성이 잔액 기준 COFIX 대비 상대적으로 크며, 시장 인덱스(Index) 금리가 아니므로 투명성이 비교적 낮습니다.	전체 잔액을 기준으로 산정되므로 실세 금리 반영 속도가 느릴 수 있습니다. 특히 금리가 하락하는 시기일 경우 왜 자신의 금리는 떨어지지 않느냐는 민원이 발생할 수 있습니다. 시장 인덱스(Index) 금리가 아니므로 투명성이 비교적 낮습니다.
금리 산출	실제 CD금리의 3개월 평균	Σ(각 은행 월중 신규 취급액 기준 가중평균금리×각 은행 월중 신규 취급액)/Σ(각 은행 월중 신규 취급액)	Σ(각 은행 월말 잔액 기준 가중평균금리×각 은행 월말 잔액)/Σ(각 은행 월말 잔액)

그렇다면 어떤 방식이 가장 유리한 것인가요?

경우에 따라 조금씩 다릅니다. 잔액 기준 COFIX는 기존 주택담보대출의 주된 기준금리로 사용되는 CD금리에 비해 금리 변동성이 작으므로 시장 금리 연동 대출을 택할 때보다 대출 이자율의 변동 위험을 줄일 수 있습니다. 즉, 금리 상승기에는 잔액 기준 COFIX가 시장 금리보다 금리의 상승 속도가 느리고 완만하기 때문에 상대적으로 고객에게 유리합니다. 그러나 반대로 금리 하락 시에는 시장 금리의 하락 속도가 잔액 기준 COFIX보다 빠르기 때문에 시장 금리 연동 대출이 잔액 기준 COFIX 연동 대출에 비해 유리할 수 있습니다. 또한 신규 취급액 기준 COFIX는 월중 신규 조달 자금을 대상으로 산출되므로 잔액 기준 COFIX에 비해 시장 금리의 변동을 신속히 반영하는 특징이 있습니다. 따라서 대출 고객께서는 은행 담당자로부터 COFIX에 대한 설명을 충분히 듣고 각 기준금리의 특징을 이해한 후 본인에게 적합한 대출 상품을 신중하게 선택해야 합니다.

기존 CD 기준 주택담보대출을 COFIX로 변환할 수도 있나요?

네. CD 등 기준금리 연동 주택담보대출 고객 중 COFIX 연동 대출로 전환을 희망하는 고객을 대상으로 가능합니다. 다만 법률적으로 전환이 제한된 경우는 제외되며, 구체적인 전환 대상 범위는 은행마다 다르게 결정됩니다. 대출 전환으로 인한 고객의 추가 비용이 발생하지 않는 방식으로 전환할 수 있으나 시장 금리 변동에 따라 COFIX 연동 대출로의 전환 후 이자 부담이 증가할 수도 있음을 유의하기 바랍니다.

| 포인트 ❹ | 상담 받을 때와 실제로 대출 받을 때의 금리가 다를 수 있다.

금융기관에서는 기표일자의 금리를 적용하기 때문에 상담 시 은행원이 알려준 금리와 실제 대출 기표일자의 금리가 다를 수 있습니다.

기준금리인 CD금리는 보통 3개월마다 변경됩니다. 예를 들어 2014년 1월 13일 기표 건은 3개월 후인 2014년 4월 11일에 기준 CD금리가 변경되며, COFIX 금리는 금리 변동성을 최소한으로 반영하기 위해 6개월 또는 1년마다 변경됩니다. 고정금리를 선택한 경우에는 기표 시점의 기간별 금융채 10영업일 평균 기준금리를 적용하여 금리를 산정합니다.

| 포인트 ❺ | 주택담보대출의 우대금리와 가산금리를 꼼꼼하게 챙기자.

은행에서 상담을 하다 보면 주택담보대출의 금리를 바로 수긍하는 고객님은 거의 없습니다. 대부분 금리를 좀 더 깎아 달라고 요청하시는데요.

이때 은행에서 제공하는 우대금리 범위를 아는 상태에서 금리 할인을 요청하는 것과 아무런 정보도 없는 상태에서 요청하는 것 중 어느 쪽이 더 효과적일까요? 지피지기(知彼知己)면 백전백승(百戰百勝)입니다. 은행원과 상담하기 전에 우대금리와 가산금리를 받을 수 있는 항목들을 한번 훑어본다면 틀림없이 좋은 결과가 있을 것입니다.

〈우대금리를 받을 수 있는 조건〉

- 중도상환수수료 면제가 없는 조건으로 대출을 신청한 경우
- 근저당 설정비를 고객이 직접 부담하는 경우
- 각 은행의 고객 분류 기준상 우수고객으로 분류되어 있는 경우
- 신용카드를 개설하고 일정 금액 이상 사용하는 조건인 경우
- 고객의 신용 등급이 현저하게 좋은 경우
- 장애인 혹은 장애인 부양 세대주 및 세대원인 경우
- 대출 금액이 일정 금액 이상인 경우
- 은행과 제휴한 회사에 재직하는 임직원인 경우
- 재직 중인 회사의 주거래은행에서 대출을 신청하는 경우
- 기타 영업점장이 판단해서 우대금리를 승인하는 경우

그러나 각 금융기관마다 최소한 받아야 하는 '최저 적용 금리' 항목을 두고 있으므로 만약 우대금리 조건에 모두 해당되어 금리가 'CD+0.1%'로 산출되더라도 최저 적용 금리가 'CD+0.5%'인 경우에는 'CD+0.5%'가 고객님의 금리가 됩니다.

또한 각 은행마다 그룹론(혹은 단체론)이라는 이름으로 일정 규모 이상의 임직원이 소속된 기업 및 단체(동호회)와 업무 제휴 협약을 체결하여 소속 임직원 또는 회원에게 특별한 금리와 한도를 제공하는 주택 자금 대출이 있으며, 각 아파트 단지별 혹은 단체 대출을 제휴한 기업 소속 임직

원에게도 특별히 할인된 금리를 제공하는 경우가 있습니다.

〈가산금리를 받을 수 있는 조건〉

- 대출 상환 방법이 마이너스(한도 대출)나 만기 일시 상환 방법일 경우
- 담보 물건이 일반적인 아파트 이외의 환금성이 떨어지는 물건일 경우(상가, 근린 상가, 근린 주택, 업무용 오피스텔, 단독주택, 다가구·다세대·연립주택, 주거용 오피스텔 등)
- 고객의 소득이 현저하게 낮을 경우
- 현재 신청한 대출 이외에 선순위 채권이 있을 경우(이미 같은 담보 물건으로 다른 은행의 담보대출을 받아서 사용하고 있는 경우)
- DTI가 지나치게 높아서 고객의 상환 능력이 의심되는 경우
- 주택의 소유권 이전 전에 미리 주택담보대출을 실행하는 경우(주택 구입 자금의 경우)
- 대출 금액이 일정 금액 이하의 소액 대출인 경우
- 기타 영업점장이 위험(Risk)이 있다고 판단하는 경우

마이너스(한도 대출) 상환 방식의 주택담보대출은 한도 사용률이 은행과 약속한 일정 기준 미만으로 떨어지면 약정 비율과의 차액만큼에 대해 일정 '%'를 '한도 미사용 수수료'라는 항목으로 납부해야 하는 경우도 있습니다. 금리는 0.1~0.5% 수준이지만 사용하지도 않은 금액에 대한 이자를 납부해야 하기 때문에 고객의 입장에서는 억울한 느낌이 들 수 있습니다.

tip

담보대출을 받을 때 드는 추가 비용

담보대출을 받을 때는 각종 수수료 명목으로 추가 비용을 내게 됩니다. 3억 원짜리 아파트를 1억 원의 주택 자금 대출을 끼고 매입하는 경우 근저당 설정비, 부동산 중개 수수료, 부가가치세 등으로 70만 원에서 많게는 100만 원 정도까지 더 낼 수 있습니다.

① 근저당 설정비

은행에서 대출 받을 때 부동산을 담보로 제공하는 경우 대개 근저당 설정비를 채무자가 부담하게 되며, 전세권을 설정하는 경우에는 전세권자인 세입자가 부담하는 것이 일반적입니다. 이러한 근저당 설정비는 '등기 비용+국민 주택 채권 할인 비용+법무사 수수료'로 이루어지는데, 1억 원을 대출 받을 경우 약 50~60만 원 정도가 소요됩니다. 간혹 은행에서 근저당 설정비를 부담하는 경우도 있습니다만 보통 설정비를 고객이 부담하면 금리를 우대해 주기 때문에 어느 것이 더 유리한지 잘 비교해야 합니다.

② 부동산 중개 수수료 및 부가가치세 10%

부동산 중개업소와 계약하기 나름이지만, 악덕 중개업자를 만나면 부동산 중개 수수료로 100만 원을 챙기고, 거래를 성사시킨 후 부가세 10만 원을 더 요구하는 경우가 있습니다. 계약 전 부동산 중개업자에게 계약서상의 부동산 중개 수수료에 부가세 10%가 포함되었는지 확인해야 추가 비용 발생을 방지할 수 있습니다.

담보대출을 효과적으로 받는 방법과 LTV, DTI 관리 방법을 이제 좀 알 것 같습니다. 담보대출과 관련하여 마지막 질문이 있는데요. 피치 못한 사정으로 이번 달의 담보대출을 상환하지 못할 경우 그냥 연체하는 것이 좋을까요, 아니면 마이너스 통장을 이용해서라도 연체를 막는 것이 좋을까요?

주택담보대출의 약관을 꼼꼼하게 읽어 보면 연체이자가 나와 있을 것입니다. 아무리 낮은 금리의 담보대출이라 하더라도 연체이자는 10%가

넘는데, 이는 대부분의 마이너스 통장 대출 이자율보다 높습니다. 즉, 연체하는 것보다는 마이너스 통장을 이용해서 일단 연체를 막는 것이 좀 더 효율적입니다. 연체이자를 산정할 때에는 남아 있는 채권 전부에 대해 계산하기 때문에 특히 주의해야 합니다.

그렇군요. 그런데 가장 중요한 2가지를 아직 해결하지 못했습니다. 첫날 말씀드렸던 아파트 입주권과 자동차 말입니다. 저뿐만 아니라 전국의 수많은 하우스푸어들에게 골칫덩이가 된 아파트를 어떻게 해야 할까요? 손해를 보더라도 지금 빨리 처분해야 하나요? 아니면 시간이 지나 정권이 바뀌고 집값이 좀 올라갈 때까지 어떻게 해서든 버텨 봐야 하는 것일까요? 그리고 저에게 자동차는 회사를 다니기 위해 꼭 필요한 필수품입니다. 하지만 요새 카푸어니 뭐니 하며 분수에 넘치는 차를 사서 곤욕을 겪는 사람들 이야기도 남의 문제 같지가 않습니다. 저는 어떻게 해야 할까요?

4

최후의 수단, 나를 하우스푸어로 만든 집 처분하기

우선 아파트 처분과 관련하여 저희와 상담했던 한 고객님의 사례를 말씀드리겠습니다. 얼마 전 한 고객님이 다급하게 신용 대출 상담을 요구하셨습니다. 자초지종을 들어 보니 그 고객님은 살고 있던 1층 아파트를 담보로 새로운 아파트의 조합원 분양분을 무리하게 구매해서 중도금을 내고 있는 상황이었습니다. 1층 아파트의 시세는 약 4억 원이었고, 구입하신 조합원 아파트에는 담보대출로 약 3억 원을 납부한 후 중도금을 납부하고 계셨습니다.

당시 고객님은 마이너스 통장을 개설해 달라고 요청하셨습니다. 조심스레 자금의 용도를 여쭤 보자 사업의 사정이 여의치 않기 때문이라고 하셨습니다. 저희는 마이너스 통장 대신 기존의 1층 아파트나 분양 받은 아파트 중 하나를 팔아서 자금을 융통하시는 게 낫지 않겠냐고 말씀드렸습니다. 하지만 그 고객님의 집은 내놓은 지 1년이 넘도록 팔리지 않고 있는 상황이었습니다. 그래서 제가 집을 빨리 처분할 수 있는 몇 가지 팁을 알려 드렸는데, 그 내용은 다음과 같습니다.

방법 1 집을 항상 깨끗하고 청결하게 관리한다.

현재와 같은 부동산 불경기에 아파트 매수자는 갑 중의 갑의 위치에 있습니다. 집을 파는 것이 아니라 카페에서 커피를 판매한다고 생각해 보시기 바랍니다. 카페가 지저분하다면 커피 맛이 아무리 훌륭해도 고객의 발길이 끊어질 것입니다. 재미로 집을 보러 다니는 분들도 있겠지만, 시간을 내서 집을 보러 다닌다는 것은 조건만 맞으면 집을 사겠다는 분들임을 잊어서는 안 됩니다. 집에 들어오는 순간 눈살이 찌푸려지거나 코를 막을 정도의 상태라면 과연 고객님의 집에 대한 인상이 좋게 남겨질까요?

집을 보러 오는 사람들은 예고 없이 방문하는 경우가 많습니다. 만약 정말 집을 살 가능성이 높은 사람이 1시간 후에 방문할 예정인데 고객님의 집이 1시간 내로 도저히 치울 수 없는 상태라면 그만큼 집을 팔 수 있는 가능성이 줄어드는 것입니다. 따라서 고객님의 집을 1시간 내에 깨끗하게 정리할 수 있는 상태로 유지하는 것이 중요합니다.

방법 2 팔고자 하는 아파트의 실거래가를 확인한다.

과거에 아파트를 얼마에 샀는지는 중요하지 않습니다. 예전 가격에 얽매이지 말고 현실을 직시해야 합니다. 그러기 위해서는 국토교통부 실거래가 조회 사이트(http://rt.molit.go.kr)를 자주 확인하여 현재 내가 거주하는 아파트가 얼마에 거래되고 있는지 알고 있어야 합니다. 아파트를 4억 원에 급매물로 내놓았는데 실거래가가 3억 8천만 원이라면 거래가 성사될 가능성이 요원해질 것이기 때문입니다.

방법 3 부동산 중개업소와 친밀한 관계를 유지한다.

주변의 모든 부동산 중개업소와 연락할 필요는 없습니다. 일차적으로 집 주변의 모든 부동산 중개업소를 돌아본 후에 가장 믿음직한 업소를 골라서 단골로 만드는 것이 중요합니다. 이때 실력 있는 중개업자를 찾아야 하는 것은 당연합니다. 단골 중개업소를 정했다면 퇴근할 때 자주 방문하여 이런저런 이야기를 하면서 현재 거주하거나 팔려는 아파트에 일어나고 있는 일들을 파악하고 있어야 합니다.

방법 4 집을 보여 주기 가장 좋은 날과 시간을 파악한다.

24시간 전망이 뛰어나고 낮 시간 내내 햇살 가득한 집이 아닌 이상, 고객님의 집을 보여 주기 가장 좋은 날과 시간대가 있을 것입니다. 실례로 아까 말씀드린 고객님의 집은 1층이라서 보러 오는 사람들이 어둡고 습하다며 퇴짜를 놓곤 했다더군요. 그래서 제가 그분께 집에 하루 종일 해가 하나도 비치지 않느냐고 여쭤 봤습니다. 그랬더니 오후 3~5시 사이에는 햇볕이 잘 들어온다고 말씀하셨죠. 이런 경우 오후 3~5시 즉, 햇볕이 잘 드는 시간대에만 집을 보여 주는 것이 좋다고 조언해 드렸습니다.

결론적으로 그 고객님은 2개월 뒤 집을 파셨고, 원하는 동네로 이사를 가셨습니다.

방법 5 집을 보러 오는 사람들의 관점에서 생각한다.

역지사지의 관점에서 생각해야 합니다. 개인적으로 추천해 드리는 방법은 집을 사는 척하면서 매물로 내놓은 다른 동네의 집을 방문해 보는 것입니다. 다른 집들을 한번 방문해 보시면 입구에서부터 눈살이 찌푸려지는 집이 있을 것이고 반대로 별 기대 안 했는데 느낌이 좋은 집이 있을 것입니다. 그 차이를 파악해 보시고 고객님께서 팔고자 하는 집에 그대로 적용하는 것입니다. 느낌이 좋은 집에는 여러 가지 사유가 있을 것입니다. 방문한 집의 향기 때문에 기분이 좋을 수도 있을 것이고, 가구의 위치가 절묘해서 생각보다 집이 커 보이는 경우도 있을 것입니다. 심지어 집을 보러 올 때 보리차를 끓이면 보글보글하는 경쾌한 소리와 보리차의 향긋하면서 구수한 냄새가 방문한 사람들을 평온하게 만들어서 집을 팔 가능성이 높아진다는 말도 있지 않습니까.

방법 6 주변 사람들에게 현재 집 때문에 힘들다고 엄살을 부린다.

현재 하우스푸어라면 집을 처분하는 것만큼이나 생활비를 최대한 줄이는 것도 중요합니다. 나와 내 가족의 행복한 생활을 위한 비용을 줄이는 것은 참으로 힘든 일인데요. 이때 주변 사람들에게 집이 팔리지 않아서 경제적으로 조금 힘들다고 알리는 것이 필요합니다. 그래야 고객님의 주머니가 닫혀도 오해하거나 섭섭해하지 않기 때문입니다. 또한 주변에 널리 알릴수록 필요한 조언을 얻을 확률이 높아지며, 하루 빨리 좋은 가격에 집을 매도하는 데 도움이 될 것입니다.

방법 7 항상 즐거운 마음으로 생활한다.

마지막 방법은 마음의 여유를 찾는 것입니다. 마음이 멀어지면 집에 대한 애착이 떨어지고, 그만큼 청소도 게을리할 수 있기 때문입니다. 어쩔 수 없이 기거해야 하는 집이라면 즐거운 마음으로 거주하십시오.

5
나도 모르는 사이에 카푸어가 되지 않으려면?

미친 소리 같겠지만, 차를 바꾸고 싶은 생각이 굴뚝같습니다. 요즘 같이 누구나 수입차를 몰 수 있는 시대가 도래하고부터는 더더욱 간절합니다. 그렇지만 지금 제 형편에 수입차까지 뽑았다가는 노후 대책은커녕 하우스푸어에 카푸어까지 겹쳐서 말 그대로 노후에 거지꼴을 면하지 못할 것 같습니다.

지금 카푸어라고 말씀하셨는데요. 카푸어가 무엇이라고 생각하십니까?

글쎄요, 한마디로 주제도 모르고 비싼 자동차를 사서 감당 못하고 있는 사람을 의미하는 게 아닐까요?

제 주변에도 비싼 차를 샀다가 이도 저도 못하고 곤란한 상황에 처한 분들이 종종 있습니다. 사실 저도 얼마 전에 할부로 자동차를 장만했습니다만 LTV와 DTI에 맞게 적절한 수준에서 자동차를 선택했기 때문에 부담없이 차를 타고 있습니다.

LTV와 DTI는 담보대출 상담 시 설명해 주신 부분 아닌가요? 자동차를 구입할 때에는 LTV와 DTI를 어떻게 활용하는 것인지 설명해 주시겠습니까?

1) 재정 상태가 우수하면 아무것도 고려할 필요 없다

대한민국에는 빈부 격차가 엄연히 존재합니다. 씁쓸하지만 현실입니다. 20대부터 페라리와 람보르기니, 벤틀리를 몰고 다니는 젊은이들이 있는 반면 차를 구매할 여력이 없는 사람들도 아직 많기 때문입니다. 부모님 혹은 누군가의 지원으로 차를 사고 유지비까지 제공 받을 수 있다면 어떤 차를 언제 사더라도 전혀 문제가 되지 않을 것입니다. 하지만 그렇지 않은 대부분의 경우에 자동차를 꼭 사야 한다면 반드시 자신의 재정 상태를 파악해야 합니다. 아래에서는 재정 상태를 미리 파악하지 않고 원하는 자동차를 덥석 구매하신 한 고객의 사례를 자세히 살펴보겠습니다. 여기서 말하는 재정 상태란 삼신할머니의 손에 의해서 결정되는 것이 아닌 온전히 여러분의 능력으로 거둔 재정 상태를 의미합니다.

Check 1	연봉	현재 나의 연봉은 얼마인가?
Check 2	LTV1 (자동차 관련)	일시불로 사지 않는다면 할부를 얼마나 받아야 하는가? 차량 가격 대비 할부의 비율은 얼마인가?

Check 3	LTV2 (기타 부채)	차량 할부 이외의 다른 대출금은 존재하지 않는가? 그렇다면 거주하는 집의 가치 대비 대출금의 비중은 어느 정도인가? 혹시 기존에 사용하던 마이너스 통장과 같은 신용 대출 잔액이 남아 있는가?
Check 4	DTI	매월 차량 유지 비용으로 지불할 수 있는 최대 한계치는 얼마인가?
Check 5	직장 상태	자동차 할부 기간이 끝날 때까지 현재 다니고 있는 직장을 계속 다닐 수 있는가?

표의 항목을 통해 적정 자동차 할부와 카푸어에 대해서 알아보도록 하겠습니다.

2) 소득 중에서 부채로 인해 지출되는 비중은 얼마인가–총부채상환비율DTI: Debt To Income

'총부채상환비율'을 뜻하는 DTI는 '소득 수준 대비 부채 상환 능력 비율'이라고 볼 수 있습니다. 한마디로 고객님의 소득으로 자동차 할부를 포함한 부채의 원리금을 갚을 수 있는지 알아보는 방법입니다. 당시 이 고객의 세후 연 소득은 5000만 원이고, 6000만 원짜리 자동차를 구입하여 그중 할부금 4000만 원은 3년간 원리금 균등 상환 방식을 통해 매월 약 125만 원씩 상환하기로 했다고 가정해 보겠습니다. 대출 후 처음 1년 동안은 대략 원금 1200만 원과 이자 300만 원을 합쳐서 1500만 원 정도를 지출해야 할 것입니다. 이 금액을 소득 5000만 원으로 나누면 (1500/5000) DTI는 30%가 됩니다.

DTI가 낮을수록 생활에 여유가 생기고, 그만큼 대출의 원금을 상환할 수 있는 여력이 높아지기 때문에 자동차를 사기 전에는 대략적으로라도 DTI를 산출해 봐야 합니다. 특히 차를 사기 이전에 주택담보대출이나 신용 대출 등을 사용하여 매월 원리금을 상환하고 있다면 이 부분도 반드시 같이 고려해야 합니다. 자동차 구입 관련 DTI 산출 방법을 살펴보겠습니다.

DTI=((①자동차의 연 원리금 상환액+②기타 부채의 연 원리금 상환액)/③연 소득)

자동차 구매로 인한 DTI는 앞서 30%로 산출되었는데요. 만약 이 고객이 주택담보대출로 인해 월 50만 원 상당의 원리금을 상환하고 있다고 가정하면 연간 600만 원을 추가로 납부해야 합니다. 즉, 자동차로 인한 원리금 1500만 원과 주택으로 인한 원리금 600만 원의 합인 2100만 원을 소득 5000만 원으로 나누면(2100/5000) DTI는 42%가 됩니다. 매월 수입의 절반 정도를 금융기관에 가져다주는 셈인 것입니다.

사실 이 고객은 할부금 4000만 원 중에서 2400만 원은 원금 유예 할부를 이용했습니다. 즉, 원금 중 2400만 원은 2년 후에 납부하고 그동안은 이자만 내는 방식입니다. 하지만 이러한 원금 유예 할부 프로그램은 특히 주의해야 합니다.

원금 유예 할부 방식을 이용하여 고급 자동차를 샀다가 이도 저도 못하고 곤란한 상황에 처하신 분들이 많습니다. 이는 처음 2년간은 전체 할부금 중 2400만 원의 이자만 납부하고 2년 후에 목돈을 일시에 상환하는 방식입니다. 즉, 초기 2년은 DTI가 낮게 계산될 수 있지만 2년이 지나면 DTI가 기하급수적으로 늘어나는 것입니다. 위의 고객의 경우 2년 뒤 2400만 원을 한꺼번에 납부해야 하므로 부담이 클 것입니다.

최악의 경우에는 2년 뒤 차를 중고 시장에 팔아서 그 돈으로 2400만 원을 낼 수 있지 않을까요? 그나저나 간단하게 DTI를 계산해 봐도 고급 수입차로 바꾸려는 생각은 접어야 할 것 같습니다.

고급 승용차일수록 시간이 흐르면서 감가상각이 심해지기 때문에 반드시 LTV도 함께 고려해야 합니다. 일반적으로 LTV가 많이 사용되는 부동산 담보대출의 경우에는 부동산의 가치가 시간이 지나도 크게 하락하지 않는다고 전제하는 것과 달리 자동차의 가격은 시간이 지날수록 크게 떨어지기 때문입니다.

3) 내가 구입한 자동차에서 대출의 비중은 얼마인가 –자동차의 담보인정비율LTV: Loan To Value

'담보인정비율'을 뜻하는 LTV로 '자동차의 가치에서 대출금이 차지하는 비율'을 알아볼 수 있습니다. 즉, 구매하려는 자동차가 5000만 원이고 그중 2000만 원은 할부를 이용한다면 LTV는 '2000만 원/5000만 원'의 수식을 통해 40%가 됩니다. 대출금이 높을수록 LTV 비율이 높아지며, LTV가 100%라면 자동차의 순 가치는 '5000만 원-5000만 원=0원'이 되는 것입니다.

만약 대출을 받아 자동차를 구입하셨다면 최대한 빠른 시간 내에 LTV를 '0'으로 만들 수 있도록 열심히 노력해야 자동차의 유지가 편안해질 것입니다. 자동차 관련 LTV는 다음과 같은 수식으로 표현할 수 있습니다.

LTV=(①자동차와 관련된 대출금/②자동차의 가치)

자동차와 관련된 대출금은 명확하게 산정 가능하지만 문제는 자동차의 가치입니다. 자동차의 가치는 계속해서 떨어지기 때문입니다. 특히 대형 가솔린 세단의 경우 2~3년이 지나면 중고차 가격이 거의 50% 정도 떨어진다고 보는 것이 일반적입니다.

차량을 구매할 당시만 하더라도 이 고객의 자동차에 대한 LTV는 '4000만 원/6000만 원'으로, 약 67%로 산정되었습니다. 그러나 2년 동안 원금 중 2400만 원은 상환하지 않고 이자만 납부하는 원금 유예 할부 상품을 사용하였기에 2년 후 LTV는 '2400+500만 원(3년간 상환하기로 한 1600만 원 중 남아 있는 할부 원금)/3000만 원' 즉, 100%까지 증가합니다. 동일한 케이스를 부동산에 적용한다면 '부동산 대폭락으로 인한 하우스푸어의 종말'이라고도 표현 가능합니다.

그런데 이 복잡한 세상에서 DTI와 LTV 모두를 고려하여 자동차를 사야 할 필요성이 있을까요?

글쎄요, 고객님께 하나만 여쭤 보겠습니다. 비싼 자동차는 왜 사려고 하십니까? 단순히 남들에게 자랑하거나 이성을 유혹하고 싶어서 구매하시려는 것은 아니겠지요. 좀 더 좋은 차를 타서 나와 내 가족의 행복과 안전을 지키기 위함이 아닐까요? 그런데 만약 DTI와 LTV를 고려하지 않고 고가의 자동차를 구매했다가 차량 유지비와 할부금을 감당하지 못한다면 그 자동차를 타는 것이 전혀 행복하지 않을뿐더러 경제적인 어려움이 점점 가중될 수 있을 것입니다.

6

나의 재정 상태에 맞는 자동차 가격대

그렇다면 재정 상태에 맞는 자동차는 어떻게 골라야 하는 것일까요? 앞서 살펴본 고객의 사례를 다시 한 번 자세히 분석한 후 그 옆에 각자의 상황을 체크해 보겠습니다. 이 고객은 연봉에 해당하는 6000만 원 상당의 자동차를 구매하였고, 그중 4000만 원은 할부를 이용했습니다.

이때 중요한 것은 '원금 유예 할부 프로그램'을 사용했다는 사실입니다. 할부 원금의 60%인 2400만 원은 2년 뒤 일시불로 상환하고, 나머지 1600만 원만을 현재 나눠서 갚고 있다 하더라도 실제 재정 상태를 파악할 때는 전체 할부 금액을 매월 상환한다고 가정하여 할부 원금을 산정해야 합니다.

	상기 고객의 CASE	자동차 수준	해당 여부	본인 체크란
연봉 현재 나의 연봉은 얼마인가?	연봉 6000만 원 세후 연 소득 5000만 원 월 급여(세후) 416만 원	세후 월 급여가 200만 원이 되지 않는다면 자동차 수준을 1단계 하락시킨다.	NO	
LTV1(자동차 관련) 일시불로 사지 않는다면 할부를 얼마나 받아야 하는가?(차량 가격 대비 할부의 비율은 얼마인가?)	자동차 할부 : 4000만 원 자동차의 LTV=67% (4000만 원/6000만 원)	자동차만의 LTV가 50% 이상이면 자동차 수준을 1단계 하락시킨다.	YES	
LTV2(기타 부채) 차량 할부 이외의 다른 대출금은 존재하지 않는가? 그렇다면 거주하는 집의 가치 대비 총 담보 대출금과 신용 대출의 비중은 어느 정도인가?	현재 거주하는 집의 가치 : 3억 원 거주하는 집의 담보 대출금 : 1억 원 신용 대출 금액 : 0원 집의 LTV=33% (1억 원/3억 원)	집과 기타 대출로 인한 LTV가 30% 이상이면 자동차 수준을 1단계 하락시킨다.	YES	
DTI 매월 차량 유지 비용으로 지불할 수 있는 최대 한계치는 얼마인가?	월 급여(세후) : 416만 원 매월 대출 원리금 : 50만 원 자동차 구매 전 DTI=12% (50만 원/416만 원) 예상 자동차 할부금 : 70만 원 자동차 구매 후 DTI=29% ((50만 원+70만 원)/416만 원)	자동차 구매 후 DTI가 20% 이상이면 자동차 수준을 1단계 하락시킨다.	YES	
직장 상태 자동차 할부 기간이 끝날 때까지 현재 다니고 있는 직장을 계속 다닐 수 있는가?	할부 기간 내 직장을 그만두거나 해고를 당할 가능성 : 0%	할부 기간 내 직장을 그만두거나 해고를 당할 가능성이 조금이라도 있다면 자동차 수준을 1단계 하락시킨다.	NO	

이 고객의 경우 5개의 체크 리스트 중에서 3개가 'YES'에 해당되는 것을 알 수 있습니다. 이 사실을 모른 채 '연봉 가격의 자동차까지는 구매해도 괜찮다'는 풍문 하나만 믿고 자동차를 선택한 것은 큰 과오입니다.

'자동차 수준'을 1단계 하락시키는 것은 연봉을 기준으로 하여 차량 금액을 1000만 원 삭감하라는 의미입니다. 따라서 이 고객에게 적당한 자동차의 금액은 3000만 원대입니다. 그러나 자신의 재정 수준과 대비하여 3단계나 위인 6000만 원대 자동차를 구매해 버렸으니 카푸어까지는 아니더라도 가정경제에 타격을 입게 된 것은 자명한 일입니다. 즉, 체크 리스트의 결과로 산출된 적정 자동차 금액에서 그 이상의 차를 구입하면 카푸어에 진입할 가능성이 올라가는 것입니다.

다시 한 번 강조하지만 자신의 재정 상태에 맞는 자동차를 구매해야 여유롭게 자동차를 타고 다닐 수 있습니다. 6000만 원짜리 고급 자동차를 구매했으나 유지비가 없어서 주차장에만 모셔 둔다면 그 차는 매월 100만 원 이상의 감가상각이 발생하는 괴물과 다를 바가 없습니다.

5일차 상담

종잣돈을 만드는
1년 미만 단기 투자

1

두 번 말하면 입만 아픈 종잣돈의 중요성

어제까지 상담을 받고 나니 제 자신이 부끄러워졌습니다. 특히 편하다는 이유로 고금리의 캐피털과 카드 현금 서비스를 사용하고 있었다는 것을 생각하면 좀 억울하기까지 하네요. 그리고 수입차로 바꾸겠다는 생각은 확실하게 접었습니다. 지금 제 상태에서 수입차를 샀다가는 하우스푸어는 물론 카푸어까지 2관왕 달성도 가능할 듯합니다.

하하. 남자에게 자동차는 포기하기 힘든 물건 중 하나이긴 하죠. 효율적인 자산 관리를 통해 나중에는 연비 좋고 튼튼한 수입차를 장만하는 것도 나쁘지 않습니다. 신용 대출은 이제 좀 정리가 되셨나요?

네. 재직증명서와 근로소득 원천징수 영수증을 가지고 마이너스 통장을 개설했던 주거래은행에 가서 신용 대출 한도를 늘릴 수 있는지 물어보니 가능하다고 하더군요. 1000만 원 더 늘어난 한도로 캐피털 대출과 카드 현금 서비스를 모두 중도 상환하고 다시는 악성 대출을 사용하지 않기로 저 자신과 약속했습니다. 물론 이제 마이너스 잔액을 더 이상 늘리지 않고 꾸준히 갚아 나가야겠죠. 욕심 같아서는 올해 안에 마이너스를 모두 갚고 통장 자체를 아예 없애 버리고 싶습니다.

네. 아파트 대출금도 얼른 갚으셔야지요. 아파트 대출금의 조기 상환을 위해서는 신용 대출을 하루라도 빨리 정리하고 단기적으로 사용할 수 있는 종잣돈을 확보해야 합니다. 오늘은 단기간(보통 1년 내)에 종잣돈을 만들 수 있는 단기 투자 상품의 종류와 그 특징에 대해 자세히 알아보려고 합니다.

〈목표 달성을 위한 우선순위〉

우선순위 1	우선순위 2	우선순위 3	우선순위 4
마이너스 통장과 악성 대출 상환하기	1년 만기 단기 상품 가입하기	노후를 위한 장기 투자 상품 가입하기 (연간 200만 원)	55세에 은퇴해서 중간 수준(Middle Level)의 노후 보내기
아파트 대출금 7000만 원 이내로 만들기 (하우스푸어, 카푸어 되지 않기)	펀드 원금 3000만 원으로 만들기		

살다 보면 주택이나 전세 등의 계약을 한 후, 중도금과 잔금 지급일까지 적게는 수백만 원에서 많게는 1억 원 이상에 달하는 목돈을 통장에 잠시 넣어 놔야 하는 경우가 종종 발생합니다. 이때 아무 생각 없이 은행의 보통예금 통장에 그 돈을 넣어 두고 한 달 이자로 0.05%(연 이자 0.6%)만 받아 가는 고객님들도 꽤 있습니다. 물론 발품 팔기가 생각보다 귀찮기는

하지만 조금 시간을 내 금융기관 2~3군데만 찾아가서 알아보면 많게는 6배 이상인 월 0.3%(연 이자 3.6%) 정도의 이자를 받을 수도 있거든요. 월 0.3%는 별것 아니라고요? 1000만 원이면 3만 원, 5000만 원이면 15만 원, 1억 원이면 30만 원이 걸린 문제입니다.

2
부동산 대출 상환과 종잣돈 확보는 반드시 동시에 진행하라

단기 투자 상품이라면 CMA 정도는 알고 있지만 사실 은행 예금과의 차이가 무엇인지 정확하게는 잘 모릅니다. 그 외에도 괜찮은 단기 투자 상품이 여러 가지 있다는 말은 들었습니다. 그런데 오늘 말씀해 주실 단기 투자를 위한 금융 상품들의 수익률이 부동산 대출의 이자율보다 높은지 궁금합니다. 제가 사용한 전세 자금 대출만 하더라도 금리가 5.5% 정도인데 이보다 더 높은 수익률을 가져다주는 단기 투자 상품이 과연 있을까 하는 생각이 들거든요. 만약 단기 상품 수익률이 대출 이자율보다 높지 않다면 돈이 생기는 대로 부동산 대출을 상환하는 것이 좋은 재테크 방법 아닐까요?

고객님뿐만 아니라 실제로 많은 분들이 그렇게 생각하시는데, 결론부터 말씀드리자면 대출금리보다 더 높은 수익률을 가져다주는 단기 투자 상품은 거의 없습니다. 그렇지만 월 소득의 약 2배 정도 규모는 단기 투자 상품으로 모아야 합니다. 고객님의 월 소득은 300만 원이므로 대략 500만 원 정도를 모을 수 있도록 단기 투자 상품에 가입하시는 것을 추천합니다. 단기 금융 상품들의 수익률이 부동산 담보대출 이자율보다 낮거나 비슷하다고 해서 단기 상품에는 하나도 가입하지 않고 부동산 대출의 상환에 올인All In하는 것은 바람직하지 않은 재테크 방법입니다. 그 이유는 다음과 같이 5가지로 정리할 수 있습니다.

❶ 의외로 높은 주택담보대출의 중도상환수수료

돈이 생기는 대로 담보대출 원금을 상환할 수 있다면 얼마나 좋을까요? 그러나 현실은 그렇게 호락호락하지 않습니다. 돈을 빌려 줄 때는 각종 수수료로 괴롭히더니, 돈을 계획보다 빨리 갚으려고 하면 중도상환수수료를 내라고 하는 곳이 금융기관입니다. 물론 중도상환수수료가 없는 담보대출 상품도 있지만 대부분 대출 후 1년 이내 중도 상환하는 경우 상환금액의 2.0%, 2년 이내에 상환하면 1.5%, 5년 이내에 상환하면 1.0%의 중도상환수수료를 부과합니다. 1.0%의 중도상환수수료라면 100만 원 상환 시 1만 원입니다. 연 이자로 따지면 '1.0%×12개월=12%'로, 결코 무시할 수 없는 금액입니다. 따라서 담보대출을 받을 때는 상환 기간과 월 상환금액을 잘 계산해야 하며, 중도상환수수료가 없는 상품을 찾아서 가입한 후 수시로 갚아 나가는 것도 좋은 방법입니다.

❷ 비상시를 대비한 여유 자금 확보

예기치 않게 목돈이 필요한 경우에 모든 자금을 주택담보대출 상환에 사용해서 여유 자금이 없다면 어떻게 하시겠습니까? 그렇다고 15%대 금리의 캐피털 대출이나 20%대의 저축은행, 30% 이상의 금리를 내야 하는 대부업체에서 돈을 빌려서는 안 되겠지요. 10% 미만 금리의 마이너스 대출 역시 마찬가지입니다. 마이너스 대출을 생활비로 쓰는 순간부터 재테크의 성공은 멀리 달아납니다. 따라서 급전이 필요한 비상사태를 대비하여 최소 월수입의 2배 정도는 단기 투자 상품으로 굴리면서 필요한 경우 별다른 손해 없이 중도에 돈을 인출할 수 있도록 여유 자금을 보유하고 있어야 합니다.

③ 포트폴리오Portfolio 다양화를 통한 위험 분산

돈이 모이는 대로 담보대출을 상환한다면 모든 자산이 부동산(특히 아파트)에 편중될 가능성이 높습니다. 계란을 한 바구니에 담지 말라는 재테크의 명언처럼, 고객님의 자산을 모두 부동산에 쏟아붓는 전략은 예상치 못한 경기 변동 등의 위기 상황에 취약하다는 사실을 잊지 마십시오.

④ 돈 모으는 재미를 알게 해 주는 단기 투자 상품

단기 투자 상품에 가입한 후 느낄 수 있는 가장 큰 재미는 '돈 모으는 재미'입니다. 그동안 대다수 국민들이 '돈 모으는 재미'는 잊어버린 채 '부채를 지고 구입한 아파트의 가격이 오르는 재미'에만 빠져서 근 10년 이상을 살아왔습니다. 이제는 다시 '돈 모으는 재미'에 빠져야 '펀Fun한' 재테크를 할 수 있습니다. 6개월 동안 투자하여 목돈과 이자를 받은 후 이를 토대로 다시 1년 이상의 장기 투자 상품에 가입하여 이자가 차곡차곡 쌓이는 것을 직접 보시면 돈 모으는 재미가 얼마나 큰 것인지 새삼 느끼게 될 것입니다.

⑤ 국내외 경기 변동에 대한 감각 향상으로 재테크 마인드 함양

사실 부동산 가격이 지속적으로 오르는 데 한계가 왔다는 신호는 몇 년 전부터 있었습니다. 다만 이 신호가 이런저런 국내외 경기지수 속에 숨겨져 있었기 때문에 많은 사람들이 파악하지 못했던 것입니다. 자산이 수십억 원 이상인 고객님들 중 제가 아는 많은 분들은 이미 한참 전부터 부동산 시장에서 발을 빼고, 살고 있는 대형 평수의 아파트를 조용히 처분하고 있었습니다. 돈이 많을수록 금융기관을 100% 믿지 않는 경향이 있습니다. 그들은 자기만의 정보 수집 능력이 있으며, PB 직원들의 투자 상품 권유는 단지 참고만 할 뿐 대부분의 투자 의사 결정은 본인 스스로 판단합니다. 단기 금융 상품은 그 특성상 경기 변동과 밀접한 관련이 있으므로 이를 통해 경기 변동에 대한 감각을 키울 수 있습니다.

3

단기 투자를 시작하기 전 배경지식 체크하기

단기 투자 상품을 살펴보기에 앞서 신문 기사 하나를 읽어 보겠습니다. 다음 기사에는 금융기관에 방문하여 투자 상품을 선택하기 전에 반드시 알아야 하는 단기 투자 상품 관련 용어가 포함되어 있으므로 배경지식을 체크해 볼 수 있습니다.

단기부동자금 736조 사상 최대

단기부동자금이 736조 원에 달하면서 사상 최대치를 기록했다. 최근 증시와 부동산 시장이 활기를 되찾고 있지만 당분간 '눈치 보기'는 이어질 전망이다.

19일 금융투자협회와 한국은행에 따르면 6월 말 현재 단기부동자금은 736조 285억 원으로 역대 최고치를 갈아 치웠다.

단기부동자금은 지난 2008년 말 540조 원 수준에서 2009년 말 647조 원으로 껑충 뛰었다. 2010년 말 653조 원, 2011년 말 650조 원으로 다소 정체를 보이다 2012년 말 666조 원로 증가한 데 이어 지난해 말 713조 원으로 늘었다. 단기부동자금은 올 5월 말 733조 원에 이어 6월 말 736조 원까지 증가했다.

단기부동자금은 현금 57조 원, **요구불예금** 136조 원, **수시 입출식 저축성예금**(MMDA) 347조 원, **머니마켓펀드**(MMF) 48조 원, **양도성예금증서**(CD) 20조 원, **종합자산관리계좌**(CMA) 37조 원, **환매조건부채권**(RP) 9조 원 등이다. MMF 수치 등은 정부와 비거주자 보유분을 제외한 것이다. 여기에 **6개월 미만 정기예금** 68조 원과 증권사 투자자예탁금 14조 원을 합한 것이 시장에 대기 중인 단기부동자금이다.

단기부동자금이 지속적으로 증가하는 것은 확실한 투자처가 나타나지 않았기 때문이다.

은행 금리는 이미 2%대 초 · 중반까지 떨어진 상황에서 한국은행 금융통화위원회가 기준금리를 연 2.50%에서 2.25%로 인하함에 따라 은행 예금금리는 더 떨어질 것으로 예상된다.

최근 들어 주식시장과 부동산 시장이 회복 기미를 보이고 있지만 아직 투자자들의 마음을 사로잡기에는 부족한 상황이다.

코스피 지수는 지난해 말 2011.34에서 전날 2053.13으로 2.1% 상승하는 데 그쳤다. 지난 6월 말까지 기준으로 하면 오히려 올 들어 0.5% 하락했다.

정부가 경기 부양에 나서며 각종 정책을 쏟아내자 한때 지수가 2080선을 넘기도 했지만 새로운 지지선인 2100선 앞에서 주춤하는 모습이다.

또 정부의 새 경제팀이 주택담보대출비율(LTV)과 총부채상환비율(DTI) 규제를 완화하기로 하자 부동산 시장이 들썩이고 있지만 전반적으로는 투자 관망세를 보이고 있다.

2014년 8월 아주경제

반드시 알아 두어야 하는 필수 용어에 대한 고객님의 지식 수준을 체크해 보세요. 30점 만점에 20점 이상이면 단기 투자 상품에 대해 기본적인 지식이 있는 경우이며, 그 이하라면 투자에 앞서 관련 공부가 좀 더 필요합니다.

단기 투자 상품 관련 용어	전혀 모른다	들어는 봤다	조금 안다	완벽히 안다
	0점	1점	2점	3점
① 단기부동자금				
② 수시 입출식 저축성예금(MMDA)				
③ 6개월 미만 정기예금				
④ 머니마켓펀드(MMF)				
⑤ 종합자산관리계좌(CMA)				
⑥ 양도성예금증서(CD)				
⑦ 환매조건부채권(RP)				
⑧ 요구불예금				
⑨ 표지어음				

대부분 한 번쯤은 들어 본 것 같지만 의미를 정확하게 아는 것은 몇 개 안 되는군요. 반드시 알아야 하는 항목을 중심으로 설명해 주시겠습니까?

네. 먼저 단기부동자금은 저축예금, 머니마켓펀드MMF, 종합자산관리계좌CMA, 발행어음, 요구불예금, 정기예금(6개월 미만), 수시 입출금식 예금MMDA, 시장성 수신(CD+RP+표지어음), 단기 채권형 펀드, 고객 예탁금 등 금융기관에 맡긴 1년 미만의 수신성 자금을 모두 합한 것을 의미합니다. 오늘 다루게 될 단기 투자 상품은 이러한 단기부동자금을 구성하는 각각의 항목에 대한 설명이라고 해도 과언이 아닐 것입니다.

단기 투자 상품들에 대해 본격적으로 하나하나 살펴보기에 앞서 금융소득에 대해 알아보겠습니다. 이자소득과 배당소득을 금융소득이라고 하며 개인의 경우 금융기관에서 14%(세금 우대 저축 등은 9.5%)의 세율을 적용하여 원천징수한 후 이자액을 지급하기 때문에 상품 금리보다 실제로 받는 이자 금액은 항상 적기 마련입니다. 또한 2002년부터는 '금융소득 종합 과세' 제도로 인해 개인의 연간 금융소득이 4000만 원을 초과하는 경우 초과 금액을 기존의 종합소득(부동산 임대, 사업, 근로, 연금, 기타 소득)과 합산한 후 누진세율을 적용하여 과세하므로 세금이 크게 증가할 수 있습니다. 종합소득세를 부담하게 되면 모든 금융기관의 PB들이 시도 때도 없이 전화하여 좋은 투자처를 소개해 주고, 무료로 상담해 주겠다고 나설 것입니다. 그런 날이 올 때까지 열심히 재테크를 해야겠죠?

요구불예금과 저축성예금의 차이를 살펴보겠습니다. 먼저 요구불예금 **要求拂預金, Demand Deposit**은 예금자가 언제든지 찾아 쓸 수 있는 예금을 통틀어 이르는 말로, 이자가 거의 붙지 않기 때문에 투자에는 적합하지 않습니다. 요구불예금은 당좌예금, 보통예금, 가계당좌예금, 별단예금의 4가지 종류가 있습니다. 각 항목에 대한 세부 설명은 다음과 같습니다.[1]

---

1 시사상식사전, 박문각 참조

당좌예금	예금주가 당좌수표 및 약속어음을 발행하여 각종 지급 수단으로 사용할 수 있는 예금을 의미합니다. 가입 대상은 법인이나 단체 및 사업자 등록증을 소지한 개인 사업주로, 은행으로부터 신용 상태가 양호하다고 인정받는 경우에 한하여 가입할 수 있습니다. 당좌예금에 가입한 사업주는 금전 수불 관리를 은행에 맡기고, 은행과 당좌대월계약(當座貸越契約)을 맺어 예금 잔액 이상으로 발행한 수표에 대해서도 지급 받을 수 있는 등 사업적인 측면에서 매우 유용하고 편리한 예금입니다. 그러나 은행 입장에서는 항상 많은 지급준비금을 보유해야 하고, 대행 업무로 인한 번거로움이 있기 때문에 당좌예금은 무이자를 원칙으로 하며, 최저 잔고를 기준으로 그 이하로 당좌예금 잔액이 내려가는 경우에는 은행이 오히려 수수료를 받기도 합니다.
보통예금	보통예금은 입출금이 자유롭고 가입 대상, 예치 한도, 예치 기간 등의 제한이 없는 대표적인 요구불예금으로, 일상적인 수입 및 지출 자금을 일시 예치하기에 적합합니다. 즉, 아무 때나 돈을 빼서 쓸 수 있는 수시 입출금 방식입니다. 사용하는 데 아무런 제한이 없기에 편리한 반면 이자율은 대부분 1% 미만이라서 무이자나 마찬가지라고 볼 수 있습니다.
가계당좌예금	가계당좌예금은 개인 가계수표의 활성화를 통해 국민의 현금 사용을 줄이고 신용 사회를 정착시키기 위해 도입된 제도로, 은행과 가계당좌예금 거래 약정을 맺은 고객이 가계수표로 지급 결제를 행하는 일종의 개인용 당좌예금입니다. 가계당좌예금은 모든 금융기관을 통틀어 1인 1계좌로 한정되며, 가계수표의 장당 최고 발행 한도는 모든 금융기관마다 자율화되어 있습니다. 이자가 없는 당좌예금과는 달리 금리 역시 자율적이며, 일반적으로 결산기(매 3개월 또는 6개월)마다 평균 예금 잔액에 대해 이자가 계산되지만 보통예금 수준의 이자로 매우 낮습니다.
별단예금	별단예금은 은행의 업무 수행 과정에서 발생한 미결제·미정리 자금이나 기타 예금계정으로 처리하기 곤란한 자금 등을 업무 처리의 편의를 위하여 일시적으로 예수하게 하는 예금입니다. 일반 예금과 달리 1가지 종류의 예금이 아니므로 거래 약관이 없고 통장이나 증서를 발행하지 않으며, 예금 기간도 일정하지 않습니다. 별단예금으로 처리 가능한 대상은 대표적으로 자기앞수표 발행 자금이 있으며, 전기·전화 요금, TV 수신료, 당좌 거래 개설 보증금, 사고 신고 담보금, 기타 일시 예수금 등이 있습니다.

반면 저축성예금貯蓄性預金, Savings Deposits은 예치 기간을 미리 약정하거나 일정 기간의 지급 예고 기간을 설정하는 예금을 의미합니다. 입출금이 자유로운 요구불예금에 비해 유동성이 낮지만 이율은 높습니다. 저축예금, 정기예금, 정기적금, 상호부금, 주택부금과 같은 은행 저축 상품 대부분이 대표적인 저축성예금에 속합니다.

가끔 수백만 원에서 수천만 원에 이르는 큰돈을 한 달 정도 뒤에 사용할 예정으로 일반 요구불예금에 넣어 두는 경우가 있습니다. 이는 은행으로서는 굉장히 고마운 일이지만 고객 입장에서는 소중한 돈을 길바닥에 버리는 행위라고 볼 수 있습니다. 단적인 예로, 1000만 원을 은행의 보통예금에 한 달 넣어 두면 많아 봤자 월 8,000원 정도의 이자가 붙지만(1% 보통예금 이자로 가정) CMA와 같은 단기 금융 상품에 넣어 둔다면 최대 약 3%의 이자가 지급되기 때문에 약 1만 6,000원의 이자 차이가 발생합니다. 만약 6개월간 예치한다면 약 10만 원의 이자를 더 받을 수 있는 것이죠. 이처럼 이자가 적어 투자에 적합하지 않은 일반 예금 이외에 6개월~1년 이내에서 자금을 효율적으로 굴릴 수 있는 단기 금융 상품에는 어떤 것들이 있는지 살펴보겠습니다.

4

단기 투자 상품 ① 은행 정기적금과 정기예금

01 정기적금

적금(積金)은 일정 기간을 계약한 후 정기적 또는 비정기적으로 금액을 불입하여 계약 기간이 만료된 후 이를 이자와 함께 일괄적으로 돌려받는 상품을 의미합니다. 많은 고객들이 적금을 불입하다가 어떤 사정에 의해 계약을 취소하고 불입한 금액을 찾아가기도 하는데, 이러한 경우 대개 이자가 보통예금과 같은 수준으로 낮게 지급됩니다. 따라서 소득이 불균형하거나 기타 이유로 불입 횟수와 불입 금액을 지키지 못할 것 같다면 자유 적립 적금이나 CMA 등의 다른 단기 금융 상품을 활용하는 것이 좋습니다. 정기적금의 계약 기간은 일반적으로 6개월 이상 60개월 이내의 월 단위로 정하며, 자유 적립식의 경우 일 단위로 정할 수도 있습니다. 이때

월 적립 금액은 은행 및 상품마다 다르며, 통상적으로 정액 적립식(최저 1만 원 이상의 원 단위)과 자유 적립식(회 차별 1만 원 이상)으로 구분됩니다.

02 정기예금

정기예금은 예치 기간을 미리 정하여 일정 금액을 예치하고 기간 만료 전에는 원칙적으로 지급 청구할 수 없게 되어 있는 기한부 예금으로, 저축성이 가장 강한 예금입니다. 은행의 입장에서 정기예금은 약정한 예치 기간 동안 지급 청구에 응해야 할 부담이 적기 때문에 다른 예금보다 자금을 장기간 안정적으로 운용할 수 있다는 장점이 있습니다. 예금주의 입장에서는 통상 약정 기간이 길수록 높은 이자가 보장되므로 원금이 보장되면서 투자 수익이 높은 재산 증식 수단입니다. 정기예금은 거치식 예금이지만 은행에 따라 분할 인출이 가능한 상품도 판매하고 있습니다. 정기예금의 가입 기간은 1개월부터 길게는 5년 이상이며, 시중은행마다 다양한 상품들이 있습니다. 이자율은 금융기관마다 자율적이며, 이자는 만기 시 한꺼번에 지급되거나 매월 지급되는 상품도 있습니다.

최근 투자 기간 동안 원금은 보장해 주면서 그동안 발생하는 이자를 이용하여 주식이나 금과 같은 원자재에 투자해서 발생하는 수익을 배분하는 '투자형 예금 상품'이 인기 있습니다. 이는 '구조화 예금'과 비슷하며, '구조'라는 용어는 '결합Fusion'의 뜻으로도 볼 수 있습니다. 즉, 주식이나 금뿐만 아니라 문화 예술 시장 등의 상품과 결합한 금융 상품이 바로 '구조화 예금'인 것입니다.[2] 실례로 하나은행은 과거 인기 드라마였던 〈베토벤 바이러스〉의 시청률에 따라 최고 연 7.2%의 금리를 제공하는 '베토벤 바이러스 정기예금'과 고객의 체중 감량에 따라 추가적인 금리를 제공하는 'S라인 적금'을 만들어서 판매한 적이 있습니다. 금리 상승 가능성이 높은 시기일 경우 가입 후 일정 기간(회전기간)마다 시장실세금리를 적용하는 '실세금리 연동 정기예금'도 괜찮은 상품입니다. 이러한 투자형 예금 상품은 잘만 하면 일반 예금에 투자했을 때보다 훨씬 높은 수익을 올리면서도 원금 손실이 발생하지 않는다는 큰 장점이 있지만, 투자가 실패하여 1% 미만의 이자를 가져다주는 경우도 가끔 발생하기 때문에 가입 전 면밀히 검토해야 합니다.

❶ 은행의 적금 · 예금 상품 해석하기

은행의 적금과 예금 상품의 특성을 제대로 파악하지 못한 상태에서 가입을 결정하는 고객님들이 의외로 많습니다. 물론 창구에 있는 은행원들이 친절하게 설명해 주지만 막상 집에 가서 생각해 보면 은행원이 대체 무슨 말을 했는지, 상품 특성이 어떤지 아리송한 경우가 많을 것입니다. 이럴 때에는 은행의 홈페이지에서 해당 상품의 내용을 읽어 보면서 앞서 살펴본 각 상품의 특성을 떠올리면 쉽게 이해할 수 있을 것입니다. 은행의 적금과 예금 상품 설명서를 함께 살펴보며 해석해 보겠습니다.

---

2 일반적인 구조화 예금 상품은 대부분 주가지수(KOSPI200)나 개별 주식 가격을 기초 자산으로 합니다. 이때 'ELD'는 주가지수 등과 관련하여 다양한 형태의 예금이자를 지급하는 구조화 예금이며, 'ELS'는 주가지수 등과 관련하여 다양한 형태의 원리금을 지급하는 구조화 증권, 'ELF'는 주가지수 등과 관련하여 다양한 형태의 펀드 운용 성과를 지급하는 구조화 펀드입니다. 구조화의 기본적 개념은 ELD, ELS, ELF 모두 동일하다고 할 수 있습니다. 상품 취급 기관이 은행이면 ELD이고, 증권사라면 ELS, 자산운용회사라면 ELF인 것입니다. 또한 기초 자산은 주식, 금, 은과 같이 다양합니다.

관련 상품〉 스탠다드차타드은행 '두드림 적금'

상품 내용	주요 체크 사항
1 가입 대상 : 개인 및 개인 사업자	본 상품은 가입 대상이 개인과 개인 사업자로 한정된 예금 상품입니다. 따라서 법인 명의로는 가입할 수 없습니다.
2 상품 종류 : 자유 적립식 적금	자유 적립이 가능한 적금 상품으로, 일정 기간 비정기적으로 납입 가능합니다.
3 가입 금액 : 회 차당 1만 원 이상 매월 1억 원 이내에서 원 단위로 자유롭게 입금 가능	자유 적립식 상품으로, 한 번에 1만 원 이상을 넣어야 하며 월 누적 금액이 1억 원을 넘을 수 없습니다.
4 거래 제한 : 계약 기간 3/4 경과 후의 적립 가능 금액은 그 이전 적립금의 50% 이내	약정한 거래 기간이 1년인 경우, 3/4 시점인 9월까지 1000만 원을 적립했다면 남은 기간(10~12월) 동안 추가로 불입할 수 있는 금액은 1000만 원의 50%인 500만 원이라는 의미입니다.
5 가입 기간 : 6개월부터 60개월까지(※ 일 또는 월 단위로 자유롭게 선택 가능)	거래 기간의 약정은 최소 6개월에서 최대 60개월이지만 고객이 원할 경우 그 사이의 기간을 마음대로 선택해서 가입할 수 있다는 의미입니다. 즉, '6개월+1일'도 가입 기간으로 설정 가능한 것입니다.
6 우대금리(대상 요건 및 우대 이율) ① 급여 이체 고객 0.3%p ② 이 예금의 가입일 기준 자동이체(지로, KFTC, FBS) 등록 건수 건당 0.1%p(최대 0.3%p) ③ 이 예금의 가입일 기준 인터넷뱅킹 가입 고객 0.1%p ④ 이 예금의 가입일 기준 직전 월 인터넷뱅킹 이체 건수 3건 이상 0.1%p ⑤ 이 예금의 가입일 기준 당행 거치식 예금 500만 원 이상 보유 고객 0.1%p ⑥ 이 예금의 가입일 기준 직전 월 두드림 통장 또는 퍼스트 주거래통장 평잔 100만 원 이상 0.1%p ⑦ 이 예금의 가입일 기준 직전 월 체크/신용카드 누적 사용(청구) 금액 30만 원 이상 0.1%p	본 상품의 약정 이자율에서 금리를 더 추가할 수 있습니다. 단, 추가 금리 리스트의 조건에 해당되는 경우에 한합니다. 옆의 9가지 우대금리 항목 모두를 적용 받을 수는 없으며, 아래쪽에 명시되어 있듯 최대 0.9%까지 더 받을 수 있습니다. 한편 예금 만기 시까지 5회 이상 자동이체가 이루어진 경우에는 추가로 0.1%p를 적용해 주므로 최대 1.0%까지 우대금리를 받을 수 있다는 것을 확인하기 바랍니다.

⑧ 우대금리 쿠폰 소지 고객 0.2~0.5%p ※ 우대금리 쿠폰은 예금 가입 시 제출하는 경우에 한하며, 중복해서 사용할 수 없습니다. ※ 거치식 예금 : 당행에서 정한 정기예금 및 양도성예금증서(자세한 내용은 상품 설명서 참조) ☞ 최대 우대금리의 합계는 0.9%p를 초과할 수 없습니다. ☞ 만기 시까지 이 예금으로 5회 이상 자동이체가 이루어진 경우 0.1%p를 추가로 적용합니다.	
7 이자 지급 방법 : 만기 일괄 지급 방식	본 상품의 이자는 상품 가입 시 설정한 거래 기간의 약정이 끝나는 만기 때 일괄적으로 지급됩니다.
8 예금이자에 대한 세금(소득세, 주민세, 농특세 포함) : 일반 15.4%, 세금 우대 9.5%	모든 소득에는 세금이 따르듯 본 예금 상품의 이자에도 15.4%의 세금이 붙게 됩니다. 즉, 1만 원의 이자가 발생할 경우 세금을 제외하고 약 8,500원 정도를 받을 수 있습니다.
9 세금 우대 및 생계형 : 세금 우대 및 생계형으로 가입이 가능합니다.	① 세금 우대 일반적으로 15.4%의 이자 소득세를 부과하지만, 세금 우대의 경우 9.5%의 세금을 차감합니다. 그러나 세금 우대 한도는 1000만 원이므로 그 금액을 넘기면 자동으로 일반 과세로 넘어가서 15.4%의 이자 소득세를 내야 합니다. ② 생계형 60세 이상 고령자, 장애인, 독립 유공자, 국가 유공자, 고엽제 환자, 5.18 관련 부상자, 기초 생활 수급권자는 1인당 4000만 원 이하의 '생계형저축'에 가입하는 경우 해당 저축에서 발생한 이자 소득에 대해 과세하지 않고 있습니다. 본 상품은 생계형 가입이 가능한 것입니다. 생계형저축의 비과세 한도에 대해서는 200쪽의 기사를 참고합니다.

⑩ 이 적금은 예금자보호법에 따라 예금보험공사가 보호합니다. 이 예금은 예금자보호법에 따라 본 은행에 있는 귀하의 모든 예금 보호 대상 금융 상품의 원금과 소정의 이자를 합하여 1인당 '최고 5000만 원까지' 예금보험공사가 보호합니다.	금융기관의 부도와 같은 일이 발생하더라도 예금보험공사에서 1인당 5000만 원까지 보장해 주기 때문에 안심하고 가입하라는 의미입니다. 이때 이자는 금융기관에서 약정한 이자가 적용되지 않고 예금보험공사에서 설정한 기준에 의한 소정의 이자가 지급됩니다.
⑪ 예금 거래 시 유의 사항 서비스 내용은 은행의 사정에 따라 변경될 수 있습니다. 두드림 적금에 관한 자세한 내용은 개별 안내장 및 상품 설명서를 참고해 주십시오.	서비스 내용은 은행의 사정에 따라서 변경될 수 있다는 것을 알려 주고 있습니다.

정부는 24일 새 경제팀의 경제정책 방향을 발표하면서 고령층의 소득을 높이기 위해 생계형저축의 비과세 한도를 확대한다고 밝혔다.

생계형저축은 만 60세 이상이거나 장애인, 국민기초생활보장 수급자, 국가유공자, 독립유공자 등에 해당하면 가입할 수 있다. 3천만 원까지 가입 가능했으나 이제 4천만 원까지 투자할 수 있으며 이 저축에서 발생한 금융소득 전액에 세금이 붙지 않는다. 만 60세 이상 부부의 경우 각각 4천만 원씩, 총 8천만 원에 대해 비과세 혜택을 받을 수 있게 되는 셈이다.

2014년 7월 영남일보 발췌

다음 상품은 스탠다드차타드은행에서 과거에 판매했던 '금 투자형 예금'으로, 원금은 안전하게 보호해 주면서 금에 투자하여 기준 시점보다 금값이 오를 경우 그에 따라 이자 금액도 증가하는 상품입니다. 이 상품을 판매할 당시만 하더라도 금값이 막 꿈틀대기 시작한 시기였기 때문에 금값 상승을 예상했던 많은 고객님께서 관심을 가지고 가입하셨습니다. 현재는 판매하지 않지만 앞으로도 비슷한 상품들이 나올 수 있으므로 한 번 살펴보도록 하겠습니다. 이를 통해 투자형 예금의 기초에 대해 어느 정도 이해하실 수 있을 것입니다.

관련 상품〉 스탠다드차타드은행 투자형 예금 'Principal+ Gold 1호'(판매 종료)

상품 내용	주요 체크 사항
1 상품명 : 'Principal+ Gold 1호'(원금을 100% 보장하며, 일반 정기예금보다 높은 수익을 추구하는 금 지수 연동 예금입니다.)	'Principal'은 '원금'을 뜻합니다. '원금+'는 원금은 기본적으로 보장해 준다는 의미입니다. 여기에 'Gold'가 붙어 있으므로 금에 투자하여 수익이 나면 이자가 늘어나는 투자형 예금 상품이라는 것을 쉽게 파악할 수 있습니다.
2 상품 요약 : ① 만기까지 유지 시 100% 원금 보장의 혜택과 함께 최근 각광 받고 있는 '금'에 투자할 수 있는 기회를 드립니다. ② 가입 후 1년 내 국제 금 가격이 가입 당시 가격 대비 15% 이상 상승하면 10.5%의 수익을 조기에 확정합니다. ③ 세금 우대, 생계형 ④ 예금 담보대출 가능	가입 시점 대비 금 가격이 15% 이상 상승하면 확정 이자율 10.5%를 제공합니다. 세금 우대와 생계형 가입이 가능하며, 급전이 필요할 경우 본 상품을 담보로 대출이 가능합니다.
3 한정 판매 기간 : 2008년 2월 29일~2008년 3월 6일(본 상품은 한정 판매 기간 동안만 가입이 가능하고, 일정 금액 모집 시 판매가 조기 종료될 수 있습니다.)	본 상품은 정해진 기간 동안에만 판매하는 한정 판매 상품이며, 은행에서 정한 금액까지만 가입 가능하므로 기간 내라 하더라도 조기에 판매 완료될 수 있다는 것입니다.
4 이 예금은 예금자보호법에 따라 예금보험공사가 보호합니다.	금융기관의 부도와 같은 일이 발생하더라도 예금보험공사에서 1인당 5000만 원까지 보장해 주기 때문에 안심하고 가입하라는 의미입니다. 이때 이자는 금융기관에서 약정한 이자가 적용되지 않고 예금보험공사에서 설정한 기준에 의한 소정의 이자가 지급됩니다.
5 가입 대상 : 제한 없음	가입 대상에 제한이 없으므로 개인은 물론 법인 명의로도 가입할 수 있는 상품입니다.
6 상품 종류 : 구조화 정기예금	기존의 일반적인 예금 금리 지급 형태가 아니라 금 투자와 결합된 정기예금 상품입니다.
7 가입 금액 : 100만 원 이상	본 상품에 가입하기 위해서는 최소 100만 원 이상을 예치해야 합니다.

8 예금 설정 일자 : 2008년 3월 7일(금)	예금 모집 기간이 끝나고, 예금의 효력이 발생하는 날짜를 의미합니다. 이날부터 만기일 사이에 해지하게 되면 엄청난 중도상환수수료를 납부해야 합니다.
9 예금 만기 일자 : 2009년 9월 7일(월)	원금과 이자를 찾아갈 수 있는 만기일을 의미합니다.
10 예금 예치 기간 : 2008년 3월 7일(금)~2009년 9월 7일(월)	돈을 예치해야 하는 기간을 의미합니다.
11 가격 관찰 기간 및 관찰 지수 ① 관찰 기간 : 2008년 3월 7일(금)~2009년 3월 6일(금) ② 관찰 지수 : 국제 금 가격	국제시장에서 금(Gold) 또는 백금(Platinum)의 무게를 나타낼 때에는 '트로이온스(Troy Ounce)'를 사용하며, 우리나라 기준으로 1트로이온스는 약 8.3돈 정도입니다. 본 예금에서는 런던 금시장 연합회(LBMA)[3]에서 고시하는 현지 오후 3시의 금 가격을 기준으로 결정한다는 의미입니다.
12 약정 이율 ① 모집 기간 중 이율(세전) : 퍼스트 정기예금(만기 지급식) 1년제 기본 이율(2008.1.26 현재 연 4.6%) ② Principal+ 예금 설정 후 이율 : 아래의 [이자율 결정 방법 및 지급 구조] 항목 참조 ③ 만기 후 이율(세전) : 1개월 미만 연 2.0%, 1개월 이상 연 1.0%	예금 예치 기간 전과 후의 이자율 지급 방법을 의미합니다. 만약 판매 기간의 첫째 날인 2월 29일에 가입하여 돈을 예치했다면 2009년 3월 6일까지는 연 4.6% 정도의 이자가 지급됩니다. 또한 만기 이후의 이자율은 많아 봤자 2%이므로 만기가 되자마자 찾아가는 것이 이득입니다.
13 이자율 결정 방법 및 지급 구조 ① 가격 관찰 기간 중 단 한 번이라도 국제 금 가격이 기준 가격 대비 15% 이상 상승하면 본 상품의 이자는 10.5%(세전, 연 약 7.0%)로 확정되어 만기 시 지급됩니다. ② 국제 금 가격이 기준 가격 대비 15% 이상 상승(장중 포함)한 적이 없는 경우 "{(비교 가격–기준 가격)/기준 가격} x 100" ③ 지수 상승률이 0% 이하일 경우 만기 시 이자가 지급되지 않습니다.	예금 예치 기간 사이의 이자율 지급 방법을 의미합니다. 관찰 기간 중에 한 번이라도 국제 금 가격이 기준가보다 15% 이상 상승하면 10.5%의 확정 이자를 지급한다는 조건입니다. 만약 15% 이상으로 상승한 적이 단 한 번도 없었다면 오른 비율만큼만 이자를 지급하며, 금값이 하나도 오르지 않거나 기준가보다 떨어진 경우에는 이자가 없다는 것을 알려 주고 있습니다.

3 London Bullion Market Association : 런던 금시장 연합회

⑭ 이자 지급 방식 ① 만기 일시 지급식 ② 세금 우대 및 비과세(생계형) 가능 : 세법상 요건 충족 시 ③ 예금 양도 : 불가, 분할 인출 : 불가 ④ 예금 담보대출 : 가능(원금의 85% 이내)	예금 만기 일자에 원금과 이자가 함께 지급되며, 세금 우대와 생계형 가입이 가능합니다. 또한 예금을 타인에게 양도하는 것과 분할 인출은 불가능하며, 급전이 필요할 경우 본 상품을 담보로 원금의 85% 수준까지 대출이 가능합니다.
⑮ 중도 해지 수수료율 ① 예치 기간 3개월 미만 : 원금의 6.5%~ ② 예치 기간 18개월 미만 : 원금의 0.5%	투자형 예금(구조화 예금)은 중도 해지 수수료율이 다른 상품보다 매우 높게 책정됩니다. 본 상품의 경우 3개월 안에 해지하면 무려 원금의 6.5%를 중도상환수수료로 내야 합니다. 즉, 100만 원을 예치했을 때 3개월 안에 해지하게 되면 이자는 고사하고 원금도 93만 5천 원밖에 받지 못하기 때문에 이러한 상품에 가입하기 전에는 급전이 필요한 비상시의 대응 방안에 대해 미리미리 준비해 두어야 합니다.
⑯ 기타 고객 유의 사항 ① 중도 해지 시 모집 기간 중 이자는 지급되지 않습니다. ② 이 예금은 예금자보호법에 따라 예금보험공사가 보호합니다. ③ 중도 해지 수수료는 설정일(2008.3.7)로부터 기산됩니다. ④ 만기일 이전에 중도 해지하는 경우에는 중도 해지 수수료가 부과되어 원금 손실을 초래할 수 있습니다. ⑤ 만기 시 세금은 고객이 맡긴 원금을 상회하는 이자 전액을 기준으로 계산됩니다. ⑥ 이 안내장은 수신 상품에 대한 이해를 돕고 약관의 중요 내용을 알려 드리기 위한 참고 자료이며, 실제 상품의 계약은 예금거래 기본 약관, 거치식 예금 약관 그리고 Principal+ 예금 특약의 적용을 받습니다.	①의 내용은 예를 들어 판매 기간의 첫째 날인 2월 29일에 상품을 가입하여 예치한 경우 3월 7일 이후에 중도 해지하게 된다면 2월 29일부터 3월 6일까지 적용되는 일반적인 이자(연 4.6%)도 지급되지 않는다는 것을 의미합니다. ● 판매 기간 : 2008년 2월 29일~2008년 3월 6일 ● 예금 예치 기간 : 2008년 3월 7일~2009년 9월 7일 또한 3월 7일부터는 해지할 경우 중도상환수수료가 부과되기 때문에 특히 주의해야 합니다.

5

단기 투자 상품 ② 양도성예금증서 (CD: Certificate of Deposit)

양도(讓渡)의 뜻을 사전에서 찾아보면 '재산이나 물건을 남에게 넘겨줌'이라고 나옵니다. 즉, 양도성예금증서(CD)는 '남에게 넘겨줄 수 있는 예금증서'를 의미한다고 볼 수 있습니다. 양도성예금증서는 정기예금과 달리 가입자의 명의가 기재되지 않는 무기명의 증서이므로 계약 기간 중에도 자유롭게 매매(거래)가 가능하며, 은행은 만기일에 증서를 가지고 있는 사람 즉, 최종 소지자의 실명만 확인하고 바로 예금을 지급해 준다는 점이 가장 큰 특징입니다. 최초 가입자가 누구인지는 묻지도 따지지도 않습니다. 할인식 상품이기 때문에 이자만큼 할인되어 발행되고, 만기 후에는 별도의 이자 없이 액면 금액(증서상의 금액)만을 지급 받습니다. 만기일 이전이라도 유통시장에서 매매할 수 있으므로 단기간 자금 운용의 효율성을 높일 수 있는 상품입니다.

양도성예금증서의 기간은 보통 30일 이상으로, 1년이 넘는 것도 있으나 대개는 90일에서 180일 사이의 기간으로 형성됩니다. 이러한 특성 때문에 양도성예금증서는 6개월 미만의 단기 자금 운용에 적합하며, 최소 가입 금액이 500만 원이므로 어느 정도 모은 종잣돈을 굴리는 용도로 사용하는 것이 일반적입니다.

양도성예금증서의 종류에는 '무기명 증서식'과 '은행 등록 발행 방식'의 2가지가 있습니다. 은행에서 '무기명 증서식'으로 양도성예금증서를 구입하면 아래의 이미지와 같은 증서를 직접 받게 됩니다. 본 증서를 잃어버리는 것은 현금을 잃어버리는 것과 같으며, 은행에 가서 하소연해도 돈을 돌려받지 못합니다. 다음은 1억 원, 35일짜리 양도성예금증서인데요. 이 증서를 1억 원이 아닌 9965만 원 정도에 구입하고, 35일 후 증서를 지참하여 은행에 가면 1억 원을 받을 수 있습니다. 즉, 본 CD의 이자 금액은 1억 원에서 9965만 원을 뺀 35만 원인 셈입니다.

양도성 예금증서 (무기명식)

가00000000가 계좌번호

만기 지급액 100,000,000

할인매출액 :

기간 0년 35 일 만기일 2009년 09 월 02 일

위의 금액을 상기조건과 해당약관 및 뒷면특약에 따라 만기 지급일에 이 증서와 상환하여 소지인에게 지급하겠습니다.

2009 년 07 월 29 일

여담입니다만, TV 드라마나 영화에 나오는 부자들처럼 집의 금고에 이런 양도성예금증서를 가득 쌓아 놓고 살면 마음이 뿌듯할 것 같다는 생각도 듭니다. 그러나 보통 은행에서 양도성예금증서를 구입하면 증서를 직접 주지 않습니다. 단지 고객의 통장에 '양도성 예금 얼마어치 구입하였다'라는 증거만을 남긴 채 원본은 은행에서 보관합니다. 이렇게 CD 원본은 은행에서 보관하고 만기 시 원리금을 계좌로 자동 입금해 주는 방식이 바로 '은행 등록 발행 형식'입니다.

CD는 예금자 보호 대상이 아닙니다. 과거에는 은행 입장에서 예금 보험료를 내지 않아도 되는 만큼 정기예금 금리보다 0.2% 정도 높은 이자를 지급했기 때문에 현금이 많은 자산가들이 CD를 더 선호했던 시절이 있었습니다. 그러나 최근 들어 은행에서 투자형 예금이나 구조화 예금 등을 개발하여 금리가 낮은 CD의 인기가 예전보다 낮아졌지만 그래도 아직까지 암암리에 사랑을 받고 있는 단기 금융 상품입니다.

	중도 해지 가능 여부	권장 가입 금액	금리 수준(年)	권장 가입 기간	예금자 보호 여부
양도성 예금증서 주요 특징	불가능 (그러나 유통 시장을 통한 매각 가능)	할인 매출액 기준 500만 원 이상	2%대 초반 (2014년 7월 기준 2.35%)	30~365일 (일 단위)	비보호

6

단기 투자 상품 ③ 환매조건부채권 (RP : RePurchase agreements)

환매(還買)의 뜻을 사전에서 찾아보면 '남에게 팔았던 물건을 도로 사들이는 것'이라고 나옵니다. 즉, 환매조건부채권은 금융기관이 일정 기간 경과 후에 사전에 정한 매매 가격(원금에 이자를 가산한 금액)으로 되사는 조건으로 발행하는 채권을 의미합니다. '나중에 되사는' 조건이므로 이자가 붙는 것은 당연하겠죠? 환매조건부채권의 가장 큰 장점은 금융기관이 보유한 신용 우량 채권 또는 국공채 등을 담보로 발행하기 때문에 일반 채권보다 안정성이 뛰어나고 환금성이 보장된다는 것입니다. 보통 1~3개월 사이에서 운용하며 최장 만기는 1년입니다. 고객님과 같이 1000만 원 정도의 비교적 적은 금액으로 1~6개월 정도 투자하려는 분들은 일반적인 채권시장에 참여하기가 힘들기 때문에 금융기관이 이미 보유하고 있는 채권을 담보로 쌓아 두고 이들 담보 채권의 만기 및 금액 내에서 투자 기간이나 금액을 쪼개 개인 고객들에게 판매하는 방식이 바로 환매조건부채권 거래입니다.

금리는 일반적으로 은행의 정기예금보다 조금 높은 수준이며, 만기 이후에는 별도의 이자가 붙지 않습니다. 중도 환매가 가능하지만 환매 시 해지 수수료를 지불해야 합니다. 실세금리에 가까운 채권을 매입하는 것과 마찬가지이므로 수익률이 높은 편이고, 통장 또는 카드를 사용하여 계획에 맞춰 자금을 예치하고 환매할 수 있기 때문에 매우 편리한 상품입니다.

환매조건부채권은 '약정식'과 '자유 약정식(수시)'의 2가지 종류가 있습니다. 약정식은 자금 예치 기간을 미리 약정하는 방식이고, 자유 약정식은 예치 기간을 정하지 않고 수시로 자금을 인출 또는 추가 예치할 수 있는 방식으로, 일반적으로 약정식의 금리가 조금 더 높은 편입니다. 환매조건부채권은 기존에 확정된 금리를 받을 수 있기 때문에 수익률이 안정적이라는 장점이 있으나 예금자 보호 대상 상품은 아니기 때문에 주의해야 합니다. 우체국에서 판매하는 RP는 국가에서 지급 보장하므로 예금자 보호 대상이 되지만 위험이 낮은 만큼 수익률도 은행의 RP에 비해 다소 낮은 편입니다.

뒤에서 다루게 될 증권사의 CMA 통장은 환매조건부채권에 자동이체와 결제 서비스 기능을 추가한 것이라고 볼 수 있습니다. 또한 환매조건부채권은 채권 자체를 거래하는 것이 아니라 금융기관이 한국은행에 맡겨 둔 기준 예치금을 대차거래하는 방식을 택하고 있기 때문에 한국은행이 시중 통화량을 조절하거나 예금은행의 과부족을 조절하는 수단으로도 발행하고 있습니다.

	중도 해지 가능 여부	권장 가입 금액	금리 수준(年)	권장 가입 기간	예금자 보호 여부
환매조건부 채권 주요 특징	가능	100만 원 이상 (제한은 없으나 금융기관마다 다름)	정기예금보다 조금 높음 (할인식 X)	15~30일 이상, 1년 미만 (일 단위)	비보호 (우체국 판매 상품은 보호)

● 은행의 환매조건부채권 상품 해석하기

은행 상품 리스트에서 '환매조건부채권'이란 이름은 찾기 힘들 것입니다. 대부분의 은행에서 상품 이름을 새롭게 만들어 판매하기 때문입니다. 예를 들어 스탠다드차타드은행의 경우 '제일 안전 예금(RP)'이라는 이름으로 판매하는데, 상품명 뒤에 표시된 'RP'를 통해 이 상품이 환매조건부채권 상품이라는 것을 알 수 있습니다.

관련 상품〉 스탠다드차타드은행 환매조건부채권 상품 '제일 안전 예금(RP)'

상품 내용	주요 체크 사항
1 상품 안내 : 정부에서 보증한 채권과 정부에서 직접 발행한 채권만을 선별하여 판매하는 상품입니다.	일반적인 우량 회사의 채권이 아니라, 정부에서 발행하거나 보증한 채권만을 골라 이를 담보로 발행한 채권이기 때문에 안전성이 매우 높다는 것을 강조하고 있습니다.
2 가입 대상 : 제한 없음	가입 대상에 제한이 없으므로 개인은 물론 법인 명의로도 가입할 수 있는 상품입니다.
3 상품 종류 : 환매조건부채권 매도(RP)	본 상품이 환매조건부채권(RP) 상품이라는 것을 알려 주고 있습니다.
4 가입 기간 : 1~365일(일 단위), 개인은 15~365일	일반 개인은 15~365일 사이에서 일 단위로 가입 가능한 상품입니다.

5 가입 금액 : 1000만 원 이상 제한 없음(1만 원 단위)	본 상품에 가입하기 위해서는 최소 1000만 원 이상부터 1만 원 단위로 예치해야 합니다.
6 이자 지급 : 만기에 원금과 함께 지급(이자는 일수 계산)	만기에 원금과 이자를 한꺼번에 지급합니다. 가입 기간이 '일 단위'이므로 이자 역시 일수로 계산됩니다.
7 대상 채권 : 예금보험공사 채권, 국채증권, 통화안정증권	아래의 3가지 채권을 대상으로 발행되었기 때문에 안전성이 매우 높다는 것을 강조하고 있습니다. ① 예금보험공사 채권: 금융기관의 예금 지급을 보증하고 예금자를 보호하는 [예금자보호법]에 의해 설립된 예금보험공사에서 발행한 채권 ② 국채증권: 정부에서 발행한 국채에 대한 권리를 표시하기 위해 발행한 증권 ③ 통화안정증권: 중앙은행이 통화의 공급을 조절하고 그 가치를 안정시키기 위해 발행하는 유통증권
8 분할 인출 : 3회(최종 해지분 포함) 분할 인출은 1000만 원 이상 1만 원 단위로 가능하며 인출 후 잔액이 1000만 원 이상 유지되어야 함	가입 기간 중 최종 해지를 포함하여 3번까지 중도 인출이 가능하며, 중도 인출 후 1000만 원 이상의 잔액이 반드시 남아 있어야 합니다.
9 약정 이율 : 시장실세금리를 반영하여 매일 고시(영업점 문의)	은행의 영업점에서 매일 이자율을 공시합니다. 정기예금보다 다소 높은 금리를 제공하고 있습니다.
10 만기 후 이율 : 예치 기간별 기본 이율의 1/2	만기 이후에는 예치 기간별 기본 이율의 50%만 제공하므로 만기가 되면 바로 돈을 찾는 것이 좋습니다.
11 중도 해지 시 이율 ① 예치 기간 8일 미만 : 연 0.0% ② 예치 기간 8~90일 : 보통예금 이율 ③ 예치 기간 91일 경과 : 연 1.0%	예치 기간 8일 미만에 중도 해지하면 이자가 전혀 없으며, 예치 기간 91일 경과 후 중도 해지하면 연 1.0%의 이자율만 지급됩니다.
12 상품 특징 ① 판매한 채권은 증권예탁원에서 별도 관리 ② 시장실세금리 반영을 통한 높은 수익률 ③ 만기까지 확정 금리	채권은 은행이 아닌 증권예탁원에서 별도로 관리하며, 보통예금보다 높은 확정 금리를 제공합니다.
13 예금자 보호 : 이 예금은 예금자보호법에 따라 보호되지 않습니다.	본 상품은 정부의 보호를 받을 수 없으므로 가입 시 주의해야 합니다.
14 예금이자에 대한 세율 ① 개인 : 15.4% ② 법인 : 14.0%	소득세(법인세)와 주민세가 포함된 세율이며, 법인의 세율이 개인보다 약 1.5% 정도 낮습니다.

7

단기 투자 상품 ④ 표지어음

매매의 편의성을 확보하기 위해 금융기관에서 기업의 진성어음[4]을 바탕으로 발행하는 어음으로, 기업의 대금 거래 결제를 위한 진성어음을 모은 금액만큼 금융기관 명의로 어음을 발행하면 표지어음이 됩니다. 이렇게 기업의 진성어음을 묶어서 금융기관 명의로 표지어음을 만드는 이유는 기업에서 각각의 진성어음을 낱개로 거래하는 것보다 금융기관이 진성어음을 모아 큰 덩어리로 매매하는 것이 편하기 때문입니다.

표지어음으로 인해 금융기관이 어음 할인 자금을 빠르게 회수하고 기업에 자금을 지원할 수 있습니다. 이러한 표지어음은 은행과 투금사, 상호

---

4 기업이 상거래를 할 때 대금 결제를 위해 발행하는 어음으로, 상업어음 또는 물품 대금 어음이라고도 합니다.

신용금고 등 3가지 금융기관에서 취급하고 있습니다. 이자 지급 방식은 양도성예금증서(CD)와 같은 할인식으로, 예치 기간 동안의 이자만큼 액면 금액에서 차감하여 발행됩니다. 만기 시 증서 소지인에게 액면 금액을 지급합니다.

일반적으로 상업어음이나 무역어음은 고객이 원하는 금액과 기간의 어음을 은행이 보유하고 있어야 판매할 수 있지만, 표지어음은 은행이 보유하고 있는 전체 어음 금액과 기간 내에서 고객의 여건에 맞는 만큼 판매할 수 있다는 장점이 있습니다. 또한 고객이 원할 경우 표지어음 실물은 은행에서 보관하고 표지어음 보관 통장을 교부할 수 있습니다. 표지어음의 특징을 요약하면 다음과 같습니다.

	중도 해지 가능 여부	권장 가입 금액	금리 수준(年)	권장 가입 기간	예금자 보호 여부
표지어음 주요 특징	불가능	제한 없으나 금융기관마다 다름	3~4%	일반적으로 30일 이상 12개월 이하(일 단위)	보호

● 은행의 표지어음 상품 해석하기

표지어음은 일반 회사의 상업어음이나 무역어음을 할인해서 매입한 뒤 이를 재원으로 은행 명의의 약속어음을 발행하여 고객에게 매출하는 은행 발행 어음 상품입니다. 환매조건부채권보다는 위험이 높기 때문에 이자율도 상대적으로 높은 경향이 있습니다.

관련 상품〉 스탠다드차타드은행 표지어음 상품 '퍼스트 표지어음'

상품 내용	주요 체크 사항
1 가입 대상 : 제한 없음	개인은 물론 법인 명의로도 가입할 수 있는 상품입니다.
2 상품 종류 : 표지어음 매출	본 상품이 표지어음 상품이라는 것을 알려 주고 있습니다.
3 예치 기간 : 30일~1년(일 단위) 단, 은행이 보유하고 있는 할인어음의 최장 기한 이내	30~365일 사이에서 일 단위로 가입 가능하지만, 은행이 보유한 할인어음의 최장 기한이 3개월일 경우 표지어음 상품의 예치 기간 역시 최장 3개월로 고정됩니다.
4 가입 금액 : 500만 원 이상(계좌당, 원금 기준)	본 상품에 가입하기 위해서는 계좌당 최소 500만 원 이상을 예치해야 합니다.
5 이자 계산 방법 : 일수 계산(할인 매출액×적용 이율×예치 일수/365)	가입 기간이 '일 단위'이므로 이자 역시 일수로 계산됩니다.
6 만기 후 이율 : 없음	만기 후에는 이자가 없습니다.
7 중도 해지 : 불가	중도 해지는 원천적으로 불가능합니다.
8 예금자 보호 : 이 예금은 예금자보호법에 따라, 본 은행에 있는 귀하의 모든 예금 보호 대상 금융 상품의 원금과 소정의 이자를 합하여 1인당 최고 5000만 원까지 예금보험공사가 보호합니다.	본 상품은 5000만 원까지 정부의 보호를 받을 수 있는 상품입니다. 시중은행은 상관없으나 캐피털이나 저축은행과 같은 2, 3차 금융기관 상품을 구입할 경우에는 5000만 원 이하로 투자하는 것이 만일의 사태를 예방할 수 있는 방법입니다.
9 예금이자에 대한 세율 ① 개인 : 15.4% ② 법인 : 14.0%	소득세(법인세)와 주민세가 포함된 세율이며, 법인의 세율이 개인보다 약 1.5% 정도 낮습니다.

8

단기 투자 상품 ⑤ 수시 입출금식 예금 (MMDA: Money Market Deposit Account)

MMDA는 '수시 입출금식 예금'입니다. MMDA의 가장 큰 장점은 예치 금액에 따라 금리가 달라지고 수시 입출금이 가능하다는 것입니다. 또한 확정 금리로 이자를 지급하며, 예금자 보호 대상 상품입니다. 아울러 각종 공과금이나 신용카드 대금 결제도 가능하므로 일반 입출금 예금처럼 편리하게 사용 가능합니다. 따라서 일시적으로 안전하게 목돈을 운용하는 데 좋지만, 은행에 따라 500만 원 미만의 소액이거나 법인의 경우 예치 기간이 7일 미만이면 이자가 일반 저축예금보다 낮아지거나 전혀 없을 수도 있기 때문에 주의해야 합니다.

01 개인용 MMDA

개인용 MMDA는 '시장 금리부 수시 입출금식 예금'으로, 1997년 7월 4단계 금리자유화를 계기로 도입되었습니다. 즉, 저축예금의 금리가 자유화되면서 수시 입출금식 상품인 저축예금에 시장 금리를 지급할 수 있게 되어, 단 하루만 맡겨도 고금리를 지급하는 투자신탁회사의 MMF Money Market Fund와 경쟁할 수 있게 되었습니다. 저축예금을 모계좌로 하는 개인용 MMDA 상품은 통상 예금 잔액 500만 원, 1000만 원, 3000만 원, 5000만 원, 1억 원을 기준으로 금액별로 금리를 차등 지급하고 있으며, 매일의 잔액에 해당 금리를 적용하여 이자를 계산한 후 매일 원금에 가산합니다.

〈개인용 MMDA의 특징〉

	중도 해지 가능 여부	권장 가입 금액	금리 수준(年)	권장 가입 기간	예금자 보호 여부
MMDA 주요 특징	수시 입출금	500만 원 이상	500만, 1000만, 3000만, 5000만, 1억 원 기준으로 금액별 확정 금리 차등	30일 이내	보호

02 기업용 MMDA

기업이 가입할 수 있는 MMDA 상품으로, 기업자유예금을 모계좌로 하며 이율 및 이자 계산 방법을 제외한 가입 대상 등의 조건은 기업자유예금과 유사합니다. 가입 금액은 은행마다 다소 차이가 있으나 일반적으로 최저 가입 금액에 제한이 있습니다. 매 건별로 기간 및 금액에 따른 금리가 차등 적용되며, 기간 계산 시 선입선출법을 통해 이자를 계산합니다.

● 은행의 MMDA 상품 해석하기

개인 고객용 시장 금리부 수시 입출금식 예금MMDA으로, 예금 잔액별로 금리가 차등 지급되는 단기 자금 운용 상품입니다.

관련 상품〉 스탠다드차타드은행 MMDA 상품 '일 복리 저축예금'

<table>
<tr><th>상품 내용</th><th>주요 체크 사항</th></tr>
<tr><td>1 가입 대상 : 개인(개인 사업자 포함)</td><td>본 상품은 개인만 가입할 수 있습니다. 기업용 MMDA 상품은 별도로 있습니다.</td></tr>
<tr><td>2 상품 종류 : 수시 입출금식 예금(MMDA)</td><td>본 상품이 MMDA라는 것을 알려 주고 있습니다.</td></tr>
<tr><td>3 가입 금액 : 제한 없음</td><td>본 상품은 가입 금액에 제한이 없으므로 마음대로 불입 가능합니다.</td></tr>
<tr><td>4 이자 지급 방법 : 매일 예금 잔액에 대해 일 복리로 계산하여 다음과 같이 지급합니다.
① 예금을 인출하는 경우: 전일까지 발생한 이자를 통장에 입금
② 예금 인출이 없는 경우: 3개월(매년 3, 6, 9, 12월)마다 이자를 통장에 입금</td><td>이자는 일수로 계산합니다. 단, 예금을 인출할 때와 인출하지 않을 때의 이자 계산 방법이 다르기 때문에 주의해야 합니다.</td></tr>
<tr><td>5 금리(2013년 말 기준금리)
<table>
<tr><th>금액</th><th>약정 이율 (%)</th><th>연 수익률 (%)</th><th>비고</th></tr>
<tr><td>500만 원 미만</td><td>–</td><td>–</td><td>무이자</td></tr>
<tr><td>500만 원 이상 ~1000만 원 미만</td><td>0.1%</td><td>0.1%</td><td></td></tr>
<tr><td>1000만 원 이상 ~3000만 원 미만</td><td>0.3%</td><td>0.3%</td><td></td></tr>
<tr><td>3000만 원 이상 ~5000만 원 미만</td><td>0.8%</td><td>0.8%</td><td></td></tr>
<tr><td>5000만 원 이상 ~1억 원 미만</td><td>1.2%</td><td>1.2%</td><td></td></tr>
<tr><td>1억 원 이상</td><td>1.7%</td><td>1.71%</td><td></td></tr>
</table></td><td>예치 금액에 따라 금리가 달라지는 것을 확인할 수 있습니다. 이때 500만 원 미만은 무이자이므로 잔액 관리에 주의해야 합니다. 이율은 연이율, 세전이며, 이율이 변경될 경우 변경일 이후부터 변경된 이율을 적용합니다. 연 수익률은 약정 이율을 매일 복리로 계산했을 때의 연간 수익률입니다.</td></tr>
</table>

6 예금자 보호 : 이 예금은 예금자보호법에 따라, 본 은행에 있는 귀하의 모든 예금 보호 대상 금융 상품의 원금과 소정의 이자를 합하여 1인당 최고 5000만 원까지 예금보험공사가 보호합니다.	본 상품은 5000만 원까지 정부의 보호를 받을 수 있는 상품입니다. 시중은행은 상관없으나 캐피털, 저축은행과 같은 2, 3차 금융기관 상품을 구입할 경우에는 5000만 원 이하로 투자하는 것이 만일의 사태를 예방할 수 있는 방법입니다.
7 예금이자에 대한 세율 ① 개인 : 15.4% ② 법인 : 14.0%	소득세(법인세)와 주민세가 포함된 세율이며, 법인의 세율이 개인보다 약 1.5% 정도 더 낮습니다.

9

단기 투자 상품 ⑥ 단기 금융 펀드 (MMF: Money Market Fund)

MMF는 'Money Market Fund'의 약자로, 투자신탁회사가 고객들의 자금을 모아 펀드를 구성한 다음 금리가 높은 기업어음CP, 양도성예금증서CD 등의 단기 금융 상품에 집중 투자하여 얻은 수익을 고객에게 되돌려주는 만기 30일 이내의 초단기 금융 상품입니다. 은행의 보통예금처럼 수시로 입출금이 가능한 상품으로, 하루만 돈을 예치해도 펀드 운용 실적에 따라 이익금을 받고 환매수수료가 부과되지 않기 때문에 단기 자금을 운용하는 데 적합합니다. 대부분의 은행은 물론 각 증권사에서 모두 운용하고 있습니다. 단, 세금 혜택이 없고 예금자 보호 제도의 대상이 아니므로 투자 시 약간의 주의가 필요합니다.

가입 금액에 제한이 없어 소액 자금 운용에 매우 유용하며, 펀드로는 유일하게 장부가평가[5]를 함으로써 확정 이자에 가까운 수익을 제공하는 것도 큰 장점입니다. 하지만 펀드에 남아 있는 투자자를 보호하기 위해 예외적으로 장부가에 따라 계산된 기준가격과 시가에 따라 평가한 기준가격의 차이가 1000분의 5를 초과하거나 초과할 우려가 있는 경우에는 시가평가로 전환할 수 있습니다.

MMF는 투신운용사에서 운용하고 대부분의 은행에서 위탁 판매하여 증권사뿐만 아니라 가까운 은행 영업점에서도 편리하게 가입할 수 있습니다. 확정 금리가 아닌 실적 배당이기 때문에 MMDA에 비해 수익률이 0.5% 정도 높게 배당됩니다. 예금자 보호 대상은 아니지만 하루만 예치해도 환매수수료가 없어 초단기 여유 자금 운용에 적절한 상품입니다. 다만 운용 자산이 부실해질 경우 출금 제한이나 급격한 수익률 하락이 발생할 수 있다는 점을 고려해야 합니다. 또한 다른 은행에서 직접 송금 가능한 계좌로 사용할 수 없고 공과금 결제가 불가하며, 매일 결산을 위해 입출금 시간이 은행 영업시간보다 일찍 마감되는 등 일상적인 자금 관리를 위한 입출금 계좌로 사용하기에는 다소 불편한 점이 있습니다.

	중도 해지 가능 여부	권장 가입 금액	금리 수준(年)	권장 가입 기간	예금자 보호 여부
MMF 주요 특징	환매수수료 없이 가능	제한 없음	시중 실제 금리	30~180일	비보호

5 채권을 매입하는 시점의 채권 가격에서 받기로 되어 있는 이자를 감안하여 채권의 가치를 평가하는 방식을 말합니다. 즉, 채권을 매입할 때 채권에서 발생하는 수익을 계산하는 방식이기 때문에 시장의 금리 변동과 상관없이 일정한 이자를 받을 수 있어 은행의 정기예금과 비슷한 효과가 있습니다. 이와 상반되는 개념인 시가평가는 채권을 시장 가격으로 평가하는 방식으로, 주식과 같이 일별 채권 가격의 변화를 펀드 수익률에 반영합니다.

● 은행에서 판매하는 MMF 상품 해석하기

은행에서는 MMF를 판매만 하며, 실질적인 자금의 운용 주체는 투자신탁회사나 자산운용회사입니다. 이는 '펀드'의 설명 내용과 상당 부분 겹치므로 여기에서는 MMF에 대해 간략하게 소개만 드릴 예정이며, 항목별 상세 정보는 6일차 상담 시 자세하게 설명해 드리겠습니다. 다음 내용 중 이해되지 않는 부분이 있다면 6일차 상담 내용을 참고하세요.

관련 상품〉 스탠다드차타드은행 MMF 상품 '삼성 국공채 신종 MMF 1'

상품 내용	주요 체크 사항
1 가입 대상 : 개인	본 상품은 개인만 가입할 수 있습니다.
2 상품 종류 : 단기 금융 펀드(MMF)	본 상품이 MMF라는 것을 알려 주고 있습니다.
3 가입 금액 : 최소 가입 금액 10만 원 이상	본 상품의 가입 금액은 최소 10만 원입니다.
4 운용 회사 : 삼성자산운용	자산운용회사는 상품을 통해 모집한 자금으로 유가증권 등에 투자하는 업무를 담당하는 '투자 전문 회사'입니다.
5 설정일 : 2001.07.16	본 MMF 상품이 만들어진(설정된) 날짜입니다.
6 투자 형식 : 자유 입출금	'자유 입출금' 형식은 은행의 보통예금처럼 수시로 입출금이 가능한 상품으로, 하루만 돈을 예치해 놓아도 운용 실적에 따라 이익금을 받을 수 있습니다.
7 상품 개요 : ① 금융시장 상황에 따라 채권 및 CD/CP 등의 현금 자산 투자 비율 조절 ② 팀 어프로치(Team Approach)를 통한 시장 전망에 따른 가중평균 잔존 만기 조절 ③ 국공채 등 초우량 자산 편입으로 신용 위험(Credit Risk) 최대한 제거	MMF는 금리가 높고 만기 1년 미만인 기업어음(CP), 양도성예금증서(CD) 등의 단기 금융 상품에 집중 투자하는 상품입니다. ①은 경기 상황에 맞춰 채권이나 현금 자산의 투자 비율을 조절할 수 있다는 의미입니다. ②는 전문적인 팀이 본 MMF 자산을 운용하며, 시장 전망을 잘하여 수익률을 극대화하겠다는 의미입니다. ③은 국공채와 같이 위험이 낮은 곳에도 투자하기 때문에 안심하고 자금을 맡겨도 좋다는 의미입니다.

④ 가중평균 잔존 만기를 감독 기준인 90일보다 강화된 60일 이내로 조절하여 유동성 위험(Liquidity Risk) 최소화 ⑤ 콜거래 대상 기관은 국책은행, 우량 시중은행 및 외국계 은행으로 한정	④는 단기 자산에 투자할 때 다른 MMF 상품보다 짧은 기간인 60일 이내로만 운용하기 때문에 유동성 위기에 빠질 가능성이 없다는 의미입니다. ⑤의 콜거래는 '남는 자금을 운용하기 위해 다소 비싼 이자를 받고 다른 금융기관에 빌려 주는 1~2일짜리 초단기 자금 거래'를 의미하는데, 이 상품은 국책은행, 우량 은행, 외국계 은행 이외의 다른 곳에는 절대로 돈을 빌려 주지 않으므로 자금의 안전성이 매우 높다는 것을 설명하고 있습니다.
8 수수료 : 총 보수 연 0.53%(판매사 : 0.35%, 운용사 : 0.15%, 수탁사 : 0.03%)	MMF 상품을 판매한 스탠다드차타드은행이 연 0.35%의 수수료를 받으며, 자금을 운용하는 삼성자산운용은 0.15%를, 펀드 재산을 안전하게 보관하여 일종의 금고 역할을 하는 수탁사는 0.03%의 수수료를 받아 간다는 것을 의미합니다.
9 신탁 재산 운용 : 국공채/유동성 자산	자금의 대부분을 위험이 낮은 국공채나 환금성이 좋은 유동성 자산 위주로 투자한다는 것을 의미합니다.
10 환매 적용 기준가 : 환매 신청일 포함 제2영업일 기준가격을 적용	MMF에 넣어 둔 돈을 중간에 찾아갈 경우 환매한 날의 투자자산 가격이 아닌 영업일 포함 이틀 후인 제2영업일의 투자자산 가격을 기준으로 이자율을 적용합니다.
11 환매 대금 지급일 : 환매 신청일 포함 제2영업일에 환매 대금 지급(단, 은행에서 정한 한도 내 당일 지급 가능)	중간에 환매 요청할 경우 원칙적으로는 요청한 날을 포함하여 이틀 후인 제2영업일에 지급하지만, 은행이 정한 금액 이하라면 당일 출금도 가능하다는 의미입니다.
12 환매수수료 : 없음	정해진 기간 이내에 환매를 요청할 경우 일정액의 환매수수료를 부과하지만 본 MMF 상품은 이러한 환매수수료가 없으므로 자유롭게 입출금할 수 있습니다.

10

단기 투자 상품 ⑦ 종합자산관리계정 (CMA: Cash Management Account)

CMA는 MMDA와 MMF의 중간에 해당되는 상품입니다. 단기 금융시장에서 자금을 대차(貸借) 또는 중개하는 단자회사가 투자자로부터 예탁금을 받아 수익성이 좋은 CP 할인어음이나 단기 국공채, 양도성예금증서 등의 금융 상품으로 운용·관리하여 발생한 수익금을 투자자에게 되돌려 주는 어음관리구좌로, '종합자산관리계정'이라고도 합니다.

CMA는 마이너스 대출이 불가능하고, 은행에서 급여통장을 만들 경우 받게 되는 각종 수수료와 대출금리 할인 등의 혜택을 포기해야 하는 단점이 있지만 공모주 청약 시 청약 자격을 부여해 주고, 적립식 펀드로 이체할 때 이체 수수료를 면제해 주는 등의 혜택이 있으며 실적 배당이나 수익률이 비교적 안정적입니다. 단, 종합금융회사의 CMA는 예금자보호법에 따라 해당 업체가 부도나더라도 최고 5000만 원까지 보호 받을 수 있으나 증권사의 CMA는 보호 받지 못하므로 주의해야 합니다. 그러나 단기간을 예치해도 높은 이자율이 적용되어 여유 자금을 운용하는 데 적합하며, 수시 입출금과 체크카드 기능까지 갖추고 있어 직장인들의 급여통장으로 많이 사용되고 있습니다.

	중도 해지 가능 여부	권장 가입 금액	금리 수준(年)	권장 가입 기간	예금자 보호 여부
CMA 주요 특징	수시 입출금 가능	제한 없음	금융사마다 다름, 보통 2~3%이지만 주식 거래가 많은 고객은 7% 이상도 지급	1년 미만	보호 or 비보호

● 증권사에서 판매하는 CMA 상품 해석하기

CMA는 단기 자금 시장Money Market에 투자하여 고객에게 그 수익을 돌려주는 종합자산관리계좌입니다. 언제 어느 곳에 사용할지 모르는 자금을 굴리기 위해 이자가 높은 상품을 찾아 헤매는 분들에게 도움이 되는 상품입니다.

관련 상품〉 현대증권 '현대 CMA(MMW 개인용)'

상품 내용	주요 체크 사항
❶ **가입 대상** : 개인 및 법인	본 상품은 개인과 법인 모두 가입할 수 있습니다.
❷ **상품 종류** : CMA	본 상품이 CMA라는 것을 알려 주고 있습니다.
❸ **가입 금액** : 제한 없음	최소 가입 금액에 제한이 없습니다.

4 운용 자산 : 한국증권금융(AAA) 전액 예치	CMA 통장에 돈을 넣으면 한국증권금융에 예치된다는 것을 의미합니다. 한국증권금융은 증권을 담보로 금융 투자업자에 자금을 대출하거나 투자 예탁금을 맡아서 운용하는 기관입니다.
5 운용 방식 : 매일 원금과 이자에 대해 자동 재투자	매일매일 생기는 이자에 대해 재투자하는 복리식 상품입니다.
6 수익률 : 개인 연 2.75%, 법인 연 2.50%	CMA 상품의 수익률은 보통 2~3%대이지만 주식 거래가 거액인 고객에게는 7% 이상의 이자율을 지급하는 증권사도 있습니다.
7 수수료 : 개인 연 0.10%, 법인 연 0.05%	개인에게는 연 0.10%의 수수료를, 법인에게는 연 0.05%의 수수료를 받아 갑니다.

원자재 및 곡물가의 변동과 같은
국제적인 흐름에 예의 주시하자

앞서 살펴본 금 시세에 따라 금리가 결정되는 투자형 예금 이외에도 최근에는 수많은 금융 상품들이 출시되고 있습니다. 이때 중요한 것은 국내외 현실을 정확하게 꿰뚫는 눈을 가지고 높은 수익률이 기대되는 최적의 상품을 선택하여 투자하는 것입니다.

국내외 현실에는 북한의 핵 문제, 국제 분쟁과 같은 정치적인 문제도 있겠지만 이러한 정치적 문제는 앞으로 상황이 어떻게 전개될지 예측하기 매우 힘든 것이 사실입니다.

반면 원유나 곡물과 같은 원자재 가격의 변동 등 좀 더 실생활에 밀접한 분야는 그 흐름을 예상할 수 있습니다. 이를 정확하게 파악하는 것은 고객님의 단기 투자뿐만 아니라 전반적인 노후 설계에도 적지 않은 영향을 끼칩니다. 국민연금은 물론 많은 장기 투자 상품들이 이러한 원자재에 적지 않은 돈을 투자하고 있기 때문입니다.

다음 신문 기사는 국제 원자재 및 곡물가의 변동과 관련한 내용의 기사입니다. 만약 기사의 내용이 잘 이해되지 않는다면 국제경제 시세에 대한 지식이 다소 부족한 것을 의미합니다. 따라서 원자재 펀드에 가입하기 전에 관련 지식을 조금 더 쌓는 것을 추천합니다.

원자재價 줄줄이 하락…
브렌트油 4.4% ↓ 금 6.1% ↓ 소맥 13.7% ↓

글로벌 달러 강세가 원인

글로벌 달러 강세 현상으로 인해 에너지와 귀금속 등 국제 원자재 가격이 줄줄이 하락세를 보이고 있다. 글로벌 경기침체에 따른 수요 부족 현상과 원자재를 팔고 달러를 사는 투자 수요가 급증하고 있기 때문인 것으로 보인다. 전문가들은 달러 강세 기조에 조정이 나타나지 않는 한 이 같은 원자재의 하락세가 지속될 것으로 보고 있다.

23일 금융투자업계와 이트레이드증권에 따르면, 8월 초 이후 **미국 조기 금리 인상론**과 유럽중앙은행(ECB)의 추가 통화완화 정책 등으로 달러가 강세로 돌아서면서 글로벌 원자재 가격이 줄줄이 떨어지고 있다. 특히 최근 석유 공급 안정 등으로 **국제 유가** 약세가 심화하고 있다. **서부텍사스유(WTI) 선물** 가격이 지난 19일 배럴당 92.41달러를 기록해 최근 1개월간 1.1% 하락했고, 브렌트유는 배럴당 98.39달러로 한달간 4.4% 하락했다. WTI와 브렌트유는 최근 3개월 동안에는 각각 13.2%, 14.5%나 급락했다.

귀금속은 **금 선물** 가격이 최근 트라이온스당 1216.6달러를 나타내며 올해 1월 이후 최저치를 나타냈고, 은 가격도 트라이온스당 18달러를 밑돌며 4년여 만에 최저치를 기록했다. 금 선물 가격은 최근 1개월간 6.1% 하락했으며, 은 가격은 8.8% 떨어졌다.

비철금속도 모두 하락세다. 1개월간 **납 선물**이 7.8% 떨어져 가장 하락 폭이 컸으며, 니켈(−6.2%), 주석(−5.2%), 알루미늄(−4.8%), 아연(−3.4%), 전기동(−2.5%) 등의 순으로 하락했다. 철강원료 중 철광석은 11.5%나 급락했고, 철근도 9.1% 하락했다.

곡물가격도 모두 급락세를 보였다. 소맥이 최근 1개월간 13.7% 하락했으며, 옥수수(−9.8%), 대두박(−8.4%) , 대두(−7.8%) 등도 큰 폭으로 떨어졌다.

2014년 9월 문화일보

사실 국제경제 분야는 그 범위가 매우 광대합니다. 아래의 설명을 통해 기사에 언급된 용어의 의미를 알아보겠습니다.

(1) 미국 금리 인상과 국제경제

많은 사람들이 미국이라는 안전하고도 강력한 나라의 은행에 돈을 예치하고 3%의 이자를 받고 있습니다. 그렇기 때문에 멕시코 등의 위험한 나라에서는 미국과 같은 수준의 금리로 투자자들을 끌어모을 수 없습니다. 따라서 멕시코는 그보다 높은 5%의 이자를 제공해야만 투자자들이 생깁니다. 즉, 위험한 나라일수록 금리가 높은 것입니다.

그런데 어느 날 미국이 갑자기 금리를 5%로 인상한다면 당연히 멕시코 은행의 돈을 빼서 안전한 미국으로 이동하려는 자금의 움직임이 증가할 것입니다. 멕시코 입장에서는 엄청난 자금 이탈의 발생이 불 보듯 뻔한 결과인 것이죠. 이러한 사정 때문에 미국의 금리 변동은 세계 모든 나라의 자금 이탈과 연계된 아주 중요한 지표라고 볼 수 있습니다.

(2) 국제 유가 하락과 선물

• 3대 유종이란 무엇인가?

우리나라의 소비자 기름값은 계속 올라가지만 국제 유가는 폭락과 폭등을 반복하는 다이내믹한 시장입니다. 미국 서부텍사스유와 영국 브렌트유, 중동 두바이유 등 3대 유종에 대해 알아보겠습니다.

① 미국 서부텍사스유(West Texas Intermediate)

미국 서부 텍사스 중간 지역에서 생산되는 이 기름은 수출용이 아닌 미국 국내 소비용입니다. 세계 최고의 경제력을 보유한 미국에서 생산되는 원유인 만큼 서부텍사스유의 가격이 국제 유가를 선도할 수밖에 없습니다. 미국은 서부텍사스유를 세계 최대 선물거래소인 뉴욕상품거래소(NYMEX: New York Mercantile Exchange)에 상장해 놓고 국가 차원에서 가격을 관리하고 있습니다. 아래의 다른 원유들에 비해 유황 함량이 적고 품질이 좋기 때문에 가격대가 상대적으로 높게 형성됩니다.

② 영국 브렌트유(Brent oil)

영국 북부와 북해 지역의 유전에서 생산되는 원유로, 가까운 유럽 지역에서 주로 소비됩니다. 서부텍사스유와 마찬가지로 유황 함유량이 적어 품질이 좋은 원유에 속하기 때문에 두바이유보다 비싼 가격에 거래되고 있습니다.

③ 중동 두바이유(Dubai oil)

두바이유는 두바이에서 나오는 석유만 의미하는 것은 아닙니다. 대부분 사우디아라비아, 이라크 등에서 생산되며, 유황 성분과 불순물이 비교적 많이 함유되어 있기 때문에 정제 과정에 꽤 많은 비용과 처리 시설이 소요됩니다. 우리나라 원유 수입의 대부분을 두바이유가 차지하고 있으며(약 80%), 이는 우리나라의 석유화학이 발달하게 된 계기가 되었다고 볼 수 있습니다. 수많은 정제 과정을 거친 후에만 사용할 수 있기 때문이죠.

• 원유 선물·금 선물·납 선물–선물이란 무엇인가?

경영과 경제에서 사용되는 선물(先物)은 '장래의 일정한 시기에 현품을 넘겨준다는 조건으로 매매 계약을 하는 거래 종목'을 의미합니다. 이해하기 쉽도록 예를 들어 보겠습니다.

중동에서 원유를 수입하여 정재한 후 휘발유를 만들어 판매하는 한국 DS주유소의 사장이 있습니다. 2014년 9월 27일, 중동 두바이유의 가격은 1배럴당 96달러 수준입니다. 이 금액은 오늘 두바이에서 구입할 경우의 현물가격입니다. 국제 유가가 요동치고 있는 상황에서 DS주유소 사장은 1년 후에도 현재 가격 수준으로 원유를 수입해야 안정적인 사업 운용이 가능합니다. 그래서 두바이의 원유 판매자에게 이렇게 제안합니다.

"1년 후 나에게 원유를 배럴당 100달러에 팔겠습니까?"

마침 판매자는 영국 브렌트유의 생산량이 급증하여 내년도 원유 가격이 현재의 50% 수준으로 폭락할 수 있다는 정보를 입수했습니다. 이 정보가 매우 믿을 만하다면 원유 판매자는 당장 거래를 체결할 것입니다. 그리고 속으로는 웃고 있을 것입니다.

그런데 1년 후 영국 북해에서 최악의 폭발 사건이 발생하여 원유 생산이 전면 중단되고, 국제 유가가 배럴당 200달러로 폭등했습니다. 하지만 두바이의 원유 판매자는 DS주유소 사장에게 1년 전 약속대로 배럴당 100달러에 넘겨야 합니다. DS주유소 사장은 안도의 한숨을 쉬겠지만 두바이유 판매자는 200달러에 팔 수 있는 원유를 100달러에 넘겨야 하니 배가 아플 것입니다.

이처럼 원유 이외에도 세계적으로 수요가 많고 생산량이 몇몇 나라에만 치우친 광물과 밀, 옥수수 등의 작물이 선물시장을 통해 거래됩니다. 6개월, 1년 후의 미래를 예상하여 현재 치열한 가격 경쟁이 펼쳐지는 곳이 바로 선물시장인 것입니다. 이러한 선물거래는 크게 상품선물(Commodities Futures)과 금융선물(Financial Futures)로 구별할 수 있습니다. 각각의 선물에 포함되는 품목은 다음과 같습니다.

<table>
<tr><td rowspan="5">상품선물</td><td>농산물</td><td>대두, 소맥, 생우, 옥수수, 코코아 등</td></tr>
<tr><td>귀금속</td><td>금, 은, 백금 등</td></tr>
<tr><td>비철금속</td><td>구리, 알루미늄 등</td></tr>
<tr><td>공업 제품</td><td>고무, 면사 등</td></tr>
<tr><td>에너지</td><td>원유, 나방유 등</td></tr>
<tr><td rowspan="4">금융선물</td><td>기 타</td><td>상품지수, 목재 등</td></tr>
<tr><td>통 화</td><td>달러($), 파운드(£), 프랑(Fr.), 엔(¥), 마르크 등</td></tr>
<tr><td>금 리</td><td>단기금리, 채권, 유로달러 등</td></tr>
<tr><td>주가지수</td><td>미국, 일본 등 각 나라의 주가지수</td></tr>
</table>

6일차 상담

단기 투자와 장기 투자의 보완책, **펀드&보험**

1
펀드와 보험의 공통점

오늘은 펀드와 보험에 대해서 설명해 주신다고 하셨는데, 이 2가지 항목을 같이 다루는 특별한 이유라도 있습니까?

〈목표 달성을 위한 우선순위〉

우선순위 1	우선순위 2	우선순위 3	우선순위 4
마이너스 통장과 악성 대출 상환하기	1년 만기 단기 상품 가입하기	노후를 위한 장기 투자 상품 가입하기 (연간 200만 원)	55세에 은퇴해서 중간 수준(Middle Level)의 노후 보내기
아파트 대출금 7000만 원 이내로 만들기 (하우스푸어, 카푸어 되지 않기)	펀드 원금 3000만 원으로 만들기		

네. 오늘은 얼핏 보면 전혀 상관이 없을 것 같은 펀드와 보험을 같이 알아보려 합니다. 그럼 두 상품의 5가지 공통점을 살펴보면서 펀드와 보험을 함께 다루는 이유를 알아보겠습니다.

| 펀드와 보험의 공통점 ❶ | 투자자의 1차적인 판단이 아닌, 주변의 권유에 의해서 가입하는 경우가 많다.

지금까지 가입한 보험과 펀드를 떠올려 보십시오. 필요에 의해 스스로 보험회사나 은행의 펀드 판매 창구에 찾아가서 가입하셨습니까? 친구가 보험 영업을 해서 하나 들어 주었거나 은행에 예금하러 갔다가 은행원의 권유에 의해 펀드에 가입한 경우가 대부분일 것입니다. 특히 우리 어머님 세대에서는 동네 아주머니의 권유로 인해 상품의 내용은 파악도 못 하고 가입한 암 보험과 상해보험들이 매우 많았습니다.

| 펀드와 보험의 공통점 ❷ | 가정 내 수입이 줄어들거나 위기 상황이 닥치면 가장 먼저 해약하거나 환매한다.

가장이 실직하거나 경제 위기가 닥쳐서 주가가 폭락하면 그동안 꾸준하게 불입해 왔던 보험을 해약하거나 펀드를 환매하는 사람들이 많아진다는 뉴스를 본 적이 있을 것입니다. 몸이 아프고 경제 상황이 어려울 때를 대비하려고 들었던 보험을 경제적으로 힘들 때 해약하고, 남들보다 돈을 좀 더 벌기 위해 가입한 펀드를 주식시장이 폭락하여 가장 큰 상승의 기회가 눈앞에 있을 때 환매하는 안타까운 사례들을 주변에서 많이 보았습니다.

| 펀드와 보험의 공통점 ❸ | **실제 투자한 금액 대비 단기간 내 과다한 수익률을 기대하는 경향이 있다.**

보험과 펀드에 가입하게 되면 몸을 좀 다쳤을 때 어마어마한 보험금을 받거나 펀드를 통해 수백 %의 수익률이 나기를 기대하는 경우가 많습니다. 하지만 과연 우리의 기대치만큼 보험과 펀드가 움직여 줄까요? 대부분 정기예금의 5% 이자는 높다고 생각하지만 펀드 수익률 10%는 적다고 생각합니다. 수백 %의 대박 수익률을 기대하고 펀드에 가입하신다면 차라리 그 돈으로 로또복권을 사는 게 더 나을 수 있습니다. 가끔 어떤 고객님들께서는 1년에 100% 이상의 고수익이 나는 펀드를 추천해 달라고 하시는데요. 그런 재주가 있다면 제가 지금 고객님과 상담하고 있겠습니까? 보험과 펀드는 장기전으로 생각하고 가입해야 하는 금융 상품이지 주식시장의 단기 대박 상품이 절대 아닙니다.

| 펀드와 보험의 공통점 ❹ | **가입하지 않으면 남들보다 노후 준비가 덜 된 것 같고, 가입하자니 손해 보는 느낌이다.**

홈쇼핑에서는 24시간 내내 행복한 노후를 위해서는 반드시 들어야 한다면서 수많은 보험 상품을 팔고 있으며, 은행을 방문하면 노후 준비를 위해 펀드와 변액보험에 가입해야 한다고 유혹합니다. 그런 권유를 받을 때마다 가입하자니 기존에 들어 놓은 것들 때문에 부담되고, 가입하지 않고 버티자니 노후가 불안해지는데요. 사실 대부분의 보험회사와 펀드판매사가 그러한 고객님의 심리를 교묘하게 이용해서 영업하고 있다는 것을 알아야 합니다.

| 펀드와 보험의 공통점 ❺ | **일단 가입하면 처음보다 관심이 적어진다.**

고객님께서 보험과 펀드에 가입할 당시의 관심도와 지금의 관심도를 비교해 보면 어떻습니까? 뉴스에서 경기 불황이라고 떠들거나 가장의 실직 등으로 수입이 줄어들기 전에는 과거에 가입했던 보험이나 펀드에 큰 관심을 두지 않을 것입니다. 의외로 많은 분들이 자신이 가입한 보험과 펀드가 몇 개인지조차 정확하게 파악하지 못하고 있습니다.

2
나는 펀드를 얼마나 알고 있을까?

펀드Fund는 기본적으로 '특정 목적을 위한 기금이나 자금'을 의미합니다. 즉, 특정한 목적을 가진 수많은 사람들이 투자한 돈을 전문가에게 맡겨서 각자의 목적을 달성할 수 있도록 해 주는 것입니다. 이때 펀드의 목적에는 여러 가지가 있을 수 있지만 우리가 접하는 펀드는 '수익 창출'을 위한 목적이 대부분입니다. 주식이나 채권, 현물과 같은 투자 상품에 대한 지식이 부족한 많은 분들이 전문가에게 돈을 맡기고, 그 전문가는 자신을 믿고 돈을 맡긴 수많은 사람들의 공통적인 목적인 '수익 창출'을 위해 전문 지식을 이용하여 이런저런 곳에 투자하여 돈을 번 후, 번 돈을 다시 투자자들에게 되돌려 주는 것이 펀드의 가장 기본적인 형태입니다.

본격적으로 펀드에 대해 살펴보기에 앞서 신문 기사를 한번 읽어 보겠습니다. 다음 기사에는 펀드 관련 주요 전문 용어들이 포함되어 있으므로 펀드에 대한 배경지식을 체크해 볼 수 있습니다.

기사 1 **2014년 8월 서울경제**

연기금, 펀드 투자 손배 소송서 잇따라 패소

2007년 발리 리조트 분양 투자로 수백억 손실
중앙지법 "운용사가 물어줄 이유 없다" 판결

공무원연금공단 등 연기금 투자자들이 2007년께 이뤄진 무모한 펀드 투자에 따른 손실을 메꾸기 위해 **자산운용사** 등을 상대로 냈던 손해배상 소송에서 잇따라 패소 판결을 받고 있다.

서울중앙지법 민사32부(이인규 부장판사)는 공무원연금공단과 군인연금을 운용하는 국방부, 교직원공제회의 자회사인 더케이손해보험이 마이애셋자산운용을 상대로 낸 **펀드 투자금** 등 청구 소송에서 원고 패소 판결했다고 3일 밝혔다.

공무원연금공단과 군인연금, 교직원공제회 등은 지난 2007년 인도네시아 발리에 풀빌라 리조트를 신축·분양해 수익을 올리는 펀드에 각각 150억 원, 100억 원, 50억 원씩을 투자했다. 그러나 투자 1년 만에 펀드의 자금으로 리조트 개발 사업을 하던 시행사가 펀드 자금 100억여 원을 부정하게 사용한 사실이 알려지며 공사는 2008년 말부터 사실상 중단됐다. 투자금의 절반 정도만을 겨우 회수한 투자자들은 "자산운용사가 제시한 **투자제안서**의 주요 내용이 허위이고 펀드 자금을 제대로 관리하지 못한 책임도 있다"며 190억 원 상당의 손해배상 소송을 냈다.

재판부는 우선 "자산운용사가 세계적인 분양대행사에 일을 맡겨 높은 수익이 보장된다는 식으로 설명해 **투자자 보호 의무**를 다하지 않은 사실이 인정되고 펀드 자금이 개발 사업만을 위해 온전히 사용될 수 있도록 자금을 관리·통제했어야 했는데 이를 소홀히 한 사실도 인정된다"고 밝혔다. 그러나 운용사가 연기금에 물어줄 금액은 전혀 없다고 봤다. 재판부는

"펀드가 보유하고 있는 자산의 담보가치가 연기금들의 손실액보다 큰 208억 원에 달하므로 원고들에 손해가 발생했다고 보기 어렵다"며 "원고들은 담보물이 현실적으로 처분되기 어렵고 인도네시아 법상 회수가 불가능하다고 주장하지만 법원 명령을 통한 강제경매 등 회수 방법이 전혀 없는 것은 아니므로 원고의 주장을 받아들이지 않는다"고 판시했다.

연기금 투자자들의 무모한 투자가 실패로 끝나는 것은 드문 일이 아니다. 특히 공무원연금공단의 경우 2007년 무렵 펀드 투자에서 큰 손실을 내자 자산운용사나 **판매 증권사**를 상대로 소송까지 감행했지만 패소하거나 승소해도 일부 투자금만을 겨우 회수하는 결과를 얻고 있다.

실제 공무원연금공단은 2007년 뉴욕 맨해튼 소재 임대아파트에 투자하는 **사모펀드**에 500억 원을 투자했다가 해당 아파트 임차인들과의 소송 패소, 2008년 금융 위기 등으로 전액 손실 처리가 되자 신영증권과 KB자산운용을 상대로 소송을 냈다. 판매사와 운용사가 투자 위험을 축소 고지했다는 이유였다. 그러나 지난해 9월 서울중앙지법 재판부는 "공단의 자산운용 규모와 과거 투자 경험을 볼 때 이 부동산 투자 사업의 수익 구조나 이에 영향을 미칠 법률 관계 등 제반 사정에 대해 몰랐다고 보기 어렵다"며 공단 측 패소 판결을 했다.

공단 측은 2007년 **항공기펀드**에 100억 원을 투자해 44억여 원 상당의 손실을 본 후 자산운용사에 제기했던 민사소송에서도 손실의 약 30%인 13억 원 가량만을 겨우 추가로 회수하는 판결을 받았다. 공단 측은 항공기 리스로 수익을 올리는 펀드인데도 항공기 수리 비용이나 기간 등에 대한 설명이 부족해 투자자 입장에서 위험을 제대로 파악할 수 없었다고 주장했다. 서울고법 민사1부는 7월 "자산운용사의 설명이 부족해 위험을 제대로 판단하지 못한 사실이 인정된다"면서도 "공단은 일반 투자자도 아닌 기관투자자로서 더 신중한 검토를 통해 위험성과 정보 접근의 한계 등을 꼼꼼히 살폈어야 했으므로 손해의 30%만 운용사의 책임으로 본다"고 판시했다.

기사 2 **2014년 8월 아시아경제**

삼성운용, 13개 ELS 지수펀드 국내 첫선

'삼성 ELS인덱스' 18일부터 판매

국내 최초로 13개 주가연계증권(ELS)에 분산 투자해 성과를 추구하는 펀드가 나온다.

삼성자산운용은 '삼성 ELS인덱스' 펀드를 출시하고 18일부터 삼성, 대신, 우리투자증권 등에서 판매한다고 11일 밝혔다. 삼성운용이 2년여의 준비 기간을 거쳐 개발한 이 펀드는 가입 금액에 제한이 없고 추가 투자와 소액 적립식 투자가 가능하다는 점에서 기존 ELS 투자의 단점을 보완했다.

또 기존 ELS는 발행사 부도에 따른 리스크가 있지만 이 펀드는 거래에 따른 95% 이상 수준을 담보로 보유하고 있어 안정성을 높였다.

특히 HSCEI(홍콩중국기업지수)와 Euro Stoxx50(유로존에 상장된 50개 대표 기업 지수)를 **기초자산**으로 하는 13개 ELS가 편입된다.(중략)

투자자 입장에서 수수료도 획기적으로 절감할 수 있을 것으로 전망된다. 현재 **ELS**나 **주가연계펀드(ELF)**의 경우 만기 전 중도 해지 수수료가 상품에 따라 투자금의 3~7%까지 부과되고 재투자 시 새로운 가입 수수료를 부담해야 하지만 이 상품은 한번 가입해 6개월이 지나면 별도 비용이 들지 않는다.

삼성자산운용 관계자는 "금융 위기 때 원금 손실이 난 ELS를 만기를 연장해 가면서 원금 상환한 경험으로 개발 아이디어를 얻었다"며 "ELS도 가격의 등락이 있는 상품으로 가격이 하락했을 때 사고, 적정한 가격이 됐을 때 팔고 싶은데 정해진 환매 시점까지 기다려야 하는 ELS의 단점을 해결하고 싶었다"고 말했다.

한편 ELS 발행 시장규모는 지난해 45조 원, 올 상반기에는 반기 기준 역대 최대인 27조 원이 발행됐다.

2가지 신문 기사의 내용은 펀드와 관련하여 최근 자주 볼 수 있는 기사의 유형입니다. 대부분의 펀드 관련 기사에서 동일한 용어가 사용되지만 모든 용어를 알기는 힘듭니다. 따라서 꼭 알아야 하는 10개의 용어에 대한 지식 수준을 체크할 수 있도록 정리해 보았습니다. 다음 표에서 30점 만점에 25점 이상이면 펀드에 대해 많은 지식이 있는 경우이며, 20점 이상이면 어느 정도 지식이 있는 경우입니다. 20점 이하라면 펀드 투자 전에 좀 더 공부가 필요합니다.

신문 기사에 나온 용어	전혀 모른다	들어는 봤다	조금 안다	완벽히 안다
	0점	1점	2점	3점
① 자산운용사				
② 펀드 투자금				
③ 투자제안서				
④ 항공기펀드				
⑤ 투자자 보호 의무				
⑥ 판매 증권사				
⑦ 사모펀드				
⑧ 기초자산				
⑨ ELS				
⑩ 주가연계펀드(ELF)				

이런, 펀드에 대해서 관심이 있는 편인데도 13점밖에 안 되는군요. 기초부터 다시 공부해야 할 것 같습니다. 반드시 알아야 하는 항목을 중심으로 설명해 주시겠습니까?

3
펀드의 기초 개념

투자신탁은 말 그대로 '투자(投資)를 믿고(信) 맡긴다(託)'라는 의미입니다. 풍부한 정보를 바탕으로 과학적인 분석을 할 수 있는 전문 투자자에게 고객님의 돈을 맡겨 대신 투자하도록 하는 것입니다. 개인이 직접 투자하기에는 위험이 너무 크기 때문에 그 분야의 전문가에게 돈을 맡겨서 굴리는 '간접 투자 상품'이라고 볼 수 있습니다.

펀드도 이와 같은 맥락입니다. 이때 전문가가 고객이 맡긴 돈으로 증권시장에 투자한다면 이는 다시 수익증권과 뮤추얼펀드로 구분할 수 있습니다.

01 수익증권(계약형 투자신탁)

수익증권은 위탁자, 수탁자, 수익자라는 3인의 계약에 의해 만들어집니다. 위탁자는 운용을 담당하는 운용 회사, 수탁자는 신탁재산을 보관·관리하는 기관(주로 은행), 수익자는 위탁자가 발행한 수익증권을 구입한 일반 투자자입니다. 또한 수익자에게 수익증권을 판매하는 판매회사까지 이 4자의 관계에 의해 수익증권이 형성됩니다.

여기서 말하는 수익증권이란 투자신탁 운용 회사가 자금을 모아 펀드를 만들 때 투자자들에게 투자한 비율에 따라 나눠 주는 '권리증서'를 의미하며, 투자신탁에 가입하는 것은 이러한 수익증권을 사는 것과 같습니다. 증권사나 은행에 가서 수익증권을 사면 권리증서를 직접 주는 대신 통장 또는 증서를 주는데, 이는 증권사에서 주식을 사고팔 때 주식(증권)을 직접 주고받지 않는 것과 같은 의미라고 볼 수 있습니다. 수익증권은 '좌(座)'라는 단위로 판매하는데요. 보통 천, 만, 십만, 백만, 천만, 억, 십억의 7종으로 발행됩니다. 수익증권 통장을 살펴보면 '잔고 좌수'가 있는데 이것이 바로 보유하고 있는 수익증권의 수량을 의미합니다. 이러한 수익증권은 다른 말로 '계약형 투자신탁'이라고도 합니다. 수익증권의 가격은 설정 당시 대개 1좌 1원으로 시작되지만 신탁재산의 운용에 따라 재산 가치가 변동하게 되므로 1좌에 해당하는 금액도 변동합니다.

뮤추얼펀드(회사형 투자신탁)

뮤추얼펀드는 증권투자회사가 발행하는 주식을 구입하는 것으로, 주식을 구입하면 증권투자회사의 주주가 되는 것입니다. 뮤추얼펀드는 '회사형 투자신탁'이라고도 불리며, 펀드가 주식회사(증권투자회사)의 형태로 만들어지기 때문에 붙여진 이름입니다. 우리나라에서는 통상 증권투자회사 자체를 뮤추얼펀드라고 부르고 있습니다. 즉, 뮤추얼펀드는 유가증권 등에 투자하여 그 수익을 주주에게 배분할 목적으로 설립된 주식회사를 의미하며, 경우에 따라서는 증권투자회사 그 자체를 의미하기도 하지만 서류상으로만 존재하는 '명목 회사Paper company'이므로 자산운용회사, 판매회사, 일반사무수탁회사, 자산보관회사 등과 같은 여러 회사들이 업무를 분담함으로써 유지·운영됩니다. 4군데 회사의 주요 특징을 살펴보면 다음과 같습니다.

자산운용회사	투자처(주식, 채권, 금융 상품 등)에 대한 운용 지시를 내리는 일을 수행합니다. 흔히 '투신사'라고 불리는 회사들이 이러한 자산운용회사에 속합니다.
판매회사	자산운용회사가 운용하는 펀드 상품의 판매를 전담하는 회사를 의미합니다. 증권사, 은행, 보험회사 등이 이러한 판매회사에 해당됩니다. 따라서 각각 다른 판매회사에 방문하더라도 같은 펀드 상품을 살 수 있습니다.
자산보관회사(수탁회사)	판매회사를 통해 펀드에 가입하면 그 돈은 수탁회사로 보내집니다. 수탁회사에서는 고객의 돈을 회사의 돈과 분리하여 보관해 두었다가 자산운용회사가 운용 지시를 내리면 그에 따라 주식, 채권 등을 사거나 팔게 됩니다. 보통 수신 기능을 가지고 있는 시중은행들이 이러한 수탁회사의 역할을 담당합니다.
일반사무관리회사	일반사무관리회사에서는 자산운용회사의 지시에 따라 수탁회사에서 투자한 펀드 자산의 가치를 산정하여 기준가격으로 계산해 고객에게 알려 줍니다. 펀드에 따라 독립적으로 사무관리회사를 두는 경우도 있지만 자산운용회사의 내부 조직으로 운영하는 것이 일반적입니다.

펀드는 예금자보호법에 의해 원금이 보전되지 않는 것이 가장 큰 특징입니다. 다만 투자신탁업법 등 투자 상품 관련 법률에 의해 금융기관의 부실 여부에 관계없이 운용 실적에 따라 원금과 수익(이자 상당)을 지급 받을 수 있는 장치가 마련되어 있습니다. 즉, 투자 상품을 취급하는 금융기관들은 고객이 맡긴 돈으로 사들인 재산(고객의 투자 재산)을 자기 재산(회사 재산)과는 별도로 보관하고, 이를 회사의 부채 상환 등에 사용할 수 없습니다. 따라서 해당 금융기관이 파산하는 경우에도 고객은 자신의 투자 재산(신탁재산)을 처분하여 원금과 수익을 지급 받을 수 있습니다. 그러나 이 경우에 투자 재산이 안전한 국공채라면 원금은 물론 정상적인 이자 수익도 받을 수 있지만 투자 재산에 부도 기업이 발행한 회사채 등 부실 재산이 포함되어 있다면 원금도 손해를 볼 수 있습니다.

Tip

펀드는 어디에서 가입하는 것이 좋을까?

펀드판매사는 크게 은행, 증권사, 보험회사 등이 있습니다. 이들은 말 그대로 펀드를 판매하는 회사로, 서비스에는 차이가 있을 수 있지만 펀드의 내용에 영향을 미치는 것은 아닙니다. 예를 들어 은행에서 가입하면 주거래은행에서의 신용에 도움이 되거나 은행 서비스 이용에 있어 수수료 면제 등의 혜택을 받을 수도 있습니다.
증권사에서 가입한다면 경제 전망이나 주가의 향방에 대해 좀 더 심층적인 상담을 받을 수 있습니다. 창구에 직접 찾아가서 가입할 경우 전문가에게 충분한 설명을 듣고 자신의 재무 계획이나 투자 성향에 맞춰 신중하게 펀드를 선택해야 합니다. 인터넷뱅킹이나 증권사 홈 트레이딩 서비스(HTS) 등을 이용하여 온라인으로 가입하면 직접 방문하지 않아도 되는 편리함과 더불어 펀드 수수료 또한 줄일 수 있습니다. 하지만 온라인으로 가입할 경우 해당 펀드가 어떤 위험성이 있는지, 어떤 식으로 운용되는지, 수수료는 얼마인지 등 상품에 대해 제대로 파악하기 어려우므로 투자 설명서나 약관을 꼼꼼히 살펴보고 가입을 결정해야 합니다.

펀드매니저, 펀드판매사는 누구?

펀드매니저는 은행, 증권사, 투자신탁회사, 보험회사 등과 같은 금융기관에서 대규모 투자 자금을 굴리는 전문 투자자들을 의미합니다. 이들은 수익증권이나 뮤추얼펀드 등의 간접 투자 상품을 개발하여 투자 고객들에게 판매하고, 그 상품을 잘 관리하여 투자 고객들에게 높은 수익률을 되돌려 주는 일을 하고 있습니다. 펀드매니저에게 가장 중요한 일은 자신이 운용하고 있는 펀드가 고수익을 올릴 수 있도록 하는 것입니다. 따라서 국내외 경제 동향은 물론 산업 및 개별 종목별 증시 자료를 꼼꼼하게 챙기고 분석해서 시장의 흐름을 정확하게 간파한 후, 적절한 시기에 주식을 사고팔아야 하는 의무가 있습니다.
한편 펀드판매사는 고객의 투자 성향과 투자하려는 펀드의 성격을 진단하여 최적의 펀드를 찾아 주는 역할을 수행합니다. 즉, 위험에 대한 태도와 기대 수익, 자금 계획, 투자 기간 등을 종합적으로 진단하여 적절한 펀드를 추천해 주는 것입니다. 따라서 펀드판매사는 각각의 투자자에게 적합한 수많은 상품을 다양하게 갖추고 있습니다. 또한 펀드 성과는 양호하게 지속되고 있는지, 부당한 운용을 하고 있지는 않은지, 운용사나 펀드매니저 등 조직이나 인력상의 문제점은 없는지 등을 투자자 대신 모니터링하고, 그 결과를 투자자에게 지속적으로 제공하는 역할도 수행합니다. 고객과의 계속적인 상담을 통해 자금 배분을 조정하거나 투자 및 환매 의사 결정을 도와주기도 합니다.

4
펀드의 유형

은행에서 상담을 받거나 펀드평가회사, 자산운용협회의 자료를 보면 '펀드의 유형'이라는 것이 있는데, 여기서 말하는 '펀드의 유형'은 무엇을 의미하는 것입니까?

펀드의 유형은 '어떤 공통된 특성이나 특징으로 펀드를 나눈 것'을 의미합니다. 즉, 어느 곳에 주로 투자하는 펀드인지 미리 정의해 놓은 것이라고 볼 수 있습니다. 펀드를 유형별로 분류하는 이유는 펀드마다 위험의 크기와 투자 대상의 자산, 운용 전략 등이 다르기 때문입니다. 투자 원금의 전부를 주식에만 투자할 경우에는 원금 손실이 클 수 있으며, 반대로 국채에만 투자하는 경우에는 원금 손실은 발생하지 않겠지만 수익률이 높지 않으므로 수익을 추구하는 투자자들은 선호하지 않을 수 있습니다.

펀드의 유형을 분류하는 여러 기준 중에서 가장 쉬운 것부터 하나하나 알아보겠습니다.

01 주식 투자 비율에 따른 유형 – 주식형, 채권형, 혼합형

펀드의 유형 중에서 가장 중요한 분류는 주식 편입 여부 및 주식에 투자하는 비율에 의해 정해집니다. 다음과 같이 해당 펀드가 주식과 채권에 투자하는 비율에 따라 주식형, 채권형, 혼합형의 3가지로 분류할 수 있습니다.

주식 편입 여부	주식형	펀드의 자금으로 주식에 60% 이상 투자
	채권형	펀드의 자금으로 채권에 60% 이상 투자
	혼합형	상기 이외의 경우

주의할 점은 '주식형' 펀드라고 해서 100% 주식에만 투자하는 것은 아니라는 사실입니다. 주식과 채권에 동시 투자하는 경우에도 '주식형'에 포함되며, 이는 주식 투자의 비중에 따라 다음과 같이 3가지로 다시 구분됩니다.

주식 투자 비율	주식형(성장형)	주식 투자 비율 60% 이상
	주식 혼합형 (안정 성장형)	주식 투자 비율 높음(High)/채권 투자 비율 낮음(Low)
	채권 혼합형 (안정형)	주식 투자 비율 낮음(Low)/채권 투자 비율 높음(High)

이러한 주식형 펀드는 투자 대상의 성격에 따라 '일반 주식', '중소형 주식', '배당 주식', '코스피200 인덱스' 등으로 다시 세분화됩니다. 해외 펀드도 마찬가지로 주식 비중과 투자 지역에 따라 유형이 분류됩니다. 또한 채권형 펀드도 일반 회사의 채권 투자 여부에 따라 다음과 같이 2가지로 구분 가능합니다.

회사채 보유 여부	공사채형	국공채와 회사에서 발행하는 회사채에 투자
	국채형	나라에서 발행하는 국공채에만 100% 투자

02 중도 환매 여부에 따른 유형 – 개방형, 폐쇄형

펀드의 중도 환매 가능 여부에 따라 '폐쇄형'과 '개방형'으로 분류됩니다. 만기 상환을 제외하고 원칙적으로 펀드 환매가 자유롭지 못한 경우는 '폐쇄형 펀드', 환매가 자유로운 경우는 '개방형 펀드'라고 합니다. 참고로 2001년도 전까지는 우리나라에 중도 환매가 100% 자유로운 개방형 펀드는 존재하지 않았습니다.

중도 환매 가능 여부	폐쇄형	펀드의 만기가 정해져 있고, 모집 기간에만 투자가 가능하며 일정 기간 또는 전 기간 동안 환매가 제한·금지되는 펀드
	개방형	펀드의 만기가 정해져 있지 않고, 투자와 환매가 자유로운 형태의 펀드

투자 원본 규모의 증감 가능 여부에 따른 유형 –추가형, 단위형

투자 원본 규모의 증감 가능 여부에 따라 '추가형'과 '단위형'으로 구분됩니다. '추가형 투자신탁'은 원본 규모의 증감이 가능한 형태이고, '단위형 투자신탁'은 최초 설정된 원본을 투자신탁 해지 시점까지 늘릴 수 없는 형태를 말합니다. 그렇기 때문에 앞서 살펴본 '개방형'은 '추가형', '폐쇄형'은 '단위형'의 형태를 취하게 됩니다.

투자 원본 규모 증감 가능 여부	추가형	원본 규모의 증감이 가능한 형태의 펀드로, '적립식 펀드'가 대표적임
	단위형	최초 설정된 원본을 투자신탁 해지 시점까지 늘릴 수 없는 펀드

대표적인 추가형 펀드인 '적립식 펀드'는 목돈을 가지고 가입하는 기존의 펀드와 달리 은행의 정기적금처럼 매달 일정 금액을 꾸준히 불입하여 펀드에 투자하는 상품입니다. 주가가 오를 때에는 적게 매입하고, 주가가 하락할 때에는 많이 매입함으로써 주식의 매입 단가를 낮추는 효과가 발생하는데, 이를 '달러평균법Dollar Cost Averaging'이라고도 합니다. 현재 우리나라에서 적립식으로 투자할 수 있는 펀드는 추가형 펀드들입니다. 부동산펀드, 선박펀드, ELF 등은 추가형이 아니지만 그 외 일반적인 주식, 채권, 혼합형 펀드들은 대부분 추가형 펀드입니다. 이러한 추가형 펀드를 대상으로 매월 꾸준하게 추가 투자하는 것이 바로 적립식 펀드 투자입니다.

적립식 펀드라는 것이 하늘에서 뚝 떨어진 새로운 펀드가 아니군요?

네, 맞습니다. 적립식 펀드는 타 펀드와 다르게 정기적으로 일정 금액을 투자한다는 차이가 있을 뿐입니다. 은행의 정기적금과 비슷하지만 적금의 경우 가입 시 매월 불입액과 기간, 이자 등을 고려하여 향후 돌려받을 금액에 대해 정확하게 예측할 수 있는 반면 적립식 펀드는 운용 실적에 따라 원금 손실 등을 감수해야 합니다. 그러나 주식시장이 상승세를 보인다면 적금보다 훨씬 많은 돈을 벌 수 있는 실적 배당형 상품입니다.

또한 적립식 펀드는 다른 펀드 상품과 달리 주식이나 펀드 매입 좌수에서 평균 매입 단가가 적용됩니다. 투자자가 일정 금액을 꾸준히 투자하는 경우 주가가 낮을 때는 상대적으로 주식(펀드) 매수량(좌수)이 늘어나고, 높을 때는 반대의 경우가 발생해 매입 단가의 평균화를 이룰 수 있습니다. 따라서 장기 투자 시 평균 매입 단가를 낮춰 주가 변동 위험을 최소화할 수 있습니다. 이를 매입 단가 평준화 효과Cost Averaging Effect라고 합니다. 주식형 펀드 자체가 가지고 있는 위험을 피할 수는 없지만 투자 기간을 길게 잡으면 위험을 줄일 수 있는 가능성이 높다고 볼 수 있습니다. 이러한 적립식 펀드는 펀드매니저의 역량에 따라 수익률의 편차가 발생합니다.

이렇게 펀드의 유형을 분류하는 이유는 투자자들의 이해를 돕고자 하는 것도 있지만, 같은 성격의 펀드끼리 비교하기 위한 목적도 있습니다. 주식에 100% 투자한 펀드와 50%만 투자한 펀드의 수익률을 단순하게 비교해서는 어느 것이 더 좋다고 판단할 수 없기 때문입니다. 물론 '수익률 극대화'라는 관점에서 본다면 무조건 수익률이 높아야 좋은 펀드라고 할 수 있겠지만, 그렇게 되면 일반 투자자들은 자신의 투자 성향에 맞는 펀드를 고르기가 힘들 것입니다.

그렇군요. 그런데 설명 도중에 잠깐 언급하셨던 인덱스펀드, 선박펀드 같은 것은 무엇입니까? 주식형 펀드, 채권형 펀드, 적립식 펀드 등과는 또 다른 펀드의 새 종류인가요?

04 투자처에 따른 펀드 유형 – 섹터펀드, 실물자산펀드 등

결론적으로 말하자면 투자하는 투자처에 따라 펀드를 좀 더 세부적으로 분류한 것입니다. 표를 통해 하나씩 살펴볼까요?

펀드 명칭	주요 특징
① 섹터펀드(Sector Fund)	특정 유망 업종(반도체/IT 등)에 집중적으로 투자하는 펀드
② 실물자산펀드	부동산, 선박과 같은 실제 물건을 매입해 매매 차익을 나누는 펀드
③ 인덱스펀드 (Index Fund)	코스피(KOSPI)나 코스닥(KOSDAQ) 등의 주가지수와 같은 방향 및 비율로 움직이도록 만든 펀드
④ 상장지수펀드	코스피200 등의 종목으로 구성한 후 거래소에 상장하여 일반 주식처럼 거래 가능하도록 한 펀드
⑤ 주가지수연계펀드 (ELF)	투자 금액의 상당액을 채권으로 운용하며, 여기에서 발생하는 이자로 주식에 투자하는 펀드
⑥ 하이일드펀드 (High Yield Fund)	신용 등급이 낮아서 투자 위험 및 상환 불능 가능성이 높은 등급의 채권에 집중 투자하는 투기 성격의 펀드

⑦ 배당주펀드	배당수익률이 높은 주식 종목에 집중적으로 투자하는 펀드
⑧ 브릭스펀드 (BRICs Fund)	특정 국가에 집중 투자하는 해외 펀드의 일종으로, 특히 브릭스는 브라질·러시아·인도·중국의 4개 신흥 경제 국가의 주식 등에 투자하는 펀드를 의미합니다. 가장 잘 알려진 해외 펀드로는 '차이나 펀드'가 있습니다.
⑨ 헤지펀드(Hedge Fund)	다양한 방식의 투자 기법을 사용하여 시장 수익률 이상의 성과를 지속적으로 추구하며, 돈 되는 곳이면 무조건 투자하는 펀드
⑩ 사모펀드	헤지펀드의 일종으로, 소수의 고액 투자자로부터 장기로 자금을 조달 받아 전문적으로 기업 주식, 경영권 등에 투자하고 경영 성과 개선을 통해 고수익을 추구하는 펀드
⑪ 펀드오브펀드 (Fund of Fund)	투자자들의 돈을 모아 국내외 다양한 펀드에 재투자(再投資)하는 펀드
⑫ 엄브렐라펀드 (Umbrella Fund)	하나의 모(母)펀드 아래 주식형·MMF·채권형·혼합형·코스닥 전용 등 다양한 자(子)펀드를 거느리고 있는 펀드
⑬ 역외펀드	기업 또는 금융회사의 유가증권 매매 차익에 대해 과세를 하지 않거나 엄격한 규제가 없는 나라 또는 지역에 설립하는 펀드

❶ 섹터펀드Sector Fund

반도체, 건강Bio, 은행, 정보 통신IT, 금은과 같은 광물 등의 특정 유망 업종에 집중 투자하는 펀드를 말합니다. 예를 들어 금 펀드는 이러한 섹터 펀드의 일종으로, 말 그대로 금이나 금과 관련된 기업의 주식에 투자하는 펀드입니다. 과거 국제 금 가격이 고공비행을 이어가면서 금과 관련된 펀드의 수익률이 꽤 높았던 적이 있습니다. 그 여파로 금 이외에 원유(에너지), 구리나 니켈 등의 원자재, 커피나 설탕과 같은 특정 업종에 집중 투자하는 펀드의 인기도 꽤 높았으나 디플레이션의 영향으로 현재 원금 회복이 불투명한 상황입니다. 다음 신문 기사를 참조해 주시기 바랍니다.

强달러 바람…원자재펀드 기온 '뚝'

국제 원자재값 5년 만에 최저
최대 수입국 중국 성장 둔화도 한몫
펀드 3개월 평균 수익률 -4.52%
장기 수익률 -50%도 속출

최근 달러 강세로 원자재값이 뚝뚝 떨어지면서 이와 연동해 움직이는 펀드의 수익률이 곤두박질치고 있다.

원자재펀드는 한때 달러 가치가 크게 떨어지고 금값과 원유값은 치솟으면서 각광 받기도 했다. 하지만 미국 연방정부의 금리 인상이 임박한 와중에 원자재값이 5년만에 최저 수준으로 내려앉자 펀드 수익률이 맥없이 무너지고 있다.

25일 펀드평가사 에프앤가이드에 따르면 이달 24일 기준 원자재펀드 56개의 3개월 평균 수익률은 -4.52%로 나타났다. 같은 기간 천연자원 펀드와 금펀드, 농산물펀드는 각각 -0.37%, -8.77%, -16.10%로 부진을 면치 못하고 있다. 장기 수익률은 더욱 저조하다. 원자재펀드와 금펀드, 천연자연펀드, 농산물펀드의 2년 평균 수익률은 각각 -22.18%, -36.14%, -18.46%, -21.10%다. 펀드별로도 전체 89개 가운데 최근 3개월 동안 플러스 수익률을 기록한 펀드는 9개에 불과하다. 이마저도 11%대 이하로 낮은 편이다.

손실률은 우려할 정도다. 원자재펀드의 1~3년 장기 수익률은 대부분 10% 이상 마이너스를 기록했다. -50%까지 수익률이 떨어진 펀드도 적지 않다. 손실이 발생한 80개 펀드 가운데 최근 3개월 동안 손실률이 두 자릿수인 상품이 30개에 달했다.

'우리애그리컬쳐인덱스플러스특별자산투자신탁C-I', '신한BNPP애그리컬쳐인덱스플러스증권자투자신탁 1 종류 C-e', '미래에셋로저스농산물지수특별자산투자신탁 종류A'는 최근 3개월 동안 각각 -21.33%, -20.84%, -14.48% 손실률을 기록했다. 이들 펀드의 2~3년 장기 수익률도 -20~-30%대로 저조하다.

자금 유출도 이어지고 있다. 24일 현재 원자재펀드의 설정액은 9865억 원으로 연초에 비해 1156억 원이 줄었다. 천연자연펀드와 주식형 원자재펀드 설정액도 각각 5754억 원, 5691억 원으로 연초보다 30%가량 감소했다.

원자재펀드의 손실이 불어나는 이유는 달러 강세와 글로벌 수요 위축이 주된 원인으로 꼽힌다. 원자재는 거래 통화인 달러가 약세일 때는 오르고, 강세일 때는 떨어지는 특성이 있다. 미국의 금리 인상을 앞두고 달러 강세 기조가 이어지고 세계 최대 원자재 수입국인 중국의 성장 둔화 등으로 원자재값이 타격을 받은 것이다.

최근 원자재값은 5년 만에 최저 수준으로 내려앉았다. 블룸버그 통신에 따르면 지난 22일 블룸버그 원자재지수는 118.2로, 2009년 7월 17일 이후 최저치를 기록했다.

전문가들은 한동안 비관적인 분위기가 이어질 것으로 보고 있다. 특히 금과 원유에 대한 전망이 좋지 않다.

강유진 우리투자증권 연구원은 "미국의 셰일가스 공급이 늘면서 4분기에는 유가가 더 떨어질 것"이라며 "미국의 금리 인상이란 변수가 반영되면 금 등 안전자산 수요도 줄어 올 하반기나 내년 상반기에 금값이 바닥권을 형성하면서 관련 수익률도 좋지 않을 것"이라고 말했다.

2014년 9월 헤럴드경제

❷ 실물자산펀드

펀드의 자금으로 실제 물건을 매입해 그 매매 차익을 수익으로 나누는 펀드입니다. 주로 실물자산에 투자하는 펀드이므로 인플레이션의 영향으로 물가가 오르는 만큼 더 많은 수익을 낼 수 있습니다. 실물자산펀드의 대표적인 상품이 바로 부동산과 선박펀드입니다. 부동산펀드는 자금을 모아 부동산을 사서 임대한 후 그 수익을 배당하는 펀드이고, 선박펀드는 자금을 모아 배를 사거나 만든 후 이를 임대하여 나오는 수익을 배당하는 펀드입니다. 선박펀드의 경우 항상 판매하는 것은 아니고 선박에 대한 수요가 있으면 이를 기반으로 상품을 개발하여 펀드를 공모합니다. 또한 바이올린과 피아노 등 악기에 투자하거나 그림과 같은 예술품에 투자하는 펀드도 있습니다. 그러나 부동산과 선박을 제외한 나머지 펀드는 대부분

부자 고객이나 기관투자가 등 증권·자산운용회사와 밀접한 관계를 맺고 있는 사람에게만 '사모(私募) 방식'[1]으로 판매되므로 일반인은 그러한 상품이 있다는 사실조차 모를 수 있습니다.

③ 인덱스펀드Index Fund

주식에 한 번이라도 투자해 봤다면 코스피KOSPI나 코스닥KOSDAQ과 같은 주가지수는 올라가는데 자신이 구입한 주식만 떨어지는 상황을 겪어 봤을 것입니다. 이를 대비하여 주가지수의 흐름을 그대로 좇아갈 수 있도록 주식 포트폴리오를 구성해서 주가가 상승하거나 하락할 경우 같은 비율로 움직이게 만든 것이 인덱스펀드입니다. 증권거래소의 모든 주식에 투자하는 것은 거의 불가능하기 때문에 소수의 우량 종목만을 추출한 후 목표 주가 수익률을 감안하여 투자 비용을 계산하는 것이 일반적입니다. 따라서 대상 지수는 종합주가지수가 될 수도 있고 코스피200 지수가 될 수도 있습니다. 이러한 인덱스펀드는 펀드 자산의 80~100%를 주식에 투자하며, 특히 종합주가지수에 영향을 많이 주는 대형 우량주 위주로 대상 지수를 편입하고 있습니다. 그러나 시장 예측이 빗나가 주가지수가 하락하게 되면 인덱스펀드 역시 하락하므로 손해를 볼 수도 있습니다. 따라서 인덱스펀드에 가입하려면 펀드 구성 시스템이 시장 상황을 얼마큼 잘 반영할 수 있는지 반드시 체크해야 합니다.

1 '사모(私募)'는 흔히 사용되는 '공모(公募)'와 반대 개념입니다. 사람들에게 널리 공개하여 모으는 '공모 방식'은 시장의 불특정 다수를 대상으로 진행하는 반면 '사모 방식'은 소수의 특정인을 대상으로 주식이나 채권 등을 매각합니다. 한마디로 아는 사람들끼리만 은밀하게 진행하는 거래인 셈입니다.

④ 상장지수펀드ETF: Exchange Traded Fund

상장지수펀드ETF는 코스피200 등의 종목으로 구성한 후 거래소에 상장해 일반 주식처럼 거래 가능하도록 만든 상품입니다. 인덱스펀드와의 가장 큰 차이는 일반 종목처럼 거래되는 주식이라는 점입니다. 즉, 인덱스펀드가 시장에 상장되면 상장지수펀드가 되는 것이고, 시장에 상장되지 않고 일반적인 증권사 등을 통해 고객에게 판매되면 인덱스펀드로 불리는 것입니다. 상장지수펀드는 개별 종목을 거래하는 것이 아니라 코스피200에 포함된 상장 지수를 매수하는 것이며, 세금 부담이 없어 수수료가 작다는 것이 큰 장점입니다. 매매 가격은 일반 주식형 펀드와 달리 실시간으로 결정되고, 홈 트레이딩 시스템HTS: Home Trading System으로도 매매 가능하므로 소액으로 인덱스펀드에 투자한 것과 같은 효과를 누릴 수 있습니다. 운용사들도 이러한 ETF를 일정 부분 편입해 운용상의 편리함을 얻을 수 있다는 장점이 있습니다.

⑤ 주가지수연계펀드ELF: Equity-Linked Fund

상장지수펀드와 유사하게 주가지수의 변동과 연계되어 수익이 결정되는 주가지수연계펀드ELF가 있습니다. 주가지수연계펀드는 투자 금액의 상당액을 채권으로 운용하며, 여기에서 발생하는 이자로 증권사가 발행하는 'EL 워런트Equity Linked Warrant, 주식 워런트 증권'에 투자합니다. 'EL 워런트'는 주가지수와 연계하여 수익을 내는 장외파생상품입니다. ELF는 대부분 채권에 투자하기 때문에 원금 보장이 용이하므로 안정성을 추구하는 투자자에게 알맞은 상품이라고 볼 수 있습니다. 경우에 따라서는 예금이나 펀드 수탁액의 일부분을 주식이나 주식 관련 파생 상품에 투자하여 주가지수의 등락에 따라 수익을 얻기도 합니다. 이렇게 주가지수를 연계한 상품으로는 은행의 주가지수연동예금ELD: Equity Linked Deposit, 증권사의 주가지수연계증권ELS: Equity Linked Securities, 증권사와 자산운용회사의 주가지수연계펀드ELF: Equity Linked Fund가 있습니다.

주가지수 연계 상품	판매처	특징 및 선호하는 투자자 유형
주가지수연동예금 (ELD: Equity Linked Deposit)	은행	원금이 보장되고 1인당 정해진 한도 내에서 예금자 보호를 받는 것이 가장 큰 특징입니다. 그러나 원금이 아닌 이자를 가지고 투자하기 때문에 주가지수의 등락에 따라 얻을 수 있는 수익률은 제한적일 수밖에 없습니다. 원금 보장과 주가지수의 등락에 따른 수익률을 추구하는 보수적인 성향의 투자자에게 적합한 상품입니다.
주가지수연계증권 (ELS: Equity Linked Securities)	증권사	투자액의 대부분을 채권에 투자하고, 나머지를 주식 등에 투자하는 만큼 채권의 운용 성과에 따라 원금이 보장되지 않을 수 있습니다.
주가지수연계펀드 (ELF: Equity Linked Fund)	증권사/자산운용회사	증권사가 발행한 주가지수연계 증권을 편입한 펀드를 의미합니다. 이 펀드 역시 채권 투자로 원금 보장을 추구하면서 ELS를 통해 추가 수익을 노리는 상품이지만 원금 손실의 위험이 있으므로 보수적인 성향의 투자자에게는 맞지 않을 수 있습니다.

⑥ 하이일드펀드High Yield Fund

기업의 신용 등급이 낮아서 투자 위험 및 상환 불능 가능성이 높은 등급의 투기성 채권에 주로 투자하는 펀드입니다. 위험이 매우 크기 때문에 잘만 하면 엄청난 수익을 얻을 수 있지만 원금을 전부 잃을 가능성도 있는 고위험High Risk 펀드입니다. 일반적으로 기업이 회사채나 기업어음을 발행할 때 나오는 신용 등급에서 'AAA+'부터 'AAA', 'BBB'까지는 투자 적격 등급이지만, 'BB+' 이하부터는 투기 등급으로 분류됩니다. 하이

일드펀드는 'BB+' 등급 이하의 회사채와 'B+' 이하인 기업어음에 신탁재산의 50% 이상을 투자하도록 되어 있으며, 주식은 신탁재산의 30% 이하로 운용하는 것이 일반적입니다. 가입 후 환매까지의 기간에 따라 이익금의 70% 이상을 수수료로 내야 하므로 원금 손실이 크게 나도 괜찮은 여유 자금을 1년 이상 장기적으로 운용하는 데 적합한 펀드입니다.

⑦ 배당주펀드

배당수익률이 높은 주식 종목에 집중적으로 투자함으로써 안정적인 배당 수익과 추가적인 주가 상승을 기대할 수 있는 펀드입니다. 배당수익률이 높고 재무 건전성이 뛰어난 고배당 우량 기업에 투자 금액의 60% 이하를 집중 투자하게 됩니다. 예상한 배당수익률 이상으로 주가가 상승하면 주식을 팔아 시세 차익을 얻고, 반대로 주가가 오르지 않으면 배당 시점까지 주식을 가지고 있다가 예상 배당금을 획득함으로써 주가 하락에 따른 자본 손실을 만회하는 헤지펀드의 일종이라고 볼 수 있습니다. 따라서 중립적 투자 성향이나 적극적 투자 성향을 가진 고객이 적정한 수익률을 목표로 하는 경우 권해 드리고 있습니다. 은행의 정기예금 금리보다 훨씬 높은 수익률을 올릴 수 있고, 종목을 잘 고르면 주가 상승에 따른 시세 차익도 얻을 수 있다는 큰 장점이 있으나 아무리 높은 배당금을 받는다고 하더라도 투자 원금의 손실이 크면 전체적인 수익률은 마이너스가 될 수도 있기 때문에 투자 시 신중하게 결정해야 합니다.

우리나라에서 배당주펀드는 주식형 펀드 중 배당수익률이 높고 안정적인 배당 성향을 갖는 종목들에 주로 투자하는 펀드를 의미하며, 펀드명에

'배당'이라는 용어가 들어가는 펀드를 배당주펀드라고 부르고 있습니다. 따라서 배당주펀드라고 명명된 펀드들 역시 일반 주식 유형 내에서 주식 성장형, 주식 안정 성장형, 주식 안정형, 인덱스형으로 분류됩니다. 이들은 운용에 있어 주식을 장기적으로 투자하므로 투자자도 장기적인 관점에서 투자해야만 소기의 목적을 달성할 수 있습니다.

⑧ 브릭스펀드BRICs Fund

브릭스펀드는 브라질, 러시아, 인도, 중국 등 4개 신흥 경제 국가(브릭스 국가)의 주식이나 채권에 투자하는 펀드입니다. 현재 국내 증권사나 은행에서 특정 국가를 강조하여 판매하는 상품은 운용 자산의 일부를 브릭스 국가의 주식에 투자하고 나머지는 채권에 투자하는 '혼합형'이 많으며, 경우에 따라서는 위험을 줄이기 위해 브릭스 국가의 주식과 선진국에서 발행한 채권을 사는 형태도 있습니다. 이처럼 해외 펀드에 투자하는 경우에는 투자 대상국, 투자 대상 자산, 운용 주체, 환율 변동 위험에 대처하는 법과 환매 방법 등이 국내 펀드와 매우 다르기 때문에 투자 시 주의해야 합니다.

⑨ 헤지펀드Hedge Fund

헤지펀드는 통상 100명 미만의 소수 투자자로부터 사모 방식으로 자금을 모집하고 다양한 투자 기법을 활용하며, 투자 실적에 따라 수익을 배당하는 투자 파트너십Partnership을 의미합니다. 공매도short selling, 레버리지leverage, 인센티브 수수료incentive fees, 위험 분할shared risk 등 다양한 방식의 투자 기법을 사용하여 시장 수익률 이상의 성과를 지속적으로 추구하는 것을 목표로 운용되므로 시장 상황에 관계없이 절대 수익을 추구한다는 점이 가장 큰 특징입니다. 한마디로 '돈 되는 곳이면 묻지도 따지지도 않고 투자하는' 펀드라고 볼 수 있습니다. 그러나 이러한 특징상 운용 방법의 투명성이 매우 낮으며, 파생 상품 등 레버리지leverage가 큰 고위험, 고수익의 상품에 적극적으로 투자합니다. 국제적으로 유명한 헤지펀드로는 통화 거래 전략을 사용하는 조지 소로스George Soros의 '퀀텀펀드Quantum Fund'와 선물 옵션 등의 파생 상품을 사용하는 줄리안 로버트슨Julian Robertson의 '타이거펀드Tiger Fund' 등이 있습니다.

한편 금융 위기가 있을 때마다 헤지펀드라는 국제적 투기성 단기부동자금Hot Money이 큰 혼란을 야기하였다는 분석 결과도 있습니다. 즉, 1992년 영국의 파운드화 폭락 사태, 1994년 멕시코의 금융 위기, 그리고 1997년 7월 태국의 바트화 폭락 사태와 연이은 한국의 IMF 사태 등을 헤지펀드가 주도했다는 주장입니다.

⑩ 사모펀드PEF: Private Equity Fund

우리나라의 경우 특정 기업의 경영권 획득을 목적으로 50명 미만 소수 투자자들의 자금을 모아 결성한 사모펀드PEF가 바로 헤지펀드의 일종이라고 볼 수 있습니다. 이러한 사모투자펀드는 소수 고액 투자자로부터 장기로 자금을 조달 받아 기업 주식, 경영권 등에 전문적으로 투자하고 경영 성과 개선을 통해 고수익을 추구하는 펀드입니다. 자금 모집 방법과 자금 투자 방식 모두 비공개적이라는 것이 헤지펀드와 가장 유사한 특징입니다. 펀드 설립은 금융감독원 등록 사안으로, 요건만 갖추면 누구나 가능합니다. 일반적인 공모펀드와는 달리 펀드 자산의 10% 이상, 동일 회사 발행 주식의 10% 이상을 투자하지 못하도록 하는 규정이 적용되지 않습니다.

사모투자펀드의 법률적 조직 형태는 유한 책임을 지는 조합원인 유한 파트너Limited Partner와 무한 책임을 지는 조합원인 일반 매니저General Partner로 이루어진 제한적 파트너십Limited partnership으로 구성되어 있습니다. 일반 매니저는 운용을 맡는 대신 채무에 대해서 무한 책임이 있고, 유한 파트너는 운용에 관여하지 않는 대신 유한 책임만을 지도록 되어 있습니다. 이와 유사한 펀드로는 'M&A펀드'가 있습니다. 이는 경영권 획득을 위한 지분 취득으로 활용되며, 해당 M&A펀드가 회사를 직접 경영할 수 없다는 차이점이 있습니다.

사모M&A펀드의 등장은 주주들을 무시하고 방만한 경영을 해 왔던 기업에게 주주 중심의 경영을 촉구할 수 있는 기회가 되며, 그동안 저평가되던 주가의 상승에 기여할 수도 있습니다. 그러나 M&A를 가장한 단순 시세 차익을 목적으로 하거나 주가 조작 등의 불공정 거래 또는 M&A 대상 기업이 경영권 방어를 위해 많은 비용을 들임으로써 정상적인 영업이 저해 받는 부작용이 발생할 수 있습니다. 이러한 문제점 때문에 사모M&A펀드가 주식을 취득한 후 단기간 내에 인수 대상 기업이나 제3자에게 프리미엄을 받고 팔아 이득을 취하는 것을 방지하기 위해 주식 취득 6개월 안에는 매도할 수 없도록 하고 있습니다. 또한 사모M&A펀드를 이용하여 계열사 확장 등에 악용할 수 있다는 판단하에 30대 계열에 속하는 금융기관이 M&A 전용 펀드 주식의 10%를 초과 보유하지 못하도록 하고 있는데요. 이는 재벌이 M&A 전용 펀드에 투자한 뒤 이를 통해 문어발식 확장에 나서는 것을 막기 위한 방침이라고 볼 수 있습니다.

⑪ 펀드오브펀드Fund of Fund

투자자들의 돈을 모아 다시 국내 또는 전 세계적으로 투자하는 다양한 펀드에 재투자하는 펀드를 의미합니다. 서로 다른 투자 목적을 가진 여러 종류의 펀드에 동시 투자하므로 위험 분산 효과가 매우 크다고 볼 수 있습니다. 주식과 채권 분산은 물론 통화(환율)도 다양하게 구성하여 환위험Exchange Risk을 줄일 수 있으며, 여러 나라를 투자 대상으로 하는 경우 지역(국가) 위험도 줄일 수 있는 것이 큰 특징입니다.

펀드오브펀드는 크게 해외 뮤추얼펀드와 해외 헤지펀드에 투자하는 상품으로 나눌 수 있는데요. 뮤추얼펀드는 여러 종류의 해외 펀드에 분산 투자하는 상품이며, 안정적인 절대 수익을 추구하는 해외 6,000여 개의 헤지펀드를 투자 대상으로 삼는 것이 특징입니다. 이와 유사한 펀드로는 펀드오브헤지펀드Fund of Hedge Funds가 있습니다. 이는 상호 상관관계가 적은 다양한 종류의 헤지펀드에 투자하여 하락 시장에서 자금을 보호하는 등 총체적인 위험을 감소시키고, 결과적으로 시장 상승기와 하락기 모두 절대적인 수익 창출을 목표로 합니다.

⑫ 엄브렐라펀드Umbrella Fund, 모자(母子) 펀드

엄브렐라펀드는 하나의 모(母)펀드 아래 주식형, 채권형, 혼합형 등 다양한 자(子)펀드를 거느리고 있는 것이 우산 형태 같다고 하여 붙여진 이름입니다. 자펀드는 MMF, 채권형, 성장 주식형, 안정 주식형, 안정형 주식형, 인덱스 주식형, 코스닥 주식형 등으로 다양하게 구성되어 있으며, 시장 상황에 따라 환매수수료 없이 연 12회까지 전환할 수 있습니다. 엄브렐라펀드는 시장 변화를 주시하고 관심을 기울인다면 일반 펀드에 비해 월등히 높은 수익을 올릴 수 있는 장점이 있지만 시장 변화에 적절치 못한 전환을 할 경우 일반 간접투자보다 못한 수익을 얻거나 원금 손실도 감수해야 합니다. 전환의 타이밍은 투자자 스스로 판단해야 하고 그에 따른 수익을 얻게 됩니다. 따라서 초보 투자자들에게는 다소 어려운 상품입니다. 주식시장이 과열 양상을 보일 때에는 원금도 찾지 못 할 수 있으므로 피해야 하며, 주식시장이 저평가되어 있다고 판단될 때 가입하는 것이 좋습니다.

Tip

펀드의 환매수수료

펀드 환매란 투자신탁의 중도 해약을 의미합니다. 즉, 구입했던 수익증권을 팔아 현금화하는 것을 의미합니다. 수익증권을 구입했던 곳에 가서 환매를 요청하면 되는데, 즉시 출금은 불가하고 펀드 내 유가증권을 시장에서 팔아 현금화하기 위한 3~4일 정도의 시간이 필요합니다. 주식에 투자되는 수익증권이라면 증권거래소 개장일 기준으로 환매 요청일로부터 4일째 되는 날 현금을 찾을 수 있고, 채권에만 투자되는 수익증권이라면 3일째 되는 날 현금을 찾을 수 있기 때문입니다. 최근에는 인터넷뱅킹이나 폰뱅킹으로도 펀드 환매가 가능하므로 수익증권을 구입할 때 미리 약정을 맺어 둔다면 좀 더 편리하게 이용할 수 있습니다.

이렇게 약정 기간 이내에 환매를 요청할 경우 일정액의 환매수수료를 부과하게 되는데요. 이는 약속한 기간을 채우지 못했을 때 물어야 하는 벌금과 같은 성격으로, 보통 가입 후 90일까지 부과하고 있습니다.[2] '이익금의 ○○%'라는 식으로 표시되어 있기 때문에 펀드가 손해를 보고 있는 상황이라면 환매수수료를 내지 않고 언제든지 투자자금을 회수할 수 있습니다. 만기 이후 환매하는 경우에는 직전 3개월 이내에 불입한 금액에 대해서도 환매수수료를 물지 않는데, 앞서 살펴본 적립식 투자가 바로 이러한 상황에도 환매수수료를 내지 않도록 설계된 투자 방법입니다.

환매수수료는 대부분 신탁재산에 편입되므로 펀드 자산의 규모가 줄어드는 것을 어느 정도 방지하는 역할을 수행하기도 합니다. 추가형 투자신탁은 언제든지 환매할 수 있는 반면 단위형 투자신탁은 약관에 명시된 특별한 경우(투자자의 사망 등)를 제외하고는 펀드 운용 기간 내 환매가 불가능하기 때문에 주의해야 합니다.

2 세제 혜택 등이 있거나 채권형 펀드의 경우 최장 5년까지 환매수수료를 부과하기도 합니다.

⑬ 역외펀드 Off-Shore Fund

기업 또는 금융회사의 유가증권 매매 차익에 대해 과세하지 않거나 엄격한 규제가 없는 국가 또는 지역에 설립하는 펀드입니다. 일반적으로 국내의 일부 기업들이 유가증권 매매에 따른 세금이나 각종 규제를 피할 목적으로 조세회피지역에 설립하는 경우가 많은데요. 이러한 역외펀드는

1968년에 처음으로 생긴 이후 버뮤다제도, 캐나다, 바하마, 더블린 등 태평양과 대서양에 있는 작은 섬들이 주요 설립 장소로 이용되어 왔습니다. 우리나라는 코스닥 등록 기업을 비롯한 일부 기업들이 조세회피지역에 역외펀드를 세워 이를 주가 조작과 허위 외자 유치 등 불공정 거래의 수단으로 악용하여 경제·사회적 문제로 불거지기도 했습니다.

Special Page

랩어카운드(Wrap Account)

"일임형 랩어카운드가 최근에 인기 있던데, 가입하면 좋은 상품인가요?"

랩은 부엌에서 사용하는 랩Wrap과 같은 단어로, 음식물을 하나씩 포장하듯 개별 고객의 계좌마다 고객의 성향에 맞는 서비스를 제공하고, 고객이 맡긴 재산에 대해 자산 구성 · 운용 · 투자 자문까지 통합적으로 관리해 드리는 서비스입니다. 랩 상품에 투자하기 위해서는 펀드와 주식시장에 대한 어느 정도의 지식이 필요합니다. 앞서 살펴본 펀드는 펀드매니저가 수많은 종목에 분산 투자하여 수익을 추구하는 반면 랩 상품은 성장성이 큰 몇 개의 주식에만 집중해서 투자하는 상품이기 때문입니다. 일반적인 펀드보다 'High Risk High Return'의 성격이 더욱 강한 간접투자 상품이므로 본인의 투자 성향에 따라 가입을 신중히 결정해야 합니다.

이러한 랩 상품은 한때 크게 유행했던 '자문형 랩'과 현재 인기를 얻고 있는 '일임형 랩'으로 구분됩니다. 먼저 증권사 자문형 랩은 투자자문사가 추천하는 종목을 증권사가 편입해 운영하는 상품을 의미하며, 일임형 랩은 증권사 본사나 영업점에서 직접 운용하는 방식의 상품입니다. 두 상품 모두 큰 위험을 감수하면서 높은 수익을 원한다면 투자해 볼 만합니다. 그러나 랩 수수료, 자문 수수료를 모두 부담해야 하고 매매가 잦을 경우 매매 수수료와 거래세를 많이 내야 한다는 단점이 있습니다. 또한 1~2% 수준의 연 보수도 따로 내야 합니다.

장기적으로 본다면 일반 주식형 펀드와 랩 상품의 수익률은 비슷할 것입니다. 형식은 조금 달라도 내용에는 별 차이가 없기 때문입니다. 따라서 주식형 펀드에 비중을 더 많이 두고 일부 자금을 랩 상품에 맡기는 것도 나쁘지는 않지만, 'High Risk High Return'의 성격이 강하므로 원금 손실 가능성이 클 수 있다는 사실을 반드시 인지하고 상품에 가입하셔야 합니다.

다음 신문 기사는 랩 상품의 수익률에 대한 기사입니다. 자문형 랩의 수익률이 크게 떨어지는 바람에 최근 들어 일임형 랩이 인기를 얻고 있다는 내용이지만 결론은 **'운용사와 상품에 따라 수익률이 현저히 달라질 수 있으므로 가입 전 증권사의 운용 규모, 연간 수익률 등을 파악하는 것이 필수'**라는 것입니다. 한마디로 "원금 손실 가능성이 있고, 설령 그렇게 되더라도 해당 랩 상품을 선택하신 고객님의 잘못입니다."라는 말과 다름없습니다. 랩과 같은 고(高) 위험 투자 상품은 매우 신중하게 생각하여 투자를 결정해야 합니다.

다시 주목 받는 '랩어카운트' - 일임형 인기… 1년 수익률 50% 넘는 초대박 상품도

자산 관리의 중요성이 부각되면서 최근 랩어카운트가 다시 주목 받고 있다.

랩어카운트는 포장하다는 뜻의 랩(wrap)과 계좌를 의미하는 어카운트(account)의 합성어다.

고객이 증권사에 계좌를 개설하고 자신이 원하는 종목을 매매하는 투자 방식이 아니라, 고객이 맡긴 자금을 고객의 성향에 따라 자산 구성·운용·투자 자문까지 해주는 종합자산관리 서비스를 말한다. 주식·채권뿐만 아니라 펀드·원자재·부동산 등에 이르기까지 여러 투자자산에 분산 투자해 손실 위험을 낮춘다는 점이 강점이고, 서비스를 받은 고객은 그 대가로 일정률의 수수료를 지급한다.

자산 운용 방식에 따라 '자문형'과 '일임형'으로 나뉘는데, 자문형은 증권사가 투자자문사의 조언을 받아 운용하는 것이고, 일임형은 증권사가 자체적으로 운용하는 것이다. 또 일임형은 본사에서 운용하는 '분사 운용형'과 지점에서 운용하는 '지점 운용형'으로 나뉜다.

자문형 랩어카운트의 경우 2011년 큰 인기를 얻었지만 유럽발 악재로 인한 증시 하락으로 수익률이 떨어지면서 투자자들이 등을 돌렸다.

그러다 최근 증권사에서 상담·운용·자문·관리를 도맡아 해 주는 일임형 랩어카운트가 다시 바람을 일으키고 있다.

금융투자협회에 따르면 증권사의 일임형 랩어카운드 잔액은 지난 5월말 72조 8천 140억 원으로 1년 전보다 11% 증가했다.

증권사 관계자는 "2% 초반대 금리 시대에 마땅한 투자처를 찾지 못한 시중 자금이 일임형 랩어카운트로 유입되고 있다. 주식보다 덜 위험하고 수익률은 은행 금리보다 높을 것이라는 점에 끌려 투자하는 고객이 많다"면서 "자신의 투자 성향에 맞는 상품을 잘 고르면 주식형 펀드보다 높은 수익률을 올릴 수 있다. 다만 일반 펀드, ETF에 비해 수수료가 비싸고 성과보수를 별도로 받는 상품도 있다"고 말했다.

〈중략〉

◆ 펀드랩 · 해외랩 등 상품 다양

상품도 다양하게 출시되고 있다.

예전에는 국내 소수 종목에 집중 투자하는 랩이 대부분이었지만 최근에는 국내·외 펀드에 투자하는 펀드랩, 상장지수펀드(ETF)에 집중 투자하는 ETF랩, 해외 종목에 집중 투자하는 해외랩까지 다양하다. 시장 변화에 직접 대응하기가 어려워 고민하는 투자자를 대신해 영업점 전문가가 고객의 투자 성향·목적·스타일별 자산 배분 및 매매를 대행해 주는 지점랩도 나오고 있다.

증권사들은 자사의 강점을 최대화할 수 있는 상품을 내놓으며 투자자몰이에 나서고 있다.

신영증권은 강점인 가치주와 배당주 투자뿐 아니라 시장 상황에 맞는 펀드 포트폴리오 구성으로 안정적인 장기 수익을 추구하는 '플랜업 명작 펀드랩'을 출시했다. 단기보다는 장기적으로 꾸준한 수익을 원하는 적극적 투자자에게 적합한 투자 상품이라는 게 이 증권사 관계자의 설명이다.

또 한국투자증권은 예상 배당수익률이 4%를 넘는 주식을 골라 투자하는 랩어카운트인 '아임유 랩-고배당주'를 선보이고 있다. 고배당주의 주가가 10%대로 많이 상승하면 차익실현을 하고, 고배당주가 조정을 받는 시점이 찾아오면 다시 비중을 높이는 식으로 운용된다.

퇴직연금 가입자를 위한 랩 상품도 있다.

미래에셋증권은 확정기여형(DC)과 개인형 퇴직연금(IRP)에 가입한 고객을 대상으로 '퇴직연금 MP 랩어카운트'를 판매하고 있다. 미래에셋증권 운용역이 저성과 펀드를 알아서 교체해주고, 전망이 좋은 펀드의 투자 비중을 확대하는 등 고객을 대신해 운용해주는 퇴직연금 자산 관리 서비스다.

유진투자증권도 노후 대비를 위해 기존 연금 상품을 보완한 은퇴준비형 랩어카운트를 판매하고 있다. 이 서비스는 고객 개개인의 나이와 자산, 은퇴 시기 등을 고려한 맞춤형 설계가 가능하다.

◆ 랩어카운트 가입 전에 상품 이해 필수

랩어카운트는 증권사들이 자신 있는 투자 방법을 십분 활용해 운용되는 상품이긴 하지만 **비교적 위험이 높은 상품이라는 점을 투자 전에 필히 고려해야 한다.**

하나대투증권 관계자는 "자신의 투자 성향(안정형, 중립형, 공격형)에 맞는 상품을 잘 선택하는 것이 무엇보다 중요하다"면서 "**운용사와 상품에 따라 수익률이 현저히 달라질 수 있으므로 가입 전에 증권사 운용규모, 연간 수익률 등을 파악해 선택하는 것도 필수**"라고 조언했다.

이어 "일임형 랩어카운트는 투자자문사의 조언을 거치지 않기 때문에 수수료가 자문형 랩어카운트에 비해 적은 것도 장점이지만 **위험도가 낮은 상품이라고는 볼 수 없다**"면서 "사실 일임형 랩보다 수익률이 더 높은 자문형 랩도 있고, 장기 투자를 염두에 두고 투자해야 하는 호흡이 긴 상품도 있으니, 투자 전에 필히 상품에 대한 분명한 이해가 전제돼야 한다" 고 거듭 강조했다.

2014년 9월 영남일보

5
펀드 투자 7단계와 단계별 필수 체크 사항

앞서 다양한 펀드의 종류에 대해 알아보았습니다. 그렇다면 이번에는 펀드에 제대로 투자하기 위한 7단계를 살펴보겠습니다.

| ❶ 단계 | **펀드에 투자할 수 있는 여유 자금 파악하기**

아무리 수익률이 좋은 펀드일지라도 마이너스 통장을 이용하여 남의 돈으로 투자한다면 투자의 의미가 없어질 것입니다. 펀드에 투자할 만한 여유가 있는지 파악하는 것이 가장 중요합니다.

| ❷ 단계 | **투자 목적 설정하기**

펀드에 투자하는 목적이 노후 자금을 마련하기 위한 것인지, 자녀 학자금에 보탤 것인지 등에 대해 생각해야 합니다. 투자 목적에 따라 투자 기간, 투자 금액, 기대 수익률 등이 자연스럽게 변경되기 때문입니다. 이때 유의해야 할 점은 2~3년 이내에 원금 손실 없이 자금을 마련해야 한다면 펀드 투자가 적합하지 않다는 것입니다. 펀드 투자는 원금 손실의 위험을 부담하면서 최소한 3년 이상의 투자를 통해 수익률을 기대하는 상품이기 때문입니다.

| ③ 단계 | 펀드 판매회사를 찾아가서 설명 듣고 투자 성향 점검하기

본 단계는 1~2일차 상담에서 진행했던 것과 같이 고객님의 재무 상태를 진단하고 투자 성향을 분석하는 과정입니다. 투자 성향 진단 결과는 선택 가능한 수익과 위험 패턴 중에서 어떤 대안을 선택해야 할지 결정할 때 중요한 요소로 작용하게 됩니다. 이 단계를 거치면서 투자 자금 규모와 기간, 수익증권의 성격과 관련된 면밀한 상담을 수행하는 것이 일반적입니다. 이때 펀드 판매회사의 담당자는 투자 설명서를 보여 주면서 투자를 권유하게 됩니다. 투자 설명서란 자산운용회사나 판매회사가 펀드를 모집 또는 판매할 때 투자자에게 제공하는 투자 권유서로, 보통 수익증권의 투자 설명서는 '투자신탁 설명서', 뮤추얼펀드는 그대로 '투자 설명서'라고 부릅니다. 투자 설명서는 펀드 운용의 기본 방침, 비용과 세금, 환매에 관한 사항, 운용 전문 인력에 관한 사항 등 투자 시 고려해야 할 사항들에 대한 설명을 담고 있습니다.

| ④ 단계 | 목표 수익률과 투자 기간 설정하기

고객님의 목표 수익률이 높을수록 주식 펀드에 대한 투자 비중을 늘려야 하며, 반대로 낮을수록 주식보다는 채권 펀드에 대한 투자 비중을 늘려야 합니다. 이러한 위험 자산의 투자 비중은 개인의 투자 성향에 맞게 결정해야 합니다. 과거 우리나라의 경기 사이클을 살펴보면 최소 3~5년 정도로 투자 기간을 설정하는 것이 가장 유리하다고 볼 수 있습니다. 그 정도의 투자 기간이라면 각종 지표를 이용한 경제 예측이 가능하며 투자 성과를 측정하기에도 효율적이기 때문입니다. 만약 3년 안에 투자 자금을 회수해야 한다면 기대 수익은 적더라도 원금 손실 가능성이 낮고 안정성이 높은 상품을, 10년 이상의 장기 투자를 계획하고 있다면 투자 위험은 높더라도 기대 수익률을 높일 수 있는 공격적인 투자 상품을 선택하는 것이 좋습니다.

| ❺ 단계 | 투자 목적에 맞는 펀드 찾기

본 단계에서는 앞서 살펴본 수많은 펀드 중에서 고객님의 목표에 맞는 펀드를 고릅니다. 이때는 은행원과의 상담 및 펀드 투자 설명서 등을 통해 상품의 위험도를 살펴봐야 합니다. 또한 펀드를 운용함에 있어 펀드매니저가 어느 정도의 권한을 갖고 있는지, 해당 펀드가 현재 어떤 스타일로 운용되고 있는지, 어떤 투자 전략을 갖고 있는지, 투자 대상 국가 또는 지역의 경제·증시 상황 등에 대해 설명 듣고 그와 함께 최근 펀드 결산 보고를 통해 해당 펀드의 집중 보유 종목도 살펴봐야 합니다. 마지막으로 원본 손실 위험성과 투자에 따른 위험이 얼마나 되는지, 지불해야 하는 보수와 수수료 및 펀드 운용에 소요되는 비용, 환매 방법 등에 대해서도 정확하게 이해해야 합니다.

| ⑥ 단계 | **자산운용회사에 대해 이해하기**

펀드는 증권사나 은행이 판매하지만 실질적인 자금 운용은 자산운용회사에서 담당하므로 해당 회사에 대한 면밀한 검토가 필요합니다. 자산운용회사의 과거 운용 실적, 운용하는 자산의 규모, 담당 펀드매니저에 대한 이해를 마치고 접근하는 것이 좋습니다.

| ⑦ 단계 | **펀드 가입 및 판매회사의 사후 관리 확인하기**

원하는 펀드를 선택하여 가입한 후에는 고객님이 투자하고 있는 펀드가 제대로 운용되고 있는지 살펴봐야 합니다. 투자 스타일과 자금 흐름은 1개월에 한 번 정도 관찰할 필요가 있습니다. 운용 프로세스의 변화, 매니저 변경 등 자산운용회사 내부에 변화가 생겼다면 최초에 설정한 투자 비중을 유지할 수 있도록 재조정Re-balancing이 필요합니다. 한편 투자 계획 자체에 문제가 생겼거나 계획을 세웠던 당시의 경제 상황, 자본시장 환경과 다른 상황이 전개된다면 배분 계획 자체를 수정해야 합니다.

마지막으로, 고객님이 펀드에 대한 지식이 없다면 은행원이 아무리 친절하게 설명해 주더라도 원활한 상담을 기대할 수 없습니다. 따라서 펀드에 가입하기 전에는 펀드와 관련된 최소한의 지식은 반드시 숙지하는 것이 좋습니다.

Tip

펀드의 기준가격은 어떻게 책정되는가?

펀드에 가입하면 펀드가 투자하고 있는 주식이나 채권을 갖게 되는 것이 아니라 투자한 자산의 가치를 나타내는 수익증권을 갖게 되는 것입니다. 펀드는 '기준가격'으로 현재 가치를 측정하게 됩니다. 펀드의 기준가격은 투자자 입장에서 자신이 투자한 펀드의 실제 가치를 따져 보거나 환매하여 받을 수 있는 금액을 가늠하는 데 사용하게 됩니다. 먼저 펀드의 기준가격을 간단하게 정의하면 다음과 같습니다.

펀드의 투자자산 가치에서 모든 보수 및 비용을 뺀 '① **순자산가치**'를 '② **총 발행 좌수**'로 나눈 것

이를 좀 더 자세히 살펴보도록 하겠습니다.

① 순자산가치

순자산가치는 펀드에 편입되어 있는 주식과 공사채 등 모든 자산을 그날의 시가 또는 약관에서 정한 방법에 따라 평가하고, 채권의 이자와 주식의 배당금 등의 수입을 추가하여 자산 총액을 산출합니다. 여기에서 투자신탁의 운용에 필요한 비용 등을 차감하여 순자산총액을 산출하는 것입니다. 이를 수식으로 표현하면 다음과 같습니다.

펀드가 투자한 주식 및 공사채 가치+채권의 이자와 주식 배당금–투자신탁 운용에 필요한 비용

② 총 발행 좌수

총 발행 좌수는 펀드의 기준가격을 산정하는 날의 수익증권의 잔존 좌수를 의미합니다.

이렇게 파악한 기준가격을 참고로 펀드에 가입하기도, 출금하기도 하는 것입니다. 즉, 기준가격이 낮으면 동일한 투자 금액으로 더 많은 수익증권을 살 수 있고 반대로 기준가격이 높으면 수익증권도 더 적게 살 수 있게 되는 것입니다.

펀드의 성과를 수시로 체크하자

펀드의 성과를 적절히 평가하기 위해서는 비교할 수 있는 벤치마크(Benchmark)가 필요합니다. 벤치마크는 펀드 수익률을 평가하기 위한 잣대입니다. 단순히 이익이 발생하면 좋은 펀드, 손해가 발생하면 나쁜 펀드인 것은 아닙니다. 펀드는 자체 수익률만

으로 좋고 나쁨을 평가할 수 없습니다. 펀드의 수익률을 상대적인 기준에서 비교하기 위해서는 펀드의 수익률뿐만 아니라 위험의 크기가 필요합니다.
펀드의 수익률과 위험을 평가하기 위해서 주식에 대해서는 주가지수, 채권에 대해서는 채권 지수가 사용됩니다. 이는 시장 전체의 움직임(수익률)을 나타내는 지표입니다. 예를 들어 주식에만 투자하는 펀드가 10%의 성과를 달성했는데, 같은 기간에 종합주가지수는 20% 상승했다면 펀드 수익률이 좋다고 할 수 없을 것입니다. 반대로 펀드 수익률이 –5%를 기록했지만 시장이 –10%를 기록했다면 시장 대비 성과가 우수하다고 할 수 있습니다. 이렇게 펀드 수익률의 좋고 나쁨을 비교하기 위해 벤치마크를 사용하는 것입니다. 내 펀드가 잘나가는지 아닌지 확인하기 위해서는 각 판매회사의 펀드 수익률 순위를 주기적으로 살펴보는 것이 중요합니다. 이를 확인할 수 있는 대표적인 웹 사이트로는 '다음 금융(finance.daum.net)', '펀드닥터(www.funddoctor.co.kr)' 등이 있습니다.

6
펀드 결산

펀드는 정기적으로 '결산'을 합니다. 펀드는 투자 상품이기 때문에 이익이 나기도 하고 손실이 발생하기도 합니다. 그렇기 때문에 펀드 투자자들의 각기 다른 환매 시점마다 이자소득세를 부과할 경우 세금을 부과하기가 매우 힘들 수밖에 없습니다. 따라서 정확한 세금 부과를 위해 1년에 한 번 펀드의 기준가격을 조정하여 전년도 해당 펀드의 유동자산, 채권 보유 부분에 대한 이자소득이 얼마나 되는지 계산합니다. 이러한 과정이 바로 펀드의 결산입니다. 일반적으로 펀드의 설정일을 기준으로 1년에 1회 결산을 실시하기 때문에 결산일은 각 펀드마다 다르기 마련입니다. 물론 매 연말마다 결산하는 펀드도 일부 있습니다.

결산 후에 이자소득이 꽤 커서 펀드의 기준가격이 1500원으로 증가했다면 그 펀드는 이익금이 발생한 것입니다. 이러한 이익금은 투자자에게 배분하며, 대부분 결산과 동시에 이익분을 펀드에 재투자합니다. 결산 이후 통장을 확인해 보면 기준가격은 1000원으로 급격히 떨어졌으나 보유좌수는 더 늘어 총 자산 가치는 그대로 유지된 것을 확인할 수 있을 것입니다. 그리고 이렇게 재투자한 금액은 환매수수료 부과 기간에 상관없이 현금으로 인출할 수 있습니다.

결산이 끝나면 자산운용회사에서 '자산운용보고서'를 작성하여 수탁회사의 확인을 받은 후 판매회사를 통해 고객에게 제공합니다. '자산운용보고서'는 펀드의 운용 방식과 결과를 설명하는 보고서입니다. 주요 내용은 특정 기간 중의 투자신탁(투자 회사)의 개요, 자산·부채·신탁 원본 등에 관한 사항, 각 유가증권의 포트폴리오에 관한 사항, 운용 전문 인력에 관한 사항 등과 같습니다. 자산운용보고서의 주요 목차를 살펴보겠습니다.

〈자산운용보고서 목차 및 주요 개요〉

자산운용회사의 대표이사 글

펀드매니저 운용 보고

주요 투자 기업 분석 보고서
: 주요 투자 회사에 대한 소개와 투자 이유에 대해 설명합니다.

운용 상세 보고
Ⅰ.기본 정보
1. 개요
2. 운용 성과
3. 자산 구성 현황

Ⅱ.상세 정보
1. 투자신탁의 개요
2. 자산 보유 및 운용 현황
3. 매매 주식 총수, 매매 금액 및 매매 회전율
4. 운용의 개요 및 손익 현황
5. 운용 전문 인력 현황
6. 중개 회사별 거래 금액, 수수료 및 그 비중
7. 이해관계인과의 거래에 관한 사항
8. 의결권 공시 대상 법인에 대한 의결권 행사 여부 및 그 내용
9. 분배금 지급 내역
10. 공지 사항

가장 중요한 'Ⅱ-4. 운용의 개요 및 손익 현황'에는 수익률 정보는 물론 해당 펀드의 1개월, 3개월, 6개월, 1년, 설정일 이후 등의 수익률이 표시됩니다. 이를 통해 수익률의 변동 폭을 체크해야 합니다. 한편 보고서의 수익률은 펀드 전체의 수익률을 의미하며, 고객님의 실제 수익률이 아니라는 점을 알고 있어야 합니다.

'Ⅱ-2. 자산 보유 및 운용 현황' 항목을 통해서는 보유한 주식의 종류와 주식 매매 시점 등을 대략적으로 확인할 수 있습니다. 특정 분야에 집중 투자하는 펀드일 경우 실제로 그렇게 하고 있는지, 경영 위기에 몰린 업체의 주식을 사지는 않았는지 체크해야 합니다. 또한 펀드매니저의 변동 사항도 점검해야 할 항목입니다. 대부분의 펀드가 팀제로 운용되므로 팀원들의 변동이 잦으면 펀드의 안정성이 떨어지기 마련입니다. 이처럼 자산운용보고서를 읽어 보면서 반드시 체크하고 넘어가야 하는 7가지 항목은 다음과 같습니다.

	체크 항목	중요 점검 포인트
□	펀드 기간 수익률	펀드 수익률 변화 점검
□	벤치마크(Benchmark) 대비 수익률	비슷한 유형과의 대비 성과 점검
□	펀드 투자 전략 및 철학	투자 스타일과 철학이 꾸준한지 확인
□	종목 보유 내용	투자 철학에 맞는 종목 보유했는지 점검
□	종목 매매 현황	회전율이 투자 철학과 맞는지 확인
□	펀드매니저 변동 여부	매니저의 잦은 교체로 인한 안정성 저해 여부 점검
□	펀드 설정액 증감	설정액의 급감은 펀드 자체의 적신호

Special Page

펀드 투자 설명서 · 자산운용보고서의 해석과
중점 체크 포인트

펀드 투자 설명서는 대부분 50쪽 내외 분량의 책자 형태로 구성됩니다. 첫 번째 개요 부분은 전체 내용 가운데 가장 중요한 부분만 골라서 요약한 내용을 담고 있습니다. 펀드에 투자할 의향이 있다면 첫 장부터 마지막 장까지 꼼꼼히 살펴봐야 하지만 사정이 여의치 않다면 이 개요 부분만큼은 반드시 읽어 보기 바랍니다.

의외로 많은 고객들이 자신이 가입한 펀드가 잘 운용되고 있는지 확인하지 않습니다. 아마 '정기적금이나 예금처럼 일단 돈을 넣어 두고 만기 때 찾아가면 되겠지'라는 생각 때문일 것입니다. 그러나 앞서 말씀드렸듯이 펀드는 정기적금·예금과 같이 가만히 있어도 저절로 이자가 붙는 상품이 아닙니다. 그렇기 때문에 자산운용회사는 정기적으로 '자산운용보고서'를 만들어서 투자자에게 펀드의 현황에 대해 지속적으로 알려야 하는 의무가 있습니다. 자산운용보고서를 해석할 수 있다면 펀드를 관리하는 데 큰 도움이 됩니다. 이러한 자산운용보고서를 고객님의 것으로 만들 수 있는 방법을 알려 드리겠습니다.

자산운용보고서의 주요 목차별로 주의해서 살펴봐야 하는 사항은 다음과 같습니다. 본 내용는 증권 투자신탁(주식형) 펀드의 자산운용보고서입니다.

❶ 자산운용회사 대표의 글(고객님께 드리는 글)

자산운용보고서의 첫 부분인 '고객님께 드리는 글'은 펀드 자산운용회사의 대표이사가 고객에게 전하는 인사의 형태를 취하고 있습니다. 펀드의 주요 투자처에 대한 간략한 설명과 투자 원칙에 대한 재확인의 내용이 포함됩니다. 만약 펀드의 운용 성과가 나빠서 고객에게 손해를 입히게 되었다면 이런저런 이유를 들면서 '피치 못한 손실이었으며, 고객님께서 장기적인 안목으로 펀드를 환매하지 않고 계속 투자한다면 좋은 성과가 있을 것입니다.'라는 식의 말로 마무리하는 것이 일반적입니다.

❷ 펀드매니저 운용 보고

'펀드매니저 운용 보고'는 펀드를 직접 운용하는 펀드매니저와 해당 팀원들이 고객에게 드리는 글입니다. 지난 1년간 국내에서 판매된 유사 펀드 중에서 자신이 맡고 있는 펀드의 수익률을 비교하여 보여 주는 한편 최근 국내외 금융시장 변화에 따른 향후 운용 전략에 대해서도 간략하게 소개합니다. 또한 앞으로 투자하고자 하는 주요 국가(혹은 상품)의 현황에 대한 요약과 함께 '고객님께서 저희에게 보여 주신 신뢰에 보답할 수 있도록 앞으로도 운용에 최선을 다할 것을 약속드립니다.' 라는 식의 말로 끝맺습니다.

❸ 주요 투자 회사별 요약

'주요 투자 회사별 요약'에서는 펀드가 중점적으로 투자하는 회사 및 새롭게 투자하게 될 회사에 대한 소개와 시장성, 전망 등을 상세하게 설명합니다. 이 부분을 유심히 읽어 보면 펀드매니저가 선호하는 투자 회사의 유형이나 향후 전망에 대한 태도를 대략적으로 파악할 수 있습니다. 한편 그렇기에 해당 회사에 대한 부정적인 평가는 담고 있지 않음을 참고합니다.

❹ 운용 상세 보고

자산운용보고서의 핵심인 '운용 상세 보고' 부분은 9가지 항목으로 구성되어 있으며, 항목별 상세 설명은 다음과 같습니다.

(1) 집합투자기구(펀드) 개요

운용 상세 보고는 펀드의 명칭과 위험 등급, 운용 및 존속기간 등의 기초적인 사항과 재산의 규모, 분배금 지급 현황에 대한 정보 제공으로 시작합니다. 펀드 가입 시 투자신탁의 개요에 대한 설명을 듣지만 중간에 펀드의 성격이 변경될 수도 있으므로 반드시 살펴봐야 할 내용 중 하나입니다. 각 항목별로 살펴보겠습니다.

① 펀드 기본 정보

집합투자기구 (펀드) 명칭	펀드의 정식 이름이며, 앞서 알아본 것처럼 이름만으로도 펀드의 대략적인 특성 파악이 가능합니다. 이름에 '글로벌'이라는 단어가 포함되어 있으면 주로 해외시장에 투자하는 펀드일 것이고, '차이나'나 '인디아'와 같이 특정 국가명이 포함되어 있다면 해당 국가에 집중적으로 투자하는 펀드일 것입니다.
금융투자협회 펀드 코드	모든 펀드는 금융투자협회(www.kofia.or.kr)에서 발행하는 고유의 펀드 코드가 있습니다.
펀드 위험 등급	모든 펀드에 대해 투자 대상 자산의 종류 및 위험도 등을 감안하여 다음과 같이 투자 위험 등급을 5단계로 분류하고 있습니다. 펀드의 위험 등급이 높을수록 원금 손실의 가능성도 높아지며, 반대로 가장 낮은 5등급 펀드는 국공채와 같은 안전 자산에 투자하기 때문에 원금 손실의 위험성이 거의 없다고 볼 수 있습니다. ⓐ 1등급 – 매우 높은 위험 ⓑ 2등급 – 높은 위험 ⓒ 3등급 – 중간 위험 ⓓ 4등급 – 낮은 위험 ⓔ 5등급 – 매우 낮은 위험
집합투자기구의 종류	본 펀드가 어떤 유형에 속하는지 알려 주는 항목입니다. 만약 '투자신탁/증권(주식형)/추가형/모자형)'이라고 되어 있다면 다음과 같이 해석할 수 있습니다. · 전문 투자자에게 고객님의 돈을 맡겨 대신 투자하도록 합니다. · 해당 펀드의 자금을 주식에 60% 이상 투자합니다. · 투자 원본 규모의 증감이 가능한 펀드입니다. · 하나의 모펀드 아래 주식형, 채권형, 혼합형 등의 다양한 자펀드를 거느리고 있는 펀드입니다.
최초 설정일	펀드의 설정일은 사람의 생일과 같은 의미로, 펀드가 최초로 만들어진(설정된) 날짜입니다. 대부분의 경우 최초 설정일이 펀드의 결산일입니다.
운용 기간	펀드의 1차적인 운용 기간을 의미하며, 이 기간이 지난다고 해서 펀드가 청산되는 것은 아닙니다. 예를 들어 운용 기간이 '3개월(2014-08-07~2014-11-06)'인 경우 2014년 11월 6일에 펀드가 무조건 청산되지는 않는 것입니다(아래의 '존속기간' 참조).
존속기간	존속기간은 운용 기간이 끝난 후 펀드의 자동 청산 여부를 알려 주는 항목입니다. 만약 본 항목이 '추가형'으로 되어 있다면 운용 기간이 지나도 펀드가 청산되지 않고 계속해서 운용될 수 있다는 것을 의미합니다.
신탁업자	신탁업자는 신탁법에 의하여 신탁업에 진출한 금융기관을 의미하며, 대부분의 은행(드물게 보험회사도 포함)이 담당합니다. 이들의 의무는 집합투자기구(펀드)의 재산을 보관하고 관리·감시하는 것입니다(예: 스탠다드차타드은행).

일반사무관리회사	일반사무관리회사는 펀드와 관련된 온갖 잡무를 처치하는 회사입니다. 펀드매니저가 자산을 잘 운용하고 있는지 감시하는 의무도 있습니다. 이들은 펀드의 성과를 매일 발표합니다(예: 스탠다드차타드 펀드 서비스).
투자매매·중개업자	일정액의 수수료를 받고 펀드를 판매하는 역할을 수행합니다. '펀드판매사 이동 제도'를 이용하면 판매사를 옮길 수 있기 때문에 소비자의 선택의 폭이 넓고, 판매사간 경쟁이 유도되기도 합니다. 각 금융기관의 펀드 광고를 보면 서로 자기 회사의 펀드가 좋은 서비스를 제공한다고 말하지만 결론적으로 모든 금융기관에서 판매하는 펀드는 같은 펀드입니다(예: 스탠다드차타드 자산운용(판매)).
상품의 특징	펀드 상품의 주요 특징을 간결하게 요약하는 문구로, 주로 투자처와 투자 원칙을 언급하는 것이 일반적입니다. 아래의 예를 보면 ⓐ는 전 세계 주요 우량 기업의 주식에 투자하여 높은 수익률을 확보하는 상품이고 ⓑ는 중국(China)이 해당 펀드 상품의 주요 투자처임을 알 수 있습니다. ⓐ 세계 소비 시장의 새로운 동력으로 부상할 글로벌 신흥 부자와 함께하는 기업의 성장 과실 향유를 목적으로 전 세계 하이엔드(High-end) 산업의 일등 기업, 브랜드 경쟁력과 네트워크를 확보한 기업, 경기 변동과 상관없이 꾸준한 수요가 발생하는 경기 비탄력적 기업에 투자 ⓑ 세계 경제 발전의 중심축인 동아시아의 성장을 주도할 중국의 성장 과실 향유를 목적으로 실질소득 증가의 수혜를 입는 내수 일등 기업, 정부의 적극적인 구조 조정으로 경쟁력이 강화되는 산업 내 주요 일등 기업에 투자

만약 '집합투자기구의 종류'가 모자(母子)형 펀드라면 다음과 같은 주의 사항이 추가됩니다.

> 이 투자신탁(펀드)은 다수의 펀드(자펀드) 자산을 하나의 펀드(모펀드)에 모아 통합 운용함으로써 규모의 경제 효과를 얻기 위한 모자형 간접투자 기구입니다. 모펀드는 실제 투자자산을 운용하는 펀드로서 모펀드의 수익자는 자펀드만이 될 수 있으며, 고객님께서 가입한 펀드는 자펀드입니다. 이 점 유의하여 운용보고서를 살펴보기 바랍니다.

② 펀드 재산 현황

펀드 재산 현황은 펀드의 자산, 부채, 순 자산(자산-부채)의 변동과 순 자산을 수익증권 수로 나눈 기준가격의 증감을 전기말과 비교해서 보여 주는 부분입니다. 펀드의 자산이 크게 증가했더라도 부채가 그보다 더 증가했다면 자산 증가의 효과는 오히려 마이너스가 될 수 있기 때문에 '순 자산' 항목을 유의해서 살펴봐야 합니다. 순

자산이 감소하거나 기준가격이 하락하는 추세라면 펀드의 운용 성과가 나빠졌다는 것을 의미하며, 이러한 경우 펀드의 환매가 이루어지게 됩니다. 기준가격과 보유 좌수의 변동도 체크해 봐야 합니다. 기준가격은 3개월 전과 비교해서 얼마나 올랐거나 하락했는지, 주식시장과 비교했을 때 변동률은 어떻게 되는지 등을 살펴보기 바랍니다. 적립식으로 투자한다면 보유 좌수가 지속적으로 변동하며, 거치식으로 투자하는 경우라도 1년에 한 번 시행되는 펀드 결산으로 인해 보유 좌수에 변동이 생깁니다. 펀드의 평가 금액은 '기준가격×보유 좌수'로 계산되므로 펀드 평가 금액이나 수익률의 변동을 체크하는 데 기준가격과 보유 좌수는 필수 항목입니다.

(단위: 원, 좌/주, %)

	전기말	당기말	증감률
자산 총액(A)	11,105,825,684	13,195,335,138	18.81
부채 총액(B)	9,535,294	227,511,667	2,286.00
순 자산 총액(C=A−B)	11,096,290,390	12,967,823,471	16.87
발행 수익증권 총수(D)	13,187,537,320	12,777,798,348	−3.11
기준가격(E=C/D*1000)	841.42	1,014.87	20.61

기준가격이란 투자자가 집합투자증권을 입금(매입), 출금(환매)하거나 분배금(상환금 포함)을 수령할 때 적용되는 가격으로, 집합투자기구의 순 자산 총액을 발행된 수익증권 총수로 나눈 가격을 의미합니다.

③ 펀드 분배금 지급 내역

펀드는 보통 1년에 한 번씩 결산합니다. 일반적으로 최초 설정 시 기준가격은 1000좌당 1,000원으로 출발합니다. 그리고 1년 후 기준가격이 1000좌당 1,200원이 되었다면 결산 시 200원만큼 재투자하여 수익증권 좌수를 늘려 줍니다. 그 후 기준가격은 다시 1000좌당 1,000원으로 재출발하게 됩니다. 수익증권 좌수는 주식수와 비슷하다고 생각하면 됩니다. 경우에 따라서 매월 투자자들에게 일정액의 분배금을 지급하는 펀드도 있는데요. 이때 분배금이 얼마나 지출되었는지를 본 항목에서 정확하게 확인할 수 있습니다. 만약 분배금이 많았다면 펀드의 순 자산도 자연히 감소합니다.

(2) 펀드 운용 성과(투자 실적)

아래의 기간 수익률과 연평균 수익률을 보기 전에 알아야 할 것은 본 투자 실적은 과거의 성과를 나타낼 뿐 미래의 운용 성과를 보장하는 것은 아니라는 점입니다. 과거의 수익률만 보고 섣불리 펀드에 투자해서는 안됩니다.

① 운용 경과 및 운용 계획

앞서 살펴본 '펀드매니저 운용 보고'와 상당 부분 겹치는 내용이므로 '앞부분의 펀드매니저 운용 보고를 참고하시기 바랍니다.'라는 식으로 생략하는 경우가 많습니다.

② 기간 수익률(1년 이하-월별 비교)

기간 수익률은 보통 1, 3, 6, 9, 12개월의 5가지 기간별 펀드의 수익률을 보여 줍니다. 이때 해당 펀드의 수익률을 시장(Market)의 수익률과 비교하기 위해서 '비교지수(Benchmark)' 항목을 넣습니다. 비교지수 사용의 실례를 살펴보겠습니다.

※ 비교지수(Benchmark)=MSCI World[2] 90%+Call 10%

---

2 MSCI Inc. 또는 MSCI Barra는 뉴욕증권거래소(NYSE)에서는 MXB라는 기호로 표시한다. 이 기업은 주식, 채권, 헤지펀드 관련 지수들과 주식 포트폴리오 분석 도구를 제공한다. 2004년에 모건 스탠리 캐피털 인터내셔널(MSCI: Morgan Stanley Capital International)이 바라(Barra Inc.)를 인수했다. 모건 스탠리는 MSCI Barra의 최대 주주이며, 캐피털 그룹 컴퍼니(The Capital Group Companies)가 소액 주주로 참여하고 있다. MSCI 국제 및 세계 자본 지수들은 1970년 이래로 산출되어 왔다. 이 기업의 가장 유명한 지수로는 MSCI World와 MSCI EAFE가 있다. MSCI 지수들은 국제적인 자기 자본 포트폴리오의 성과를 측정하는 벤치마크(Benchmark) 지수로써 널리 활용되고 있으며, 인덱스펀드나 상장지수펀드와 같은 소극적 투자 상품의 근간이 되고 있다.

(단위: %)

구분	최근 1개월	최근 3개월	최근 6개월	최근 9개월	최근 12개월
집합투자기구 (해당 펀드)	16.59	-11.10	-22.35	-19.46	-
비교지수 (BenchMark)	19.72	-8.48	-22.25	-33.90	

최근 1개월의 수익률을 보면 해당 펀드가 비교지수보다 약간 낮은 것을 알 수 있습니다. 그러나 최근 9개월의 수익률을 보면 비교지수는 -33%의 손해가 난 반면 해당 펀드는 약 -20%로, 시장 평균보다는 손해율이 낮은 것을 알 수 있습니다.

③ 연평균 수익률(1년 이상-연별 비교)

연평균 수익률은 보통 1~5년간의 5가지 연별로 펀드의 수익률을 보여 줍니다. 마찬가지로 해당 펀드의 수익률을 시장 수익률과 비교하기 위해서 비교지수를 사용합니다.

(단위: %)

구분	최근 1년	최근 2년	최근 3년	최근 4년	최근 5년
집합투자기구 (해당 펀드)					
비교지수 (BenchMark)					

해당 펀드의 최초 설정일로부터 1년이 되지 않았다면 연간 수익률은 위와 같이 공란으로 표시됩니다.

④ 벤치마크 대비 수익률 그래프

벤치마크 대비 수익률 그래프는 펀드의 수익률을 비교지수와 비교하여 그 차이를 보여 주는 항목입니다. 아래의 그래프를 살펴보면 펀드의 수익률이 전반적으로 마이너스이고 비교지수의 수익률은 그보다 더욱 낮은 것을 알 수 있습니다. 즉, 해당 펀드의 수익률이 나빴지만 만약 다른 투자처에 투자했다면 더 큰 손실을 볼 수 있었다는 것을 우회적으로 표현한 것입니다. 일반적으로 벤치마크 수익률보다 높은 수익을 꾸준히 유지하는 펀드를 좋은 펀드라고 할 수 있습니다.

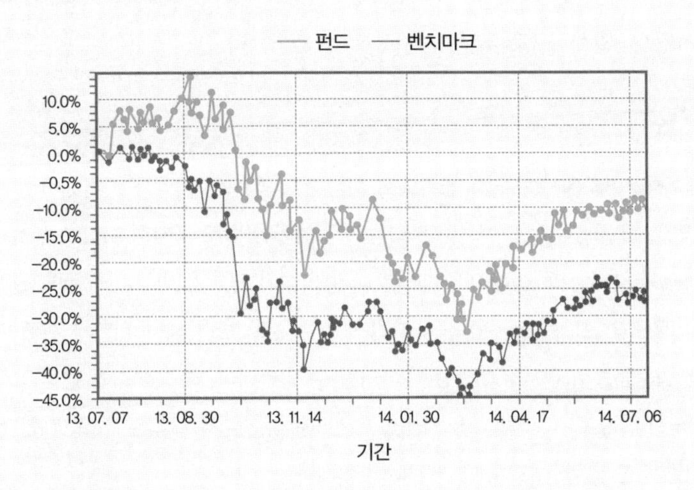

⑤ 펀드 손익 현황

펀드 손익 현황에서는 투자 항목별로 손익을 구별하여 제공합니다. 펀드의 성격에 따라 투자 항목은 달라집니다. 주식형 펀드의 경우 대부분 주식과 파생 상품, 기타의 항목에 대해서만 투자하며 그 이외의 항목에는 투자하지 않는 것이 일반적입니다. 반면 헤지펀드(Hedge Fund)라면 돈이 되는 모든 항목에 투자할 수도 있을 것입니다.

(단위: 억 원, %)

구분 장내	증권				파생 상품		부동산	특별 자산		단기 대출 및 예금	기타	손익 합계
	주식	채권	어음	집합투자 증권	장내	장외		실무 자산	기타			
당기 손익	−42				−20					17		−45
전기 손익	−27				−37					2		−62

(3) 자산 현황

자산 구성 현황 및 비율 항목을 통해 고객님의 펀드가 주식이나 채권, 파생 상품, 기타 자산에 얼마큼의 비율로 투자되는지 파악할 수 있고, 이를 통해 현재 공격적으로 투자하는지 안정적으로 투자하는지도 알 수 있습니다.

① 자산 구성 현황

자산 구성 현황에서는 투자 항목별로 해당 펀드의 자산 금액을 분류해서 보여 줍니다. 만약 해외에 투자한 펀드라면 다음과 같이 국가별로 투자한 자산의 구성 현황에 대해서도 알려 줘야 합니다. 이때 각 나라의 통화 단위가 다르기 때문에 원화로 환산한 자산의 규모로 표시합니다. 자산 구성 현황을 보면 해당 펀드가 주로 어느 나라에 집중적으로 투자하고 있는지 파악할 수 있습니다. 해외 투자가 없을 경우 모두 'KRW(한국)'으로 표시됩니다. 다음의 자산 총액은 앞서 살펴본 '펀드 재산 현황'의 당기말 자산 총액인 132억 원과 같아야 합니다.

(단위: 억 원)

통화별 구분	증권				파생 상품		부동산	특별 자산		단기 대출 및 예금	기타	자산 총액
	주식	채권	어음	집합투자증권	장내	장외		실물자산	기타			
KRW (한국)	20				2					10		32
USD (미국)	50									20		70
EUR (유럽)	20											20
JPY (일본)	5											5
AUD (호주)	5											5
합계	100				2					30		132

이 펀드는 대부분을 해외의 주식에 투자했으며, 특히 전체 자산의 약 50%인 70억 원을 미국 시장에 투자한 것을 알 수 있습니다. 따라서 해당 펀드는 미국의 경기 변동에 큰 영향을 받을 것으로 예측 가능합니다.

② 투자 대상 상위 10종목

펀드는 그 특성상 여러 군데에 분산해서 투자하게 됩니다. 이때 투자의 비중이 높은 상위 10개 종목은 해당 펀드의 성격을 이해하는 데 큰 도움이 될 수 있습니다. 아래의 표를 살펴보면 이 펀드는 전체 자산의 6.4%를 미국 구글(Google) 본사에 투자하고 있습니다. 또한 펀드매니저의 판단에 향후 미 달러(US Dollar) 환율이 크게 변동할 것으로 예상되었는지 미 달러를 직접 예금했거나 달러 대출금을 받은 것을 확인할 수 있습니다.

순서	구분	종목	비중(%)
1	주식	GOOGLE INC-CL A(구글)	6.40
2	단기 대출 및 예금	U.S DOLLAR	5.60
3	주식	ICICI BANK LTD-SPON ADR(ICICI은행)	5.55
4	주식	AMGEN INC(암젠)	5.19
5	주식	L'Oreal SA(로레알)	5.15
6	주식	VIVENDI(비방디)	4.85
7	주식	PERFECT WORLD CO-SPON ADR(퍼펙트월드)	4.65
8	주식	3M CO(쓰리엠)	4.08
9	주식	NEW ORIENTAL EDUCTN & TECH GRP (뉴오리엔탈에듀케이션&테크놀로지)	3.57
10	주식	Swatch Group AG(스와치)	3.52

③ 산업별 투자 비중

산업별 투자 비중을 파악하면 펀드매니저가 가장 크게 성장할 것으로 생각하는 산업군을 파악할 수 있습니다. 다음 표를 보면 해당 펀드의 소비재 부문에 대한 투자율이

20%를 넘는 것으로 나타나는데요. 자산운용보고서 초반에 '경기 변동과 상관없이 꾸준한 수요가 발생하는 경기 비탄력적 기업에 투자'를 하겠다는 펀드매니저의 설명대로 소비재와 의료·건강에 대한 투자 비율이 40%에 가까운 것을 알 수 있습니다.

업종	비중(%)	업종	비중(%)
소비재	20.96	IT	16.93
의료·건강	16.49	서비스	15.48
금융	14.20	산업재	7.95
기초소재	4.30	기타	3.69

④ 국가별 투자 비중

국가별 투자 비중을 파악하면 펀드매니저가 가장 크게 성장할 것으로 생각하는 국가를 파악할 수 있습니다. 아래의 표를 보면 미국에 대한 투자율이 52.85%로 가장 높으며 주로 미국, 유럽과 같은 선진국에 투자하는 펀드임을 알 수 있습니다.

국가	비중(%)	국가	비중(%)
미국	52.85	프랑스	15.74
중국	10.80	인도	6.41
스위스	4.06	캐나다	2.98
독일	2.80	스페인	2.77
일본	1.56	기타	0.03

⑤ 자산별 보유 종목 내역

투자 항목별로 보유한 종목과 금액, 비중을 확인할 수 있는 부분입니다. '자산 구성 현황'에서 살펴본 펀드의 경우 '주식', '장내파생상품', '단기 대출 및 예금'의 3가지 항목별로 보유 종목을 열거해야 합니다.

● 주식

(단위: 주, 원, %)

종목	보유 수량	평가 금액	비중
AMGEN INC(암젠)	11,473	699,662,720	4.58
JPMorgan Chase & Co(제이피모건)	17,800	682,490,448	4.46
Richemont-BR A(리슈몽)	28,591	664,317,946	4.34
SCHLUMBERGER LTD(슐렘버거)	10,500	619,701,232	4.05
Swatch Group AG(스와치그룹)	3,392	605,866,625	3.96
PETROBRAS-PETROLE(페트로브라스)	26,400	602,247,492	3.94
DU PONT (E.I.) DE N(듀폰)	16,700	567,928,840	3.71
Apple Inc(애플)	3,500	531,611,167	3.48
LVMH MOET HENNESSY(루이비통모에헤네시)	5,687	522,862,219	3.42
Honeywell International(허니웰)	12,300	486,426,870	3.18
Cardinal Health Inc(카디널헬스)	10,000	425,063,700	2.78
CAMECO CORP(카메코)	15,200	350,132,284	2.29
SHIMANO INC(시마노)	8,300	333,944,524	2.18
Visa Inc(비자)	3,800	298,964,088	1.95
BOEING(보잉)	[illegible],400	266,517,297	1.74
PETSMART INC(펫스마트)	8,900	253,836,099	1.66
Goldman Sachs Group(골드만삭스)	1,200	187,625,160	1.23
Hermes International(에르메스)	1,107	170,803,599	1.12
Procler & Gamble CO(프록터앤드갬블: 피앤지)	2,500	162,476,212	1.06
L'Oreal SA(로레알)	1,665	157,877,523	1.03
YARA INTERNATIONAL(야라 인터내셔널)	4,550	138,832,193	0.91
MONSANTO CO(몬산토)	1,300	138,332,961	0.90
TODAY INDUSTRES IN(토레이)	21,000	112,837,687	0.74
VOLKSWAGEN AG(폭스바겐)	240	100,603,707	0.66
DAIMLER AG-REGISTER(다임러)	2,246	95,244,418	0.62
합계	442,558	15,295,597,958	100.00

● 장내파생상품

(단위: 계약, 원)

종목명	매수/매도	계약수	미결제약정 금액	위탁증거금
미국달러선물0904	매도	95	6,219,175,000	
유로선물0904	매도	32	2,838,080,000	
엔화선물0904	매도	5	324,700,000	
합계		132	9,381,955,000	428,413,406

● 단기 대출 및 예금

(단위: 원, %)

종류	금융기관	대출(예금) 일자	대출(예금)액	적용 금리	만기일	비고
콜 1일물 2.05	하이투자증권	2009-04-06	1,460,402,017	2.05	2009-04-06	
예금	한국씨티은행		25,895,332	1.61		
USD			15,476,636	0		
AUD			3,481,961	0		
JPY			1,141,251	0		
CHF			492,210	0		
EUR			366,979	0		
합계			1,507,254,386			

위와 같이 항목별로 평가 손익과 비중을 살펴보면 가장 많이 구매한 종목과 전체 평가 금액 대비 매입가가 낮은 종목, 투자하고 있는 기업 등에 대해 파악할 수 있습니다. 이렇게 자산운용보고서를 통해서 투자 종목을 꾸준히 체크하다 보면 나중에 고객님께서 직접 투자할 때 많은 도움이 될 것입니다.

(4) 투자 운용 전문 인력 현황(책임 운용 전문 인력)

피 같은 고객님의 돈을 도대체 누가 굴리는지 알아볼 수 있는 항목입니다. 이때 눈여

겨봐야 하는 것은 학력이 아니라 담당자의 과거 펀드 운용 수익률과 현재 운용 인력의 변동 주기입니다. 과거 수익률이 좋았던 전문가가 앞으로도 잘할 확률이 높고, 현재 펀드의 담당자가 자주 바뀐다는 것은 그만큼 펀드의 자산 운용 상태가 불안정하다는 것을 의미하기 때문입니다. 만약 운용 인력과 위탁 운용사가 변경되었다면 자본시장과 금융투자업에 관한 법률 등 관련 법령에 의거하여 자산운용회사가 아래와 같은 자료를 홈페이지에 공시해야 합니다.

당사 변액자산운용팀의 운용 전문 인력 변경(신규) 사항 및 위탁 운용사 변경 사항을 다음과 같이 공시합니다.

1. 운용 전문 인력 변경

구분	반영 일자	성명	협회 등록번호	대상 펀드
변경(운용->비운용)	2015-12-20	홍길동	12345111111	변액펀드 전체
변경(비운용->운용)	2015-12-22	박문수	1234522222	변액펀드 전체

*변경 후 변액자산운용팀 운용 인력 현황: 강성범(2539000416), 한덕규(2770000190), 이성규(2157000002).

2. 위탁 운용사 변경

상품	펀드	운용사	변경 후 운용사	변경 일자
변액종신	혼합형	F 투신운용	F 투신운용, K 자산운용	2015-12-17
변액유니버셜종신/ VIP변액유니버셜종신	안정혼합형	S 자산운용	F 투신운용, S 자산운용	2015-12-22
	배당혼합형	S 자산운용	M 자산운용, S 자산운용	2015-12-22
	혼합형	K 자산운용	K 자산운용, F 투신운용, P 자산운용	2015-12-22
	주식혼합형	M 자산운용	M자산운용, F 투신운용	2015-12-22
변액유니버셜(적립형)/ S-VIP(Red Zone)변액 유니버셜	안정혼합형	S 자산운용	F 투신운용, S 자산운용	2015-12-22
	주식혼합형	M 자산운용	M 자산운용, F 투신운용	2015-12-22
	액티브주식형	K 자산운용	K 자산운용, F 투신운용	2015-12-22
	인덱스주식형	P 자산운용	P 자산운용, W 자산운용	2015-12-22

변액연금/100세플러스 변액연금 2종	안정혼합형2	S 자산운용	F 투신운용, S 자산운용	2015-12-22
	혼합형2	P 자산운용	P 자산운용, S 자산운용	2015-12-17
변액연금/100세플러스 변액연금 1종	혼합형	P 자산운용	P 자산운용, F 투신운용	2015-12-22
	배당혼합형	S 자산운용	P 자산운용, S 자산운용	2015-12-22
	성장혼합형	M 자산운용	M 자산운용, F 투신운용, K 자산운용, A 자산운용	2015-12-22
	주식혼합형	M 자산운용	M 자산운용, S 자산운용, K 자산운용	2015-12-22

(5) 비용 현황

① 업자별 보수 지급 현황

펀드와 관련된 회사들에게 지급한 보수를 알 수 있는 항목입니다. 보수 총액뿐만 아니라 투자신탁의 순 자산 총액 대비 보수의 비율도 확인할 수 있습니다. 아래의 표를 살펴보면 당기(3/4분기 3개월) 동안 9500만 원이 각 회사에 보수로 지급되었으며, 그 비율은 순 자산의 0.57%에 달합니다.

(단위: 백만 원, %)

구분	전기		당기		비고
	금액	비율	금액	비율	
자산운용회사	111	0.55	91	0.54	
판매회사	0	0.00	0	0.00	
수탁회사	4	0.02	3	0.02	
일반사무관리회사	2	0.01	1	0.01	
보수 합계	116	0.58	95	0.57	

※ 투자신탁의 순 자산 총액 대비 비율

② 총 보수·비용 비율

총 보수·비용 비율(Total Expense Ratio)이란 운용 보수 등 투자신탁에서 부담하는 '보수'와 투자신탁 재산의 운용 과정에서 경상적·반복적으로 발생하는 유가증권 매매 수수료 등의 '기타 비용'을 순 자산 총액으로 나눈 비율을 의미합니다. 이러한 비율은 운용 기간 중 투자자가 부담한 총 보수·비용의 수준을 나타냅니다. 즉, 앞서 살펴본 '업자별 보수 지급 현황'을 포함한 모든 비용이 얼마나 되는지 파악할 수 있습니다.

(단위: 연환산 %)

구분	전기	당기
총 보수·비용 비율	0.74	1.08
매매 수수료 비율	0.50	0.91

(6) 투자자산 매매 내역

① 매매 주식 규모 및 회전율

고객님의 펀드가 지난 1분기 동안 주식을 얼마나 자주 사고팔았는지 확인할 수 있습니다. 이를 '매매 회전율'이라고 합니다. 주식을 너무 자주 사고팔았다면 자산 운용이 안정적이라고 할 수 없습니다. 매매 회전율이 높을수록 그에 따른 주식 거래 비용 또한 증가할 수 있기 때문입니다. 일반적으로 분기별 매매 회전율이 100%를 넘지 않는 것이 좋다고 하지만 펀드의 성격 및 국내외 금융시장 환경에 따라서 그 기준은 달라질 수 있습니다.

② 중개 회사별 거래 내역

자산운용회사는 주식을 직접 사고팔 수 없으므로 개인 투자자처럼 증권회사를 통해 거래합니다. 이때 특정 증권회사와의 거래에 치중되지 않았는지 확인할 필요가 있습니다. 다양한 증권회사와 거래해야 계열사 간 지배 구조를 벗어나 독립적으로 자산 운용을 할 수 있기 때문입니다.

(7) 이해관계인과의 거래 및 계열사 발행 증권 거래 현황

펀드와 이해관계가 있는 법인이나 대주주와의 거래 관계 여부를 확인하는 것도 중요합니다. 펀드에서는 이해관계인과의 거래가 발생하지 않는 것이 대부분이지만 혹시라도 발생할 경우 펀드 수익률에 엄청난 영향을 미칠 수 있기 때문입니다.

(8) 의결권 공시 대상 법인에 대한 의결권 행사 여부 및 그 내용

주식형 펀드의 경우 거래소에서 거래되는 주식을 매입하게 되면 해당 기업의 주주로서 권리를 가지게 됩니다. 따라서 투자 기업의 주주총회에 참석할 수 있는 자격이 주어집니다. 이 항목에서는 펀드 운용자들이 주주총회에 참석하여 어떠한 목소리를 냈는지 파악 가능합니다. 이를 통해 자산운용회사가 투자자들에게 높은 수익을 돌려주기 위해 자산 운용 이외에 어떠한 노력을 하는지 알 수 있습니다.

(9) 공지 사항

자산운용보고서는 '공지 사항'으로 끝을 맺습니다. 보통 '홈페이지에서 더욱 자세한 정보를 제공하고 있으니 방문하여 확인 바랍니다.'라는 식의 마무리가 일반적입니다.

펀드나 변액보험에 가입하는 것 이상으로 가입 상품에 대한 관리 및 체크는 매우 중요합니다. 앞에서 하나하나 살펴봤던 내용을 바탕으로 자산운용보고서를 꼼꼼히 체크해 보세요. 처음에는 다소 이해가 어려울 수 있지만 분명 펀드와 변액보험에 대해 좀 더 많은 것을 알 수 있게 될 것입니다. 또한 투자 과정에 대한 충분한 공부는 추후 개인적으로 직접 투자할 때 많은 도움이 됩니다.

7
보험을 드는 이유

앞서 살펴본 펀드가 미래의 불확실한 '수익률'을 위하여 투자하는 것이라면, 이번에 다룰 보험은 미래의 불확실한 '인생'을 위하여 투자하는 것이라고 할 수 있습니다. 펀드와 보험 모두 '불확실한 미래를 위한 현재의 투자'라는 점이 공통적입니다. 본격적으로 보험에 대해 살펴보도록 하겠습니다.

생명보험 vs 손해보험

생명보험 계약은 보험회사가 보험계약자로부터 보험료를 받고, 피보험자에게 사고가 생길 경우 정한 바에 따라 보험금 또는 기타 일정한 급여를 지급할 것을 약정하는 계약을 말합니다. 생명보험 계약은 사람의 생사(生死)를 보험사고로 보고 보험사고가 발생할 경우 손해의 유무나 다소를 불문하고 일정한 금액을 지급하는 정액보험이라는 점에서 보험사고 발생 시 그 손해를 실손 보상하는 손해보험 계약과 본질적인 차이가 있습니다. 생명보험은 보험계약자가 사망할 경우 그 소득 금액을 대체할 수단으로 가입하는 것이 일반적이며 세제 혜택, 재무 설계, 현금 저축, 노후 대비 및 상속 준비 등의 측면으로도 널리 활용되고 있습니다.

생명 보험	보장성 보험	재해 및 질병 등 각종 위험 보장에 적합한 상품으로, 사망 보험금은 물론 입원비와 수술비 등 다양한 보험금이 지급됩니다.
	연금 보험	노후 생활에 필요한 자금이 연금으로 지급되는 상품이며, 연금 지급 개시 전 보험사고 시 사망 보험금, 장해연금 등 다양한 보장을 받게 됩니다.
	생사 혼합 보험	단기간 내 목돈 마련을 위한 상품으로, 고수익은 물론 위험 보장도 받을 수 있습니다.
	교육 보험	예기치 못한 부모의 경제적 능력 상실 등에 대비하여 장래의 자녀 교육에 필요한 학자금 마련을 위한 상품으로, 일부 보험 상품의 경우 입원비나 수술비, 암 진료비 등의 위험 보장도 받을 수 있습니다

한편 손해보험은 우연한 사고(보험사고)로 입을 재산상의 손해에 대해 보상을 약속하는 보험을 의미합니다. 손해보험의 종류는 무척 다양하며, 보험의 효력에 따라 다음과 같이 일반 보험과 장기보험으로 크게 나눌 수 있습니다.

손해 보험	일반 보험	일반 보험은 보통 1년 이후 소멸합니다. 대표적인 일반 보험으로는 화재보험과 자동차보험이 있습니다.
	장기 보험	1년 이상의 만기를 가지는 보험으로, 대표적으로 운전자보험이나 실손의료보험이 장기보험에 속합니다. 화재보험도 1년 이상의 만기를 가지고 있는 저축성 장기보험이 있습니다.

8

장기 투자 성격을 겸하고 있는 생명보험

생명보험은 기본적으로 정기보험과 종신보험의 2가지 종류가 있습니다. 여기에서 조금씩 변형되어 보험회사의 투자 실적에 따라 보험금 지급 액수가 달라지는 변액보험과 직접 보험료와 보장 금액을 조절할 수 있는 유니버설 보험이 됩니다. 한 단계 더 나아가 보험료의 적립금 부분에 대한 투자 방식을 결정할 수 있는 변액 유니버설 보험이라는 상품도 있습니다. 5가지 생명보험의 차이에 대해 간략하게 살펴보겠습니다.

01 정기보험

정기보험은 약정한 가입 기간 동안만 보장하는 보험 상품을 의미합니다. 만약 피보험자가 가입 기간 중에 사망하면 사망 보험금을 지급합니다. 가입 기간은 보험 상품별로 다르며, 예를 들어 '10년', '20년', '60세 까지' 등과 같이 다양합니다. 정기보험의 사망 보험금은 특약이 없는 한 가입 시점과 달라지지 않고 끝까지 유지됩니다. 다양한 특약을 첨부하여 질병 및 재해를 보장 받을 수 있으며, 종신보험으로 전환이 가능한 정기보험도 있습니다. 정기보험의 주요 특징은 다음과 같습니다.

- 보험료가 종신보험에 비해서 저렴하다.
- 교육비 마련, 장기 주택자금 상환 등 사망 보험금의 목적을 분명히 할 수 있다.
- 단기간 동안 가입할 수 있다.
- 만료 시 갱신 보험료가 비싸진다.
- 보험 기간 도중 종신보험으로 전환할 수 있다.
- 사망 보험금을 높여서 가입함으로써 종신보험을 대신할 수 있다.

정기보험은 고액의 종신보험에 가입할 만한 여유는 없지만, 자녀가 독립하기 전에 사망할 경우 남겨진 자녀 및 배우자에게 경제적 버팀목을 주고 싶은 피보험자에게 적합합니다. 즉, 자녀를 둔 30~40대이면서 고액의 보험료가 부담스러운 가장을 위한 상품이라고 할 수 있습니다.

02 종신보험

종신보험은 가입 기간이 종신이므로 평생 보장 받을 수 있다는 것이 가장 큰 특징입니다. 피보험자가 사망하면 약정된 보험금을 지급하며, 필요한 경우 보험금을 담보로 약관 대출이 가능합니다. 이때는 대출 금액에 대한 이자를 납입해야 하며, 대출 원금은 사망 보험금에서 제합니다. 정기보험과 마찬가지로 사망 보험금은 특약이 없는 한 가입 시점과 달라지지 않고 끝까지 유지되며, 다양한 특약을 첨부하여 질병 및 재해를 보장 받을 수 있습니다. 또한 환급금을 적립할 수 있기 때문에 생활 자금, 자녀 학자금, 주택자금 상환금 등이 필요하면 환급금의 범위 내에서 대출을 받을 수 있습니다. 환급금은 보험계약자가 납입한 보험료와 보험회사가 정한 이자에서 사망 보험금 및 관리 비용을 공제한 나머지 금액이라고 할 수 있습니다. 종신보험의 주요 특징은 다음과 같습니다.

- 평생 보장 받는다.
- 평생 보험료가 일정하다.
- 사망 시 보험금이 지급된다(간병비나 질병 치료비를 미리 받는 경우도 있음).
- 환급금은 적립 가능하며, 돈이 필요할 때 대출도 받을 수 있다(노후 연금으로 전환 가능).

종신보험은 정기보험에 비해 보험료가 높으므로 피보험자의 사망을 종합적으로 대비하려는 고소득자에게 적합한 상품이라고 할 수 있습니다.

03 변액보험

변액보험變額保險, Variable Insurance은 보험회사의 투자 실적에 따라 보험금 지급액이 달라지는 '실적 배당형 보험 상품'을 의미합니다. 즉, 보험계약자가 납입하는 보험료 가운데 사업비와 위험 보험료를 제외한 적립 보험료를 따로 분리하여 주식, 공채, 채권 등 수익성이 높은 유가증권에 투자한 후 운용 실적에 따라 투자 성과를 계약자에게 나누어 주는 실적 배당형 보험 상품입니다. 기존 다른 금융권의 간접투자 상품과 같이 투자 부분에 해당하는 보험료의 일부를 전문가가 주식이나 채권 등에 운용하고, 이를 통해 얻은 이익을 고객에게 환원해 준다는 측면에서 은행의 단위형 금전신탁이나 투신사의 수익증권, 자산운용회사의 뮤추얼펀드와 유사하다고 볼 수 있습니다.

변액보험은 보장 기능, 저축 기능, 뮤추얼펀드의 형식이 혼합된 구조로, 고객이 내는 보험금인 적립금의 원금이 보증되지 않고, 연금 지급 개시 때 고객에게 지급하기로 약정한 계약자 적립금은 최저로 보증됩니다. 즉, 매달 20만 원씩 20년을 납입한 경우 보험 원금 4800만 원 전체가 보증되지는 않지만 65세부터 20년간 매월 15만 원씩 지급하기로 한 금액은 보장되는 것입니다. 사망 보험금과 적립금은 계약의 투자 성과에 따라 변동하므로 고수익을 올릴 수 있는 반면 그만큼 위험 부담도 감수해야 하는 보험 상품입니다. 변액보험의 특징은 다음과 같습니다.

- 투자 성과에 따라 원금이 손실되거나 원금 이상의 보험금이 발생할 수 있다.

- 투자 성향에 따라 자산 운용 형태를 설정할 수 있다.
- 기존의 종신보험에 비해 상대적으로 보험료가 비싸다.
- 별도의 자격을 갖춘 사람만 판매할 수 있다.
- 예금자보호법의 보호를 받지 못한다.
- 목표 수익률을 사전에 제시하지 못한다.
- 반기별로 투자 실적 현황을 계약자에게 통지한다.

04 유니버설 보험

종신보험에서 변형된 유니버설 보험은 보험료의 납입 금액과 납입 시기를 직접 조절하여 환급금의 총액을 변경하거나 반대로 환급금을 조절하여 납입할 보험료를 변경할 수도 있는 상품입니다.

유니버설 보험은 보험료 납입이 비교적 자유롭습니다. 일정 기간 동안 보험료를 내면 이후에는 가입자의 주머니 사정에 따라 몇 달간 돈을 내지 않아도 보험이 깨지지 않습니다. 자금에 여유가 생기면 원래 내던 액수보다 더 많은 보험료를 낼 수도 있습니다. 급전이 필요할 경우 낸 돈을 잠시 찾아 써도 됩니다. 즉, 가입 후 일정 기간이 지나면 해약 환급금이 '0원'이 되지 않는 범위에서 보험료를 자유롭게 납입할 수 있는 보험입니다.

유니버설 보험의 이러한 유연성은 고객의 라이프 이벤트별 목적 자금 즉, 인생을 살아가며 발생하는 결혼, 출산, 육아, 창업, 은퇴와 같은 상황에 필요한 특수 자금 설계에 유용하게 활용할 수 있습니다. 정해진 보험료를 매달 납입해야만 보험 혜택을 유지할 수 있는 전통적 보험과 달리 가입자의 경제 상황에 따라 보험료 납입을 일정 기간 중단하면서도 보장 혜택을 계속 누릴 수 있는 상품인 것입니다.

또한 여유 자금이 있다면 보험료 추가 납입의 방법을 통해 사망 보험금이나 해약 환급금을 늘릴 수도 있습니다. 그뿐만 아니라 중도 인출 기능을 활용하여 고객의 의도에 따라 사망 보험금이나 해약 환급금을 줄일 수 있습니다. 예를 들어 자녀가 독립하기 전까지는 보장 금액을 높게 설정했다가 보장 니즈(needs)가 작아지는 시점에 적립금을 인출하여 자녀의 독립에 대한 지원 용도 등으로 활용하면서 보장 금액을 줄일 수 있는 것입니다.

05 변액 유니버설 보험 VUL: Variable Universal Life

변액 유니버설 보험은 변액보험과 유니버설 보험이 결합된 상품입니다. 보험계약자가 지정하는 펀드에 보험료를 투자하여 실적 배당하는 변액 기능과 보험료를 자유롭게 납입하고 수시로 출금할 수 있는 유니버설 보험의 기능을 결합한 것입니다. 즉, 운용 성과에 따라 고수익을 얻을 수 있는 투신 상품에 예금·적금의 편리함을 합한 상품이라고 할 수 있습니다. 보험료의 환급금으로 적립되는 부분을 주식, 증권, 채권 등 금융시장의 어느 분야에 투자할 것인지 직접 결정하는 것이 가장 큰 특징이며, 실적 배당이 이루어지고 중도 인출·추가 납입이 가능하다는 점에서 펀드와도 유사한 성격을 가지고 있습니다. 환급금의 총액은 보험회사의 투자 성과에 따라 달라지며, 보험회사가 해당 환급금을 보증하지는 않습니다. 변액 유니버설 보험의 특징은 다음과 같습니다.

- 적립식 펀드와 같이 자유 납입이 가능하다.
- 자금이 필요하면 중도 인출을 통해 유동성을 확보할 수 있다. 중도 인출을 할 경우 보험 환급금은 자동으로 줄어든다.
- 보장을 추가할 수 있다. 사망 보험금, 재해, 상해, 암, 성인병, 입원, 수술 등의 특약으로 위험에 대한 보장도 가능하다.
- 보험이지만 투자 상품이므로 5000만 원까지 보장되는 예금자보호법에 의한 예금자 보호를 받을 수 없다.
- 높은 투자 수익을 기대할 수 있는 반면 투자 손실이 발생할 수도 있다.
- 10년 이상 유지 시 비과세 혜택이 제공된다.

투자 실적이 좋으면 정액보험보다 많은 보험금을 받을 수 있지만 반대의 경우에는 일반 보험 상품에 든 것보다 손해를 볼 수 있다는 점을 주의해야 합니다. 예를 들어 주식시장이 오름세일 때에는 주식 투자 비중이 높은 혼합형 펀드에 가입하는 것이 좋지만 주가가 떨어질 때에는 서둘러 채권형으로 갈아타야만 그동안 달성한 수익을 유지할 수 있습니다. 보험회사별로 보통 연 4회가량 펀드 설정을 바꿀 수 있습니다. 변액 유니버설 보험은 종신보험과 연금보험의 구별 없이 가입하는 경우가 많은데, 투자 목적이 향후 사망에 대한 보장인지 연금인지 확실히 정하는 것이 좋습니다.

9

변액 유니버설 보험이 연금을 대체할 수 있을까?

보험회사에서 변액 유니버설 보험을 판매하면서 가장 강조하는 부분은 바로 보험·투신·은행의 기능이 하나로 묶여 있다는 점입니다. 그렇기 때문에 노후 대비에 최적의 상품이라고 홍보하는 것이지요. 납입 자금의 일부를 펀드에 투자하여 애초에 약정한 사망 보험금 외에 '플러스알파'가 붙는다는 점에서 '적립식 펀드'와 많이 혼동하시는데요. 이 2가지 상품의 특징에 대해 살펴보도록 하겠습니다.

1) 가입 목적과 기간

변액 유니버설 보험은 보험(위험 보장)과 투신(실적 배당), 은행(자유 입출금)의 기능을 결합한 상품이므로 여러 기능을 동시에 충족하려는 고객에게 적합합니다. 최소 10년 이상의 운용을 전제하며 20~30년 이상 장기 불입하는 경우도 있으므로 단기간 내의 목돈 마련보다는 장기간 투자를 통한 노후 자금 마련이 주목적입니다. 반면 적립식 펀드는 3~5년 정도의 불입 기간이 일반적입니다. 따라서 대규모 투자를 위한 종잣돈이나 주택 및 학자금 마련, 결혼 비용 마련 등 단기간 내에 목돈을 마련하기 위한 투자 방법으로 적당합니다.

2) 자금 운용 방법

적립식 펀드는 전액을 펀드에 투자하는 반면 변액 유니버설 보험은 사업비(신계약비, 수금비, 유지비 등) 부분을 제외한 금액만 펀드에 투자합니다. 따라서 적립식 펀드는 환매수수료 징수 기간 이후 불입금은 언제든지 환매하더라도 그동안 적립된 원금과 수익금을 전액 찾아갈 수 있지만, 변액 유니버설 보험은 중도 해지할 경우 해약 환급금이 전혀 없거나 적립 원금보다 적을 수밖에 없습니다. 단, 일반적인 보험 상품과 달리 긴급 자금이 필요할 때 해약 환급금의 50% 이내에서 인출이 허용됩니다.

3) 가입 시 고려 사항

적립식 펀드에 가입할 때 자산운용회사 선정에 신경 써야 하는 것처럼 변액 유니버설 보험의 경우에도 보험회사의 신뢰도와 자산운용회사의 운용 능력 등을 고려해야 합니다. 최소 10년 이상 장기간 운용되는 데다 운용 성과의 작은 차이가 나중에는 엄청난 수익률 격차로 이어질 수 있기 때문입니다. 따라서 가장 먼저 자산운용회사가 장기적으로 안정적인 수익을 내 왔는지 살펴볼 필요가 있으며, 펀드의 종류도 장기 투자를 전제로 선택해야 합니다. 안정성을 중요시하는 보험회사의 상품 특성상 채권혼합형 펀드 불입을 권장하는 비율이 매우 높습니다. 그러나 고객님의 투자 성향이 '공격형'이라면 채권보다는 주식 쪽의 비중을 더 높일 수 있을 것입니다. 변액 유니버설 보험의 이러한 투자 형태는 보험회사마다 다르므로 잘 알아본 후 선택해야 합니다.

4) 변액 유니버설 보험의 수익률

변액 유니버설 보험은 장기 투자형 보험 상품으로, 일반 보험 상품과 같이 보험료에서 신계약비, 유지비 등 부가적인 보험료와 위험 보험료를 떼기 때문에 단기적으로 투자할 경우에는 수익률이 낮습니다. 그러나 10년 이상 유지하면 세금을 내지 않게 되므로 수익률이 높아집니다. 또한 납입한 보험료 전체가 투자되는 것이 아니라 보장 보험료와 사업비 등 일부를 제외한 금액이 적립되는 것이되므로 장기적으로 투자해야 복리와 비과세 효과로 수익률이 높아집니다.

5) 펀드 형태 선택과 수익률 관리법

변액 유니버설 보험은 가입 시 장기적인 측면에서 생각하여 펀드의 형태를 선택해야 합니다. 또한 시장 상황에 따라 수수료 없이 1년에 12번까지 펀드 형태를 변경할 수 있는 옵션을 설정하는 것이 좋습니다. 주식 상승기에는 주식형을, 하락기에는 채권형을 선택하는 것이 좋지만 주식시장의 흐름을 제대로 따라가지 못하면 상승장에서도 수익을 못 챙길 수 있기 때문에 펀드를 변경할 때는 신중해야 합니다.

6) 변액 유니버설 보험의 중도 인출

변액 유니버설 보험은 적립식 펀드에 비해 인출이 자유롭습니다. 1년에 12번까지 가능하며 계약자의 적립금에서 인출됩니다. 별도의 이자 없이 2,000~5,000원 정도의 수수료를 내면 계약을 해지하지 않고도 필요한 자금을 융통할 수 있습니다. 중도 인출 금액이 원금을 넘지 않고, 보험을 10년 이상 유지할 경우에는 발생한 이자에 대한 세금을 내지 않아도 됩니다.

변액 유니버설 보험은 중·장기 목돈 마련을 위한 종합 통장식 상품으로 이해해야 합니다. 따라서 고객이 연금 재원 마련을 원할 경우 변액 유니버설 보험이 최적의 상품이라고 할 수는 없습니다. 연금보험은 가입 시기에 적용된 생명표가 연금 지급 시기에도 그대로 적용됩니다. 반면 변액 유니버설 보험은 투자 성과에 따라 연금 지급 시 받게 될 금액이 변동되므로 가입 때 적용된 생명표가 그대로 유지되지 않습니다.

변액 유니버설 보험의 가입 목적이 은퇴 후 연금 마련이라면 은퇴 시점까지 적립된 금액을 일시납 연금으로 전환해야 합니다. 이는 전환 당시의 생명표가 적용된 일시납 연금보험[3]에 가입하는 것과 동일한 효과입니다. 고객님의 안정적인 노후 설계를 위해서는 현재 판매되고 있는 연금보험을 우선적으로 권하는 것이 적절한 제안일 것 같습니다. 변액 유니버설 보험에 적립된 금액은 중도 인출하여 부족한 노후 생활비를 보충하는 방식으로 활용하면 좋을 것입니다.

세계적인 인구 노령화 추세로 인해 유럽의 보험회사 대부분이 연금보험으로 인한 역마진으로 고생한 경험을 가지고 있습니다. 아시다시피 우리나라의 인구 노령화 속도는 OECD 가입 국가 중 1위입니다. 따라서 앞으로는 고객의 입장에서 '좀 더 많이 내고 적게 받는' 연금보험 상품이 많아질 수 있으므로 원금 손해가 없는 상품에 하루 빨리 가입하는 것이 효과적일 것으로 생각됩니다.

3 일시납 연금보험은 보험료 납입을 유지하는 동안의 다양한 혜택을 통해 노후에 필요한 자금을 보장 받을 수 있는 상품입니다. 가입 후 10년 이상 유지해야만 크게 보장 받을 수 있으며, 연말정산 시 400만 원 한도의 소득공제 혜택도 제공됩니다.

7일차 상담

안전한 노후를 대비하는 **장기 투자**

1

18세부터 만 60세까지 의무적으로 납부하는 국민연금

오늘은 장기 투자에 대해서 말씀드리겠습니다. 이 부분은 '우선순위 3'에 해당하는 내용이기도 합니다. 장기 투자에는 앞서 살펴본 펀드와 보험도 포함되며, 그 이외의 상품은 '예금'과 '연금'으로 나눌 수 있습니다.

〈목표 달성을 위한 우선순위〉

우선순위 1	우선순위 2	우선순위 3	최종 목표
마이너스 통장과 악성 대출 상환하기	1년 만기 단기 상품 가입하기	노후를 위한 장기 투자 상품 가입하기 (연간 200만 원)	55세에 은퇴해서 중간 수준(Middle Level)의 노후 보내기
아파트 대출금 7000만 원 이내로 만들기 (하우스푸어, 카푸어 되지 않기)	펀드 원금 3000만 원으로 만들기		

그동안 매월 세금처럼 꼬박꼬박 납부한 국민연금도 포함되는 것인가요?

네, 맞습니다. 혹시 나중에 국민연금을 얼마나 받을 수 있는지 확인해 보셨습니까?

아니요. 그동안 납부만 열심히 했지, 제가 국민연금을 언제부터 얼마나 받을 수 있는지는 모릅니다. 국민연금공단에 물어보면 알려 주나요?

네. 홈페이지에서도 직접 조회 가능합니다. 특히 고객님의 최종 목표인 '55세에 은퇴해서 중간 수준의 노후 보내기'를 위해서는 반드시 국민연금을 체크한 후 은퇴 설계를 해야 합니다. 먼저 그동안 고객님께서 납부한 국민연금 금액과 향후 수령액을 확인해 볼까요?

지난달 월급을 조회해 보니 국민연금으로 거의 15만 원을 떼어 갔더라고요. 제가 알기로는 회사와 제가 반씩 부담하는 것이므로 한 달에 30만 원을 국민연금으로 납부하고 있는 것이고, 회사 생활을 한 지 10년이 되었으니 연간 360만 원에 10년이면 지금까지 3600만 원이 국민연금으로 들어갔다고 볼 수 있을 것 같습니다. 여기에 이자 등을 합치면 거의 5000만 원 정도 될 것 같은데, 나중에 제가 이 돈을 다 받을 수 있는 것인가요?

2013년도에 국민연금 수령 가능 연령이 최대 65세로 상향 조정되어 고객님과 같은 1980년대생의 경우 65세부터 연금을 받을 수 있게 되었습니다. 기존에는 60세 이상부터 국민연금을 받을 수 있었는데 말이죠. 참고로 1960년생은 62세부터 국민연금 수령이 가능합니다.

연금 지급 기준이 그렇게 자꾸 바뀌면 저와 같은 세대들은 과연 국민연금을 받을 수나 있을지 의문입니다. 요새 친구들과 농담 반 진담 반으로 국민연금을 제대로 돌려받는 방법은 이민 가는 방법밖에 없다는 말을 하기도 하는데, 어떻게 생각하십니까?

사실 고객님 연령대 분들이 연금을 받아야 할 때에 지급 기준이 또 어떻게 바뀔지는 미지수입니다. 한편 자영업자의 경우 자영업 신고를 하면 '국민연금 가입 촉구 고지서'를 받게 되므로 최저 5만 5,000원 이상의 국민연금을 매월 납부해야 합니다. 사업 초기에 적자를 보고 있는 상황이더라도 세금처럼 납부해야 하기 때문에 하루 벌어 하루 먹고사는 영세 자영업자들에게는 꽤 부담스러운 제도가 아닐 수 없습니다.

더군다나 기초노령연금과 국민연금의 통합으로 인해 그나마 탈퇴 가능한 자영업자들을 필두로 국민연금 탈퇴가 증가하고 있는 현실입니다. 누구는 불안한 노후 대비로 국민연금이 최고라고 하고, 그 반대편에는 국민연금을 탈퇴하는 사람들이 있습니다. 과연 어떤 말이 맞는 걸까요?

그러나 중요한 것은 월급쟁이들은 내기 싫다고 안 내는 것이 불가능하다는 사실입니다. 그렇다면 기왕 내는 돈, 언제부터 어떻게 받을 수 있는지 확실하게 알아보는 것이 현재 우리가 취할 수 있는 가장 좋은 방법일 것입니다. 먼저 국민연금에 대한 대략적 개요부터 살펴보겠습니다.

국민연금 가입자는 상황에 따라 본인 또는 유가족이 노령연금, 장애연금, 유족연금, 사망일시금, 반환일시금을 받을 수 있습니다. 가장 일반적인 수령 형태는 노령연금입니다. 국민연금공단에서 가입자에게 매년 '국민연금 가입 내역 안내서'를 발송하는데, 여기에서 본인의 현재 가입 상태(사업장가입 또는 지역가입자, 가입 연월일, 연금보험료)와 납부 총액 그리고 만 60세까지 납부하였을 경우 총 예상 연금액을 확인할 수 있습니다.

① 노령연금은 국민연금 가입자가 나이 들거나 퇴직한 후 일정한 소득 활동이 없는 경우에 노후 생활의 안정을 위해서 국민연금을 수령 받는 것을 의미합니다. 오랜 기간 많은 금액을 납부할수록 많이 받게 됩니다. 현재는 납부 기간이 10년 이상일 경우에 60세부터 평생 매월 연금이 지급되지만, 2013년도에 국민연금 수령 가능 연령이 최대 65세로 상향 조정되어 1970년대생의 경우 65세부터 연금을 받을 수 있습니다.

② 조기노령연금은 국민연금을 10년 이상 납입한 55세 이상부터는 소득이 없는 경우 60세 도달 전에도 청구할 수 있는 연금입니다. 즉, 미리 노령연금을 받는 것입니다. 이후 60세에 도달하면 노령연금을 수령하게 됩니다. 단, 조기노령연금을 받다가 60세 이전에 소득이 생기는 업무에 종사하게 될 경우 소득이 발생하는 기간 동안 연금 지급이 정지됩니다.

③ 분할연금은 이혼한 배우자의 생활 안정을 위해서 지급하는 연금입니다. 가입 기간 중 혼인 기간이 5년 이상이고, 이혼한 배우자가 60세 이상일 경우에 수령할 수 있습니다.

평범한 직장인이 국민연금을 성실하게 납부했다면 이를 통해 노후 비용의 1/3 정도는 충당할 수 있을 것으로 예상됩니다. 국민연금공단 홈페이지에서 고객님의 CASE를 직접 살펴보겠습니다.

국민연금, 얼마나 받을 수 있을까?

국민연금공단 홈페이지 http://www.nps.or.kr

국민연금공단 홈페이지에 접속하면 생각보다 많은 정보를 얻을 수 있습니다.

1. 홈페이지에서 [내 연금 알아보기]를 클릭합니다.

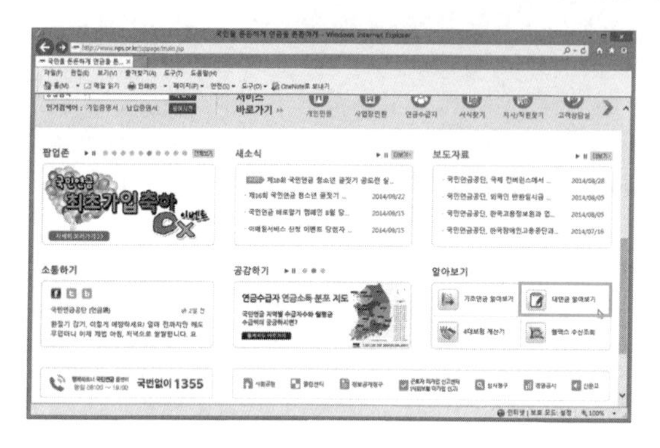

2. [나의 예상연금 조회]-[예상연금 조회]를 클릭합니다.

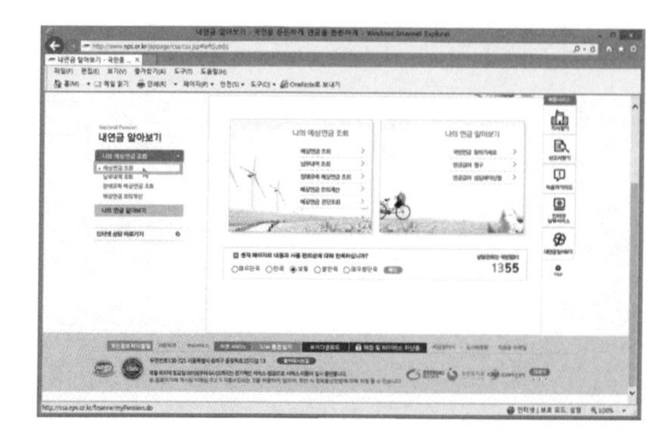

3. 조회에 앞서 공인인증서를 통한 로그인이 필요합니다. 가입되어 있지 않은 경우 회원 가입 이후에 공인인증서 인증 절차를 밟아 주시기 바랍니다.

4. [예상연금 조회] 화면이 나타납니다. [납부내역조회]를 클릭하면 그동안 납부한 금액과 향후 연금 수령액을 확인할 수 있습니다. 공인인증서 등록을 하지 않은 경우에는 납부 금액 확인이 불가능하며, [예상연금 모의계산]을 클릭한 후 금액을 추정하여 계산할 수 있습니다.

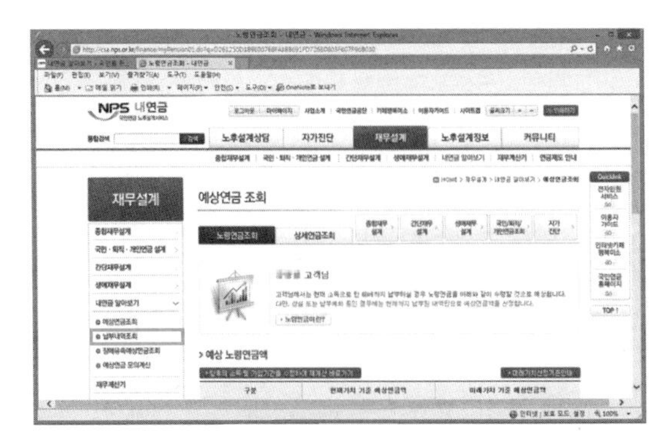

저는 예상 연금액이 산출되지 않는데요?

아쉽지만 가입 기간이 아직 10년이 되지 않았다면 국민연금 금액을 산정할 수 없습니다. 다른 분의 사례를 통해 살펴보도록 하겠습니다.

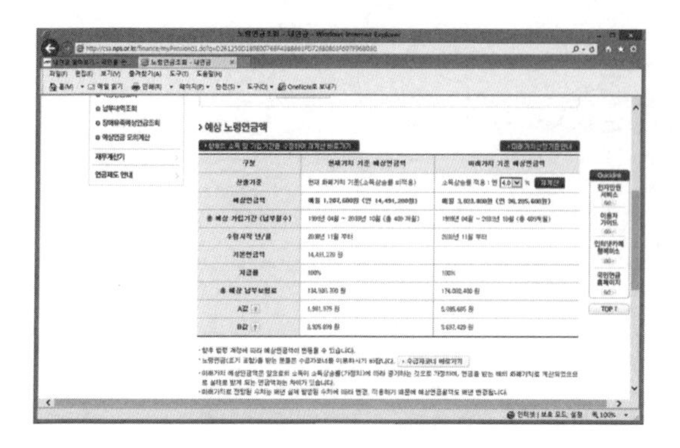

› 예상 노령연금액

구분	현재가치 기준 예상연금액	미래가치 기준 예상연금액
산출기준	현재 화폐가치 기준(소득상승률 미적용)	소득상승률 적용 : 연 4.0 %
예상연금액	매월 1,207,600원 (연 14,491,200원)	매월 3,023,800원 (연 36,285,600원)
총 예상 가입기간 (납부월수)	1999년 04월 ~ 2033년 10월 (총 409개월)	1999년 04월 ~ 2033년 10월 (총 409개월)
수령시작 년/월	2038년 11월 부터	2038년 11월 부터
기본연금액	[illegible] 원	
지급률	100%	100%
총 예상 납부보험료	[illegible] 원	[illegible] 원
A값	[illegible] 원	[illegible] 원
B값	[illegible] 원	[illegible] 원

이분은 1999년 4월부터 국민연금을 납부했고, 앞으로 2033년 10월까지 총 409개월간 지금과 같이 성실하게 납부한다면 2038년 11월부터 매월 3,023,800원(현재 가치로는 매월 1,207,600원, 연간 14,491,200원)을 받을 수 있는 것으로 나타나네요?

네, 맞습니다. 사실 저의 국민연금을 조회한 결과입니다. 현재 가치로 120만 원 정도니까 어디 가서 밥 굶지 않고는 살 수 있겠네요. 하하.

그러네요. 그런데 이게 실제 납부한 금액보다 많이 받는 건지, 향후에 인플레이션이 심해질 경우 어떻게 되는 건지 도통 감이 잡히지 않는데요?

해당 금액은 매년 소득이 4% 정도 상승할 것으로 가정하여 계산한 금액입니다. 연금을 수령할 것으로 예상되는 2038년 11월까지 연 4%의 물가상승률을 감안하여 계산하면 미래의 화폐가치로 매월 약 300만 원을 받을 수 있는 것으로 나타납니다. 그렇다면 얼핏 많아 보이는 월 300만 원으로 어느 정도의 노후 수준이 보장될까요?

현재의 300만 원과 2038년의 300만 원은 차이가 클 것 같습니다.

2038년을 기준으로 '기본 수준Base Level'의 노후를 위해서는 최소 319만 원이 필요합니다. 즉, 정해진 기간 동안 국민연금만을 착실하게 납부한다면 저는 기본 수준의 노후를 보낼 수 있는 것이죠. 고객님께서 희망하시는 '중간 수준Middle Level'의 노후를 맞이하기 위해서는 국민연금 하나로는 어림도 없습니다. 첫날 살펴봤던 노후 수준의 6단계 중에서 기본 수준을 복습해 볼까요?

Base Level은 최소한 현재 기준으로 간간이 소형차를 몰고 다닐 수 있고 기본적인 취미 및 여가 활동이 가능한, 말 그대로 '기본' 수준입니다. 또한 몸이 아플 때 병원에 가서 내 돈으로 치료를 받을 수 있는 수준입니다. '빈곤 수준(Poor Level)'의 비용 이외에 추가적으로 교통비 및 차량 유지비, 기본적인 취미 및 여가 생활비, 추가 의료비가 더해져 2인 부부 기준 월평균 140만 원 정도가 소요됩니다. 국민연금을 맹신하지 않고 소액의 개인연금 보험에 가입했다거나 조그만 부동산에 투자해서 소액의 임대료가 꾸준하게 들어오는 경우라면 이 정도 단계의 노후 생활이 가능합니다. 크게 돈이 아쉽지는 않지만 그렇다고 해서 마음 놓고 여가 생활을 누릴 수 있는 수준은 되지 않습니다.

2037년을 기준으로 중간 수준의 노후를 보내기 위한 금액인 500만 원과는 거의 200만 원의 차이가 나는군요.

고객님, 문제는 그것이 아닙니다. 이쯤에서 저에게 정말 중요한 질문을 하나 해 주셔야 합니다. 시간을 조금 드릴 테니 생각해 보시겠습니까?

2038년이면 선생님의 나이가 64세인데, 만약 선생님께서 55세에 은퇴한다면 거의 10년 동안은 국민연금이 지급되지 않는 것인가요? 그리고 만약 본인의 의지와는 상관없이 직장을 그만두게 되어 국민연금을 납부하지 못한다면 어떻게 되는 겁니까?

현재 노령연금의 개시 연령은 만 60세이지만 2013년부터 5년마다 1세씩 지급 연령이 높아지는 것으로 변경되었기 때문에 2033년부터는 65세부터 지급 받는 것으로 변경되었습니다. 저와 고객님과 같은 30~40대는 국민연금을 성실하게 납부했더라도 퇴직 후 65세가 될 때까지는 연금을 받을 수 없기 때문에 이에 대한 대비를 충분히 해야 합니다.

아니, 제가 55세에 정년퇴직하는 것도 거의 불가능한데 국민연금을 받기 위해서는 65세까지 스스로 돈을 벌어야 한다는 것인가요? 55세에 할 수 있는 일이 아파트 경비나 지하철에서 무가지를 주워서 파는 것 말고 대체 뭐가 있겠습니까?

정확한 지적이십니다. 그렇기 때문에 국민연금 하나만으로는 노후 대책이 힘든 것입니다. 65세 이후에 주택담보대출이나 기타 갚아야 할 빚이 없는 상태에서 현재 기준으로 월 100만 원이 지급된다면 그나마 입에 풀칠은 할 수 있겠지만 국민연금을 받기 전까지의 공백 기간인 약 10년을 대비할 수 있도록 개인연금을 가입하시는 것도 좋은 방법입니다. 물론 가장 좋은 방법은 회사에서 능력을 인정받아 정년이 없는 임원으로 승진해서 65세까지 일을 하고, 퇴직하자마자 바로 국민연금을 받는 것입니다.

너무 꿈같은 이야기입니다. 제가 아는 분들을 모두 통틀어도 65세까지 소득 활동을 원만하게 하시는 분들은 거의 없거든요. 설마설마했지만 국민연금 제대로 받기가 이렇게 멀고 힘든 일인 줄은 상상도 못했습니다.

금배지를 단 여의도의 의원님들 아니고서야 누가 65세까지 월급을 받을 수 있겠습니까? 따라서 노후를 위해서는 1년 이상의 장기 투자를 해야 하고, 국민연금 이외의 개인적인 연금도 준비해야 하는 것입니다. 그중에서 많은 분들이 관심을 가지고 가입하시는 주택연금을 이용해서 국민연금만으로는 부족한 부분을 충당하는 방법을 소개해 드리려고 합니다.

2

집은 있고 벌이는 없는 만 60세 이상이라면 주택연금

주택연금은 집을 소유하고 있으나 소득이 부족한 만 60세 이상을 대상으로 집을 담보로 한국주택금융공사에서 평생 일정 금액의 소득을 보장해 주는 연금 상품입니다. 한국주택금융공사에서 홍보하고 있는 주택연금의 장점을 살펴보면 다음과 같습니다.

〈주택연금의 장점〉

평생 거주+평생 지급	만 60세 이후부터 가입자 및 배우자 모두에게 평생 거주와 연금 지급을 보장합니다. 즉, 고객님의 사망 이후에도 배우자가 대신해서 평생 주택연금을 받을 수 있는 것입니다.
공적 보증	정부가 보증하는 상품이므로 연금 지급이 중단될 위험이 적습니다만 100% 믿어서는 안 된다는 것은 앞서 노령연금의 개시 연령을 슬그머니 올린 사례를 통해서도 충분히 인지하고 계실 것으로 생각됩니다. 앞으로는 또 어떻게 바뀔지 모르지만 현재로서는 다른 연금보다 안전합니다.

낮은 대출금리	일반적인 주택담보대출 금리보다 낮은 것이 일반적입니다. 현재는 CD금리가 낮지만 시간이 지나 금리가 오를 수도 있겠죠? 그럴 경우 정부의 대응은 그때 가봐야 알겠지만, 과거 국민연금 운용 방식을 참고할 때 CD금리가 올라가면 주택연금 지급액을 조절할 가능성이 있습니다.
저렴한 초기 비용	등록세, 교육세, 농어촌특별세, 국민주택채권 매입 의무가 면제되므로 초기 비용이 저렴합니다. 주택연금이 아닌 다른 상품을 구입할 경우 각종 세금을 납부해야 합니다.
세제 지원	당해 연도에 납부해야 할 재산세의 25%를 감면해 주며, 연간 2100만 원까지 대출이자 비용을 소득공제 받을 수 있으므로 약간의 세금 전략 효과가 있습니다.

금리 인하에 주택연금 가입자 자녀들은 웃는다…왜?

만 60세 · 시가 3억 원 일반주택 기준, 최대 월 68만 원 수령

중소기업에서 임원으로 근무하다 은퇴한 최 모(만 60 세, 서울 노원구)씨는 은퇴 후 시가 3억 원가량의 아파트에 살며 주택연금을 받기 시작했다. 주택연금을 통해 평생 집값이나 금리 변동에 신경 쓰지 않고 매달 68만 원을 지급받는다. 이제 그는 평생 본인 집에서 살면서 연금을 받고, 사후에는 집을 판 돈으로 연금을 상환하게 된다. 게다가 최근에는 금리 인하로 대출이자도 낮아져 최 씨가 사후에 자식들에게 물려줄 수 있는 잔금도 늘어나게 됐다.

◆ 시중금리 내리면 주택연금 상환 부담 줄어

주택연금 제도란, 보유 주택을 담보로 일정한 금액을 매달 대출하는 일종의 '역(逆)모기지론' 제도다. 월 대출금(수령액)에는 '3개월 CD금리+1.1%'의 대출이자가 붙는다. CD금리에 연동된 대출 이자는 3개월마다 변경된다. CD금리가 낮아질수록 연금 가입자의 대출이자는 줄어든 셈이다.

결국 금리 인하로 시중금리가 내려가면 주택연금 수령자들의 최종 상환액도 줄어들게 돼 자녀들에게 물려줄 수 있는 주택 매도 잔액이 늘어나는 것.

손정주 주택금융공사 연금개발팀 팀장은 "주택연금이란 실질적으로 주택을 담보로 해서 월 지급 형태로 은행에서 대출을 받는 제도라, 금리가 낮아지면 본인의 대출이자도 낮아진다"고 설명했다.

최근 CD금리(91일물)는 8월 금리 인하를 전후로 연 2.36%의 사상 최저치를 기록하고 있다. 따라서 지금 가입하면 낮은 대출이자로 싸게 연금을 빌릴 수 있어 상환부담이 줄게 되는 효과를 누릴 수 있다.

가입 대상은 만 60세 이상, 부부 기준으로 1주택 소유자다. 또한 담보 대상 주택은 시가 9억 원 이하의 일반주택 및 지방자치단체에 신고된 노인복지주택이면 된다.

아울러 주택연금은 가입자의 사망 시 주택 처분액이 연금 지급 총액보다 크면 남는 부분은 상속인에게 지급되며, 반대의 경우에는 상속인에게 별도의 청구가 없으므로 기대 수명이 긴 노인들에게 유리하다.

주택연금은 평생 가입자 및 배우자의 거주가 보장되며, 국가가 연금을 지급해 중단의 위험이 없다. 또한 여타 주택담보대출보다 낮은 대출금리가 적용되며, 세제 혜택(재산세 25% 감면)도 받을 수 있다.

반면에 초기 보증료 부담(연금 가입 비용, 주택 가격의 약 2%)이 있고, 주택소유권 상실 시(재개발 · 재건축 포함) 연금 지급이 정지되며, 중도 해지 시 5년간 재가입이 불가하다. 또한 보유 주택에 주택담보대출 기록이 있을 경우 가입에 제약이 있다는 단점도 있다.

〈연령별 · 주택별 주택연금 예상 수령액〉

주택 가격 및 연령	1억 원	2억 원	3억 원	4억 원	5억 원	6억 원	7억 원	8억 원	9억 원
50세	16.3	32.6	49.0	65.3	81.6	98.0	114.3	130.7	147.0
55세	19.2	38.4	57.6	76.8	96.1	115.3	134.5	153.7	173.0
60세	22.8	45.6	68.5	91.3	114.2	137.0	159.8	182.7	205.5
65세	27.4	54.8	82.2	109.7	137.1	164.5	192.0	219.4	246.8
70세	33.3	66.6	99.9	133.2	166.5	199.8	233.1	266.5	296.9
75세	41.2	82.4	123.6	164.8	206.0	247.3	288.5	317.5	317.5
80세	52.1	104.3	156.5	208.7	260.8	313.0	349.7	349.7	349.7

자료=한국주택금융공사

◆ 주택연금, 가입 후 이사는 '신중히'

전문가들은 주택연금 가입 시 반드시 재건축의 가능성이 없는 신규 주택을 담보로 가입하라고 조언한다. 담보로 잡힌 주택이 재개발이나 재건축할 경우, 공사기간 동안 주택의 소유권이 소멸되기 때문이다.

전유문 KB국민은행 자산관리플라자 부장은 "담보 주택이 재개발에 들어갈 경우 연금 계약은 해지되고, 연금으로 받은 돈과 이자를 모두 다시 갚아야한다"며 "주택연금을 지속적으로 받고 싶다면 신규 주택을 담보로 설정해야 한다"고 강조했다.

재개발 공사 기간 동안 새로운 집을 구입해 이사를 갈 경우 주택연금 계약은 이전 유지될 수 있다. 하지만 전세나 자녀 집에서 잠시 거주할 경우에는 계약이 해지되며 기존에 받은 연금 총액을 상환해야 하는 부담을 안게 된다.

금융위원회와 주택금융공사는 이 같은 불편함을 해소하기 위해 시행령 개정을 검토 중이나 내년은 돼야 실현될 전망이다. 따라서 적어도 내년까지는 가입 시 보유 주택의 재개발 여부를 꼼꼼히 따져봐야 한다.

반면, 주택연금 수령 시 새 집을 구매해 이사를 가게 되면 연금 계약은 그대로 이전된다. 다만 새 집의 가격이 기존의 주택가보다 높으면 추가 보증료를 납부해야 한다. 물론 월 수령액도 늘어난다.

반대로 이사 갈 집의 가격이 기존 주택 가격보다 낮으면 월 지급금은 줄어들 수 있다는 점도 명심해야한다.

만일 새로 이사 갈 집이 3억 원, 현재 살고 있는 집이 4억 원이라면 1억 원의 시세 차익이 난다. 이때 만약 차익(1억 원)이 연금 지급액보다 크다면 연금의 전부를 상환하거나, 향후 월 지급금이 줄어들 수 있다.

◆ 주택연금의 숨은 복병…'초기 보증료'

주택연금 가입자들이 또 하나 알아둬야 할 개념은 바로 '초기 보증료'다. '초기 보증료'는 가입 시 내는 것은 아니다. 다만 가입자 사망 시 잔금을 받거나 중도 상환하고자 할 때 주택 가격의 약 2%를 부담하는 방법으로 산정된다.

연금 수령자가 사망하게 되면 남은 잔금(연금 수령액<주택 가격)은 상속인에게 돌아가는데, 이때 '초기 보증료'를 제한 금액을 수령하게 되는 구조다. 또한 가입자가 주택연금의 중도 상환을 요구할 경우에도 이 같은 초기 보증료를 제외한 금액만 돌려받을 수 있도록 되어 있다.

금융위와 주택금융공사는 이 같은 초기 보증료를 장기간 분할해 부담하는 신상품을 2014년 중 출시할 계획이다. 이 같은 개정안으로 중도 상환 시 초기 보증료에 대한 부담은 다소 완화될 것으로 전망된다.

2014년 9월 NEWSPIM

주택연금은 일정한 금액을 평생 지급 받는 종신방식과 고객이 설정한 기간 동안만 월 지급금을 받는 확정기간방식의 2가지 종류가 있습니다. 이러한 주택연금의 지급 방식을 좀 더 세분화하면 다음과 같습니다.

종신방식	종신지급방식	인출 한도 설정 없이 월 지급금을 종신토록 지급 받는 방식
	종신혼합방식	인출 한도 설정 후 나머지 부분을 월 지급금으로 종신토록 지급 받는 방식
확정기간방식	낮은 대출금리	수시 인출 한도 설정 후(대출 한도의 최대 50%) 나머지 부분을 월 지급금으로 일정 기간 동안만 지급 받는 방식(인출 한도를 설정한 만큼 월 지급금 감소)

이때 주의할 점은 [확정기간방식]을 선택하면 연금만 받는 경우에도 대출 한도의 5%에 해당하는 금액을 인출 한도로 설정해야 한다는 것입니다. 인출 한도는 연금 지급 한도의 50% 이내에서 수시로 지급 받을 수 있도록 미리 설정한 금액을 의미하며, 인출 한도를 설정한 만큼 월 지급금이 줄어듭니다.

평생 동안 연금을 받으면서 목돈을 사용할 계획이 있다면 종신혼합방식을 선택하는 것이 좋습니다. 매월 지급 받는 금액은 다음 4가지 지급 방식 중에서 선택 가능합니다.

- **정액형** : 약정한 월 지급금을 변동 없이 지급 받는 방식
- **증가형** : 월 지급금이 매년 3%씩 증가하는 방식(나중에 많이 받는 방식)
- **감소형** : 월 지급금이 매년 3%씩 감소하는 방식(초기에 많이 받는 방식)
- **전후후박형** : 일정 기간 동안 높은 금액이 나오다가 그 후에는 연금액이 급격히 줄어드는 방식

그렇다면 고객님이 현재 60세이고, 거주하고 있는 집의 가치가 3억 원이라고 가정한다면 주택연금을 얼마나 받을 수 있는지 확인해 보겠습니다.

주택연금, 얼마나 받을 수 있을까?

2014년 1월 1일 기준으로 3억 원의 일반주택을 가지고 70세부터 종신지급방식으로 연금을 받는 경우 매월 약 100만 원, 60세에 신청한다면 매월 68만 원 정도 수령 가능한 것으로 나타납니다.

〈일반주택 가격·연령별 주택연금 수령액〉

(단위 : 천 원)

주택가격 / 연령	1억원	2억원	3억원	4억원	5억원	6억원	7억원	8억원	9억원
50세	163	326	490	653	816	980	1,143	1,307	1,470
55세	192	384	576	768	961	1,153	1,345	1,537	1,730
60세	228	456	685	913	1,142	1,370	1,598	1,827	2,055
65세	274	548	822	1,097	1,371	1,645	1,920	2,194	2,468
70세	333	666	999	1,332	1,665	1,998	2,331	2,665	2,969
75세	412	824	1,236	1,648	2,060	2,473	2,885	3,175	3,175
80세	521	1,043	1,565	2,087	2,608	3,130	3,497	3,497	3,497

거주하는 집의 가격이 6억 원이면 60세부터 137만 원 정도를 죽을 때까지 받을 수 있군요. 어쨌든 우리나라에서는 집이 참 중요하네요.

그렇죠. 집값이 비쌀수록 연금이 많이 나오는 것은 당연합니다. 이번에는 고객님이 받으실 수 있는 주택연금 수령액을 살펴보겠습니다.

한국주택금융공사 홈페이지 http://www.hf.go.kr

1. 한국주택금융공사 홈페이지에 접속한 후 더욱 많은 정보를 얻기 위해서는 회원 가입을 하는 것이 좋습니다. 참고로 주택연금 예상액 조회는 회원 가입이 필요 없습니다. 홈페이지 화면에서 [주택연금]을 클릭합니다.

2. [월지급금 조회하기]를 클릭합니다.

3. 고객님의 생년월일을 선택해 보겠습니다.

저는 1983년생인데 선택 가능한 연도는 1954년이 마지막이네요.

네, 맞습니다. 주택연금은 '만 60세 이상', '부부 기준 1주택 소유', '9억 원 이하 주택 소유'라는 3가지 조건을 모두 충족해야 가입할 수 있는 상품입니다. 연령에 상관없이 가입 가능하다면 저도 지금 당장 가입해서 평생 연금을 받고 싶습니다. 앞서 말씀드렸듯 고객님이 60세라고 가정하여 계산해 보겠습니다. [1954년]을 선택합니다. 이때 주의할 것은 배우자도 지급 대상이므로 고객님과 배우자분 중 더 적은 연령을 기준으로 입력해야 합니다.

4. 고객님과 배우자분의 생년월일을 60세 이상으로 가정하여 입력하고 그 아래에 현재 살고 있는 주택의 가격을 입력합니다. 주택의 시가를 모를 경우에는 아래의 [한국감정원 시세조회] [국민은행 시세조회] [국토교통부 주택공시가격]을 클릭하여 조회합니다. 아파트 및 연립주택은 [한국감정원 시세조회]로 확인할 수 있으며, 한국감정원에서 시세를 제공하지 않는 아파트 및 연립주택은 [국민은행 시세조회]에서 확인 가능합니다. 앞의 2군데에서 조회가 안 된다면 [국토교통부 주택공시가격]을 이용합니다. 한국감정원 및 국민은행에서 시세를 제공하지 않는 주택(단독·다세대주택 등)에서 살고 계신다면 각자 예상하는 주택 가격을 입력하면 됩니다. 입주 예정 아파트의 가격이 약 3억 원 정도라고 하셨죠?

수시로 인출하여 사용할 수 있는 금액을 설정한 후(대출 한도의 최대 50%) 나머지를 월 지급금으로 평생 지급 받는 '종신혼합방식'으로 계산해 보겠습니다. [주택가격]은 3억 원, [지급방식]은 '종신방식', [월지급금 지급유형]은 '정액형'을 선택하고 [최대 인출한도]에서 [조회]를 클릭하면

'56,400,000'이 자동으로 입력됩니다. [인출한도설정 금액]에서 3억 원의 5%인 '15,000,000'을 입력합니다. [조회하기]를 클릭합니다.

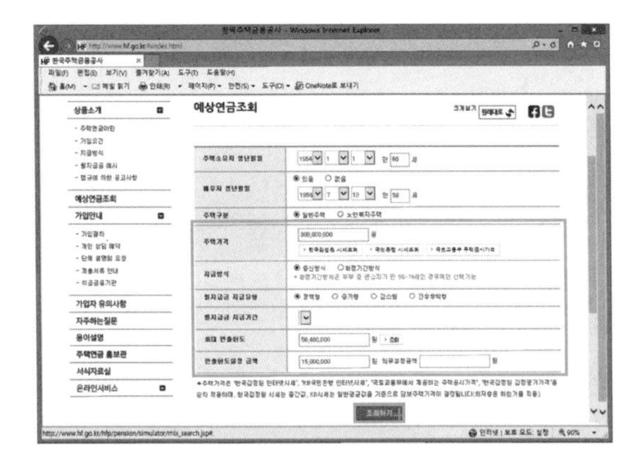

5. 종신혼합방식의 주택연금 계산 결과, 주택을 담보로 60세 이후 월 55만 원 정도를 평생 받을 수 있는 것으로 나타났습니다. 물론 약식 계산이기 때문에 실제로 주택연금을 신청한다면 이 금액과 조금은 차이가 있을 것입니다.

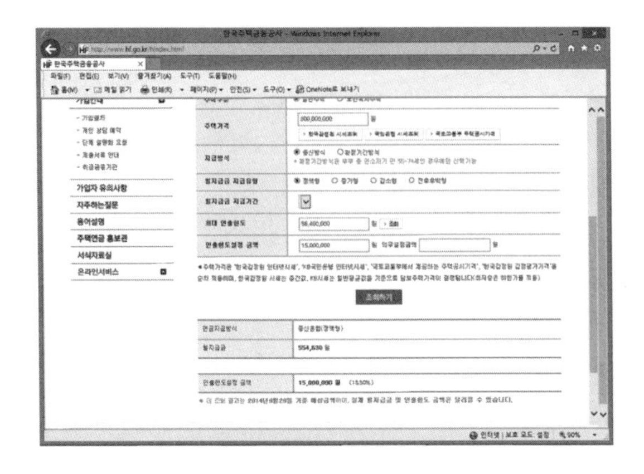

나이가 들면 돈 쓸 일이 없을 것 같아도 예기치 못한 사고로 인해 목돈이 필요할 가능성은 무시할 수 없습니다. 그러한 사고에 대비하기 위해 '종신혼합방식'을 선택하면 고객님의 현재 주택 가격 3억 원을 기준으로 약 5000만 원까지 언제든지 일시에 받아 사용할 수 있습니다.

그렇다면 주택연금은 제가 은퇴할 시점의 주택 가격에 따라서 수령액이 크게 달라질 수 있겠군요?

네, 맞습니다. 만약 주택 가격이 큰 폭으로 상승한다면 나중에 고객님이 받게 될 주택연금 수령액 또한 크게 올라갈 것입니다. 그런데 이쯤에서 앞서 말씀드렸던 몇 가지 사항을 상기시켜 드리도록 하겠습니다.

대한민국의 미래 1 **우리나라 인구 중 60세 이상 노인의 비율**
2014년 17.5%인 60세 이상 노인의 비율이 2050년에는 45%까지 폭발적으로 증가할 예정입니다. 즉, 길거리의 수많은 사람들 중 절반이 60세 이상 노인일 것이라는 예측입니다.

대한민국의 미래 2 **고객님의 은퇴 예상 연도(2037년)의 우리나라 인구 구성비**
60세 이상의 노령 인구 비율이 40%에 육박할 것으로 예상됩니다.

대한민국의 미래 3 **고객님이 70대 후반이 되었을 때의 인구 구성비**
60세 이상의 노령 인구 비율이 우리나라 국민의 50%에 육박할 것으로 예상됩니다.

위의 상황을 고려할 때, 고객님께서 실제로 주택연금에 가입할 시점의 집값은 어떨까요? 저도 개인적인 희망으로는 집값이 계속 올라서 나중에 주택연금으로 넉넉한 노후를 보내고 싶습니다. 사실 집값이 어떻게 될지 누가 알겠습니까? 그러나 분명한 것은 60세 이상 노인들이 대규모로 집을 처분하는 순간, 그 영향이 즉각적으로 집값에 반영될 것이라는 사실입니다.

즉, 고령화사회의 충격은 우리의 미래를 좌지우지할 만큼 심각한 사건이 될 것입니다. 이와 관련하여 제가 드릴 수 있는 말씀은 딱 1가지입니다. 고객님의 소중한 계란을 절대 한 바구니에 담아 두지 마시기 바랍니다.

3

국민연금과 주택연금의 부족한 부분을 채워 주는 장기 투자 상품

대한민국의 초고령화는 피할 수 없는 현실이 되어 버렸습니다. 이는 2가지를 의미합니다. 첫 번째는 노후의 시간이 길어졌다는 것이고, 두 번째는 노후 준비를 대충 했다가는 늙고 병들었을 때의 삶이 고달파질 수 있다는 것입니다. 국민연금 하나에만 의지해서는 노후 보장이 어렵다는 것을 앞서 살펴보았습니다. 가장 좋은 방법은 평소 장기적인 관점에서 투자하여 여러분의 노후를 미리 준비하는 것입니다.

장기 투자 시 필요한 것은 바로 '인내'입니다. 장기 투자는 10년 이상을 계획하여 자금을 활용한다는 것이 전제 조건이기 때문입니다. 이렇게 장기적으로 돈을 관리하면 '복리 효과'가 제대로 발휘될 수 있습니다. 장기 투자에서 복리의 효과는 '72법칙'으로 표현 가능합니다. 이는 복리에 투자했을 때 원금이 2배가 되는 시점은 '72÷금리'라는 공식으로, 예금이자 3%를 대입하면 24년이 지난 후에 투자 원금의 2배를 얻을 수 있다는 결과가 나옵니다. 하지만 은행의 예금 상품에 가입하여 24년 동안 원금이 2배가 되기만을 기다릴 수는 없는 노릇입니다.

	복리 이자율	원금이 2배 되는 시점	감수해야 하는 위험
72	2%	36년	Risk 없음
72	3%	24년	Risk 없음
72	4%	18년	Risk 낮음
72	8%	9년	Risk 높음
72	10%	7.2년	
72	15%	4.8년	Risk 매우 높음
72	20%	3.6년	
72	30%	2.4년	투기
72	50%	1.4년	

그렇기 때문에 수많은 분들이 1%라도 수익이 더 높은 상품에 가입하기 위해 펀드와 같은 간접투자 상품은 물론 위험을 감수하면서도 주식 등의 직접투자를 하는 것입니다. 금리가 8%만 되어도 원금이 2배 되는 시점은 9년으로, 24년에 비해 무려 15년을 앞당길 수 있기 때문입니다. 이는 위험을 부분적으로 떠안고 기대 수익률을 높이는 것입니다. 은행예금이나 우량 채권과 같이 안전한 이자 자산만으로 투자 자금을 운용할 경우 기대할 수 있는 수익률은 2~4%대로 매우 낮습니다. 만기가 10년이 넘는 장기 국공채에 투자하면 은행 예금보다는 높은 수익을 안정적으로 얻을 수 있습니다.

장기 투자의 두 번째 장점은 바로 비과세 혜택입니다. 저축보험과 같은 장기 투자 상품은 10년 이상 가입 시 비과세 혜택을 받을 수 있습니다. 전체 이자 금액에 대한 이자소득세(15.4%)를 내지 않는 것만 해도 상당한 금액을 절약할 수 있습니다.

그렇다면 저는 연금 및 장기 투자와 관련해서 뭘 어떻게 해야 하는 것입니까?

일단 고객님의 부족한 노후 자금을 먼저 계산해 보겠습니다. 고객님 연령과 비슷한 다른 분의 조회 결과를 참고하면, 앞으로도 국민연금을 성실하게 납부한다는 전제하에 고객님은 2047년부터 매월 110만 원 정도를 받을 수 있을 것으로 예상됩니다.

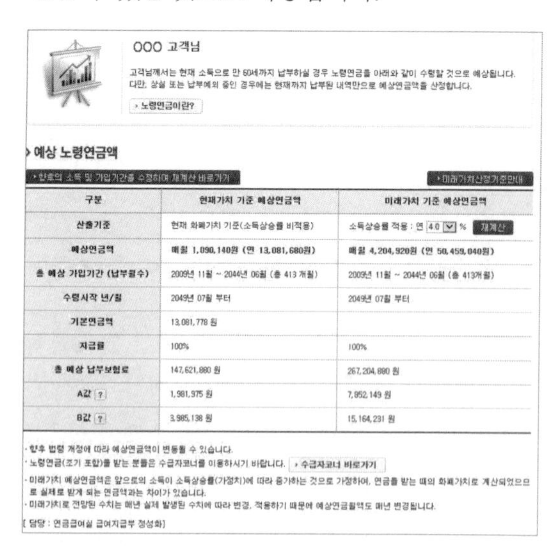
OOO 고객님

고객님께서는 현재 소득으로 만 60세까지 납부하실 경우 노령연금을 아래와 같이 수령할 것으로 예상됩니다.
다만, 상실 또는 납부예외 중인 경우에는 현재까지 납부된 내역만으로 예상연금액을 산정합니다.

› 노령연금이란?

› 예상 노령연금액

› 향후의 소득 및 가입기간을 수정하여 재계산 바로가기 › 미래가치산정기준안내

구분	현재가치 기준 예상연금액	미래가치 기준 예상연금액
산출기준	현재 화폐가치 기준(소득상승률 비적용)	소득상승률 적용 : 연 4.0 % 재계산
예상연금액	매월 1,090,140원 (연 13,081,680원)	매월 4,204,920원 (연 50,459,040원)
총 예상 가입기간 (납부월수)	2009년 11월 ~ 2044년 06월 (총 413 개월)	2009년 11월 ~ 2044년 06월 (총 413개월)
수령시작 년/월	2049년 07월 부터	2049년 07월 부터
기본연금액	13,081,778 원	
지급률	100%	100%
총 예상 납부보험료	147,621,880 원	267,204,880 원
A값 ?	1,981,975 원	7,852,149 원
B값 ?	3,985,138 원	15,164,231 원

· 향후 법령 개정에 따라 예상연금액이 변동될 수 있습니다.
· 노령연금(조기 포함)을 받는 분들은 수급자코너를 이용하시기 바랍니다. › 수급자코너 바로가기
· 미래가치 예상연금액은 앞으로의 소득이 소득상승률(가정치)에 따라 증가하는 것으로 가정하여, 연금을 받는 때의 화폐가치로 계산되었으므로 실제로 받게 되는 연금액과는 차이가 있습니다.
· 미래가치로 전망된 수치는 매년 실제 발생된 수치에 따라 변경, 적용하기 때문에 예상연금월액도 매년 변경됩니다.
[담당 : 연금급여실 급여지급부 정성화]

Middle Level의 노후를 보내기 위해서 필요한 비용인 월 220만 원의 50%는 국민연금으로 충당할 수 있는 것입니다. 또한 60세가 되시는 2042년

부터 주택연금 신청이 가능하며, 현재의 주택 가격(3억 원)을 고려하면 약 50만 원 정도를 추가적으로 충당할 수 있습니다. 즉, 60세부터는 주택연금으로 50만 원을, 65세부터는 국민연금으로 110만 원을 받을 수 있으므로 매월 총 160만 원 정도가 마련됩니다. 그러나 아직은 Middle Level의 노후 필요 자금 월 220만 원의 73%만 준비한 셈입니다. 이를 도식으로 나타내면 다음과 같습니다.

〈Middle Level의 노후 필요 자금 월 220만 원〉

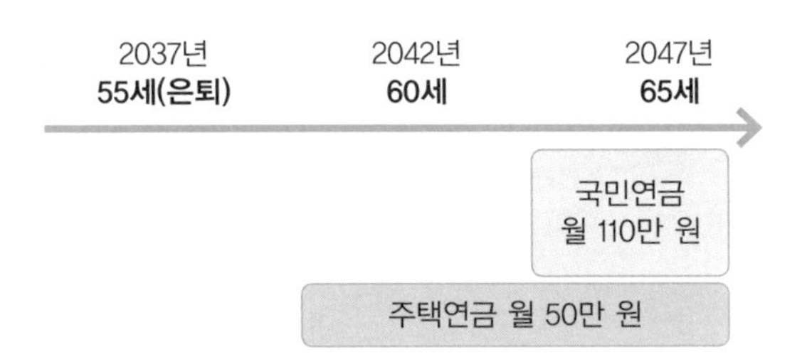

Middle Level의 노후 준비를 위한 금액에서 부족한 부분은 다음과 같이 표시할 수 있으며, 이 금액을 장기 투자를 통해 마련해야 하는 것입니다. 이것이 바로 제가 말씀드리고자 하는 '예금과 연금의 은밀한 관계'입니다.

〈Middle Level의 노후 필요 자금 월 220만 원〉

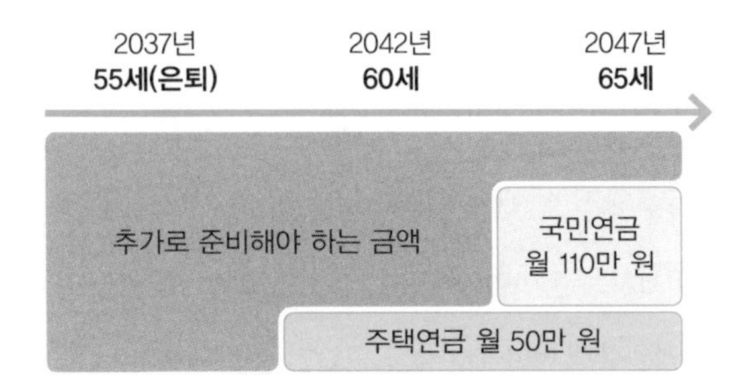

말씀대로라면 제가 55세에 은퇴한 후 35년간 더 산다고 가정할 경우 현재 가치로 약 4억 원 정도만 있으면 되는 것인가요?

주택연금 부족분	50만 원×12개월×5년=3000만 원
국민연금 부족분	110만 원×12개월×10년=1억 3200만 원
연금 부족분	60만 원×12개월×35년=2억 5200만 원
합계	4억 1400만 원(약 4억 원)

그렇습니다. 그러나 3가지 전제 조건이 있습니다. 첫 번째는 고객님께서 55세에 정년퇴직을 할 때까지 별 탈 없이 회사 생활을 잘 하셔야 합니다. 두 번째는 고객님이 살아 계시는 동안에 주택 가격 폭락이 발생하면 안 됩니다. 세 번째는 65세부터 평생 연금을 지급하겠다는 현재 정부의 약속이 지켜져야 합니다. 이 3가지 조건이 충족될 경우 고객님께서는 은퇴 후 거주하시는 주택 이외에 약 4억 원 정도가 있으면 Middle Level의 노후를 보내실 수 있습니다.

하지만 여기에는 중요한 2가지가 빠졌는데요. 하나는 퇴직 시 받게 될 퇴직금이고, 다른 하나는 고객님의 주택 가격이 3억 원보다 낮거나 그보다 큰 경우입니다. 즉, 부족분인 4억 원에서 퇴직금만큼은 빼고, 주택 가격이 3억 원보다 높거나 낮을 경우 그 금액을 가감하시면 됩니다.

퇴직금 1억 원을 빼고, 그동안 열심히 돈을 모아서 현재 가치로 4억 원짜리 융자 없는 집으로 이사하게 된다면 1억 원을 추가로 빼면 되겠네요? 그렇다면 추가적으로 필요한 금액은 2억 원이 되는 셈이군요?

네, 그렇습니다. 그동안 많은 책과 방송에서 퇴직 시 10억 원 정도는 있어야 노후가 행복하다고 주장했지만 부모님께 물려받은 재산 없이 맨몸으로 살아가는 평범한 샐러리맨들이 집을 제외하고 10억 원을 어떻게 모으겠습니까? 주택연금과 국민연금을 감안할 때 고객님은 2억 원 정도만 장기 투자 상품으로 모으면 Middle Level의 노후를 보내실 수 있을 것이라 생각됩니다.

물론 '2억 원'은 주택과 관련하여 별도로 상환해야 하는 융자금과 자녀분이 결혼할 때 집을 사 주는 등의 큰돈은 고려하지 않은 금액입니다. 만약 자녀분에 대한 재정적인 지원을 계획하셨다면 애당초 고객님의 노후 목표는 'Luxury Level'이었어야 합니다.

알고 있습니다. 저도 그렇고 저와 경제 수준이 비슷한 주변의 친구들을 살펴봐도 우리는 우리 부모님 세대처럼 노후 대책 없이 자식들에게 모두 퍼 주는 세대는 아닌 것 같습니다. 집을 사 준다는 생각은 꿈에도 하지 않고 있습니다. 교육만 제대로 시켜도 다행이라고 생각하거든요. 그렇다면 저는 부족한 2억 원을 만들기 위해서 어떤 장기 투자 상품에 가입하는 것이 좋을까요?

웬만하면 가입하는 게 좋은 장기 투자 상품

금융기관에 장기 투자를 할 때에는 고객이 은행보다 우월한 위치에 있는 것이므로 금리에 대한 결정권을 쥐게 됩니다. 대표적인 장기 투자 상품들에 대해 살펴보겠습니다.

주택청약예금

주택청약예금은 아파트 분양 자금을 은행으로 흡수하여 산업자금으로 사용하고 부동산 투기를 억제하고자 도입된 예금 상품입니다. 이는 일정 금액의 목돈을 일시에 예치한 후 일정 기간이 경과하면 민영주택 또는 민간건설 국민주택 청약권이 주어지는 목적부 정기예금으로, 2000년 3월부터 전 시중은행에서 판매하고 있습니다. 주택청약예금의 가입 대상은 해당 주택 건설 지역에 거주하는 만 20세 이상 대한민국 국민 또는 외국인 거주자(만 20세 미만인 자는 세대원이 있는 세대주에 한하여 가능)로서 1인 1통장으로 가입 가능합니다. 가입 기간은 1년 단위로 재연장하여 아파트 당첨 시까지 예치할 수 있습니다.

청약 1순위는 지역별 예치 금액 예치 후 2년이 경과한 자, 2순위는 지역별 예치 금액 예치 후 6개월이 경과한 자로 분류됩니다. 청약 대상 주택 규모에 따른 지역별 예치 금액은 다음과 같습니다.

주택 규모 (전용면적 기준)	예치 금액(만 원)		
	서울 · 부산	기타 광역시	기타 시 및 군
85㎡ 이하*	300	250	200
102㎡ 이하**	600	400	300
102㎡ 초과~135㎡ 이하	1000	700	400

135㎡ 초과	1500	1000	500

* 민간건설 중형국민주택(60㎡ 초과 85㎡ 이하)에도 청약 가능
** 85㎡ 이하 주택도 신청 가능

청약예금 전환	청약예금 가입 2년 후부터 2년마다 자유롭게 예치 금액을 증액 또는 감액하여 평형을 변경할 수 있으며, 평수를 늘리기 위해 예치 금액을 증액한 경우에는 변경일로부터 1년 후에 청약 자격이 주어집니다. 다만 1년 경과 전이라도 종전 평형으로는 청약 가능합니다.
청약부금 전환	청약부금 가입 후 2년이 지나고, 지역별 85㎡(25.7평) 이하 청약예금 예치 금액 이상을 납입하여 1순위 자격이 되면 청약부금을 해지하고 청약예금으로 전환하여 평형을 변경할 수 있습니다. 평형을 늘리기 위해 전환한 경우 변경일로부터 1년 후 청약 자격이 주어집니다. 다만 1년 경과 전이라도 종전 평형으로는 청약 가능합니다.
청약저축 전환	청약저축에 가입하여 지역별 해당 청약예금 예치 금액 이상이 되면 청약예금으로 전환 가능하고, 전환 즉시 청약 자격이 발생합니다.

주택청약 상품을 비교해 보면 다음과 같습니다.

상품명	청약예금	청약부금	청약저축	청약종합저축
취급 기관	전 은행	전 은행	국민주택기금 수탁은행*	국민주택기금 수탁은행*
가입 자격	· 만 20세 이상 국민 · 국내 거소가 있는 재외 동포 · 외국인 거주자		무주택 세대주	개인
기간	1년 (1년마다 재예치)	3~5년 (월 단위)	입주자로 선정된 날까지	입주자로 선정된 날까지
예치 방법	거치식	정기 적립 자유 적립	자유 적립	자유 적립
예치 금액 (적립액)	평형별 해당 금액	5~50만 원	2~10만 원 (5,000원 단위)	2~50만 원 (5,000원 단위)
중도 해지	가능	가능	가능	가능

세금 우대	가입 가능	가입 가능	가입 가능	가입 가능
소득공제	불가능	불가능	별도 자격**	별도 자격**
1순위 (2순위) 자격 발생	2년 (6개월)	2년 (6개월)	2년 (6개월)	2년 (6개월)
예금 보호	보호	보호	보호	보호
청약 가능 주택	· 민영주택 · 중형국민주택	· 민영주택 (85㎡ 이하) · 중형국민주택	· 국민주택 (중형 포함)	· 민영주택 · 국민주택
비고	가입 시 주택 평형 선택			가입 후 청약 전까지 선택

* 국민주택기금 수탁은행: 신한은행, 기업은행, 우리은행, 하나은행, 농협
** 소득공제 자격 : 근로소득이 있는 거주자(일용근로자 제외)로서 과세연도 중 주택을 소유하지 않은 세대의 세대주

02 재형저축

재형저축은 '근로자 재산 형성 저축'의 뜻으로, 지난 1995년에 폐지된 이후 2013년부터 시행된 조세특례제한법 개정안에 따라 18년 만에 부활한 비과세 저축 상품입니다. 재형저축은 가입 3개월 전까지 총 급여액 5000만 원 이하인 근로자, 종합소득 금액 3500만 원 이하인 자영업자에 한해서만 가입 가능하며, 아래와 같은 특징이 있습니다.

- 1인당 분기 300만 원(연간 1200만 원)까지 납입 가능
- 이자 연 4.2~4.6%

- 이자소득세 14%와 주민세 1.4% 면제 혜택 부여
- 가입 후 최소 7년간 유지(10년까지 연장 가능)
- 7년 이내에 중도 인출할 경우 비과세 혜택 반납

재형저축은 불완전 비과세 상품으로, 이자소득세 15.4% 중 14%만 비과세가 적용되며 소득공제 혜택이 불가합니다. 또한 3년간만 확정 이자가 지급되므로 향후 변동금리가 적용되면 기대 금리는 떨어질 것으로 예상됩니다. 중도 인출이 불가하며 3년 이내 해지 시 이자가 삭감되고, 3년 이후 해지 시 우대금리 대신 기본 금리가 적용될 뿐만 아니라 비과세 혜택이 반납되므로 충분한 재무 설계를 통해서 가입을 결정하는 것이 좋습니다.

03 장기 저축성 보험 및 투자형 저축보험

10년 이상의 장기간 투자를 원하는 투자자들을 위해 보험회사에서는 일반 예금 상품이 아닌 저축보험 상품을 만들어서 판매하고 있습니다. 장기 투자 관점에서의 보험 상품에 대해 알아보겠습니다.

전통적으로 보험은 가입자를 각종 위험으로부터 보호해 주는 보장 자산이지만, 금리가 낮아지고 금융 불안 요인이 남아 있는 현재 상황에서 장기 저축성 보험은 투자자산으로서의 가치가 인정되고 있습니다. 저축성 보험의 이율은 회사마다 차이가 있으나 2014년 현재 4% 수준으로, 은행 예금 금리보다 조금 높습니다. 저축보험은 매달 일정 금액을 납입하고

만기 시 목돈을 받는 일반저축보험과 순수저축보험, 그리고 변액보험과 같은 공격적인 성향의 투자형 상품 등으로 구분할 수 있습니다.

❶ 장기 저축성 보험

일반저축보험은 일반적인 보장 보험의 보장과 저축보험의 혜택을 모두 얻을 수 있는 상품입니다. 여기에는 중도 자금을 지급하는 순수저축보험과 생사혼합형 저축보험이 있습니다. 먼저 순수저축보험은 기본적으로 '저축'이라는 본연의 기능에 충실한 보험입니다. 목돈 및 노후 자금 마련을 위한 보험으로, 미래의 소득 감소에 대비하여 안정된 경제생활을 유지할 수 있도록 도와주는 보험 상품입니다. 보험회사마다 순수저축보험에 각기 다른 보장을 추가하여 저축보험을 판매하고 있습니다.

한편 생사혼합형 저축보험은 투자 수익에 연동되는 변액보험의 기본적 특징 이외에도 자유로운 납입과 중도 인출이 가능한 유니버설 기능이 추가된 보험을 의미합니다. 일반적으로 유니버설 보험이라고 불리는 상품들이 생사혼합형 저축보험에 속합니다.

❷ 투자형 저축보험

앞서 살펴봤듯 변액보험은 고객이 납입한 보험료의 일부를 모아 펀드를 구성한 후 주식 및 채권 등 유가증권에 투자하여 발생한 이익을 배분해 주는 실적 배당형 보험 상품을 의미합니다. 대표적인 저축성 변액 상품인 변액 유니버설 보험은 투자 수익에 연동되는 변액보험의 기본적 특징 이외에도 자유로운 납입과 중도 인출이 가능한 유니버설 기능은 물론 연금 전환 혜택까지 주어집니다. 또한 종신보험 수준의 각종 보장성 특약 선택이 가능하므로 '저축+보장'의 형태로도 활용 가능합니다. 그러나 수익률이 악화될 경우 원금 손실이 발생한다는 치명적인 약점도 존재합니다.

이처럼 저축성 보험은 장기 투자에 따른 복리 효과를 확실하게 누릴 수 있고, 은행의 예금이자나 우량 채권 수익률에 비해 높은 이자율이 적용됩니다. 10년 이상 유지하면 비과세 혜택도 제공되며, 계약 기간이 10년 이상인 월 적립식 저축성 보험은 월 불입액의 크기에 관계없이 비과세가 적용됩니다. 그러나 중도에 해지할 경우 상상을 초월하는 원금 손실이 발생할 수 있으므로 가입 시 장기적인 관점에서 신중하게 고려해야 합니다.

04 장기 투자 펀드가 적정 가치를 찾을 때까지 보유하기

장기 투자의 마지막 방법은 장기 투자 펀드가 적정 가치를 찾을 때까지 보유하는 것입니다. 이때 적립식 펀드는 한 번에 많은 돈을 넣어 두는 거치식 펀드보다 장기 투자에 적합합니다. 이처럼 장기 투자 펀드는 시장의 단기적인 등락에 연연하지 않고 저평가된 가치주에 투자해서 적정 가치를 찾을 때까지 장기 보유하는 전략을 취하는 것이 일반적이지만 장기 투자가 모든 문제를 해결해 주지는 않습니다. 거의 10년이 지난 여러 펀드들이 여전히 원금 손실을 만회하지 못하고 있는 경우도 있기 때문입니다. 이렇게 의도하지 않게 장기 투자에 마이너스가 발생하면 노후 계획에 커다란 차질이 생길 수 있으므로 주의해서 투자해야 합니다.

Epilogue

노후는 지금 고민하는 만큼 편안해진다

오늘은 고객님과 저의 마지막 상담 날입니다. 그동안 '노후 준비를 위한 자산 관리'라는 큰 틀에서 신용 대출, 주택담보대출, 단기 투자, 펀드와 보험, 장기 투자와 연금이라는 5가지 주제에 대해 하나하나 살펴보았는데요. 어떻습니까? 이제 좀 감이 잡히시나요?

네. 상담하기 전보다는 확실히 저의 재테크와 노후 대책에 대하여 많은 생각을 하게 되었습니다. 그래도 아직까지는 노후와 미래에 대한 불안감이 여전합니다. 제 수입이 그리 높지 않기 때문에 몇 년 동안 아등바등 아껴서 열심히 살아도 그다지 큰돈이 모일 것 같지는 않거든요. 주택담보대출 상환도 그렇고, 어느 것 하나 만만한 게 없어 보입니다. 과연 저는 55세에 은퇴해서 행복한 노후를 보내겠다는 최종 목표를 이룰 수 있을까요?

〈목표 달성을 위한 우선순위〉

우선순위 1	우선순위 2	우선순위 3	최종 목표
마이너스 통장과 악성 대출 상환하기	1년 만기 단기 상품 가입하기	노후를 위한 장기 투자 상품 가입하기 (연간 200만 원)	55세에 은퇴해서 중간 수준(Middle Level)의 노후 보내기
아파트 대출금 7000만 원 이내로 만들기 (하우스푸어, 카푸어 되지 않기)	펀드 원금 3000만 원으로 만들기		

고객님의 질문에 답하는 대신 오히려 제가 고객님께 2가지 질문을 드리겠습니다. 각 질문에 대해 고객님께서 생각하고 계시는 답변을 진솔하게 적어 보시기 바랍니다.

질문 1 고객님께서는 지금 누구를 위하여 이 책을 읽고 있습니까?

질문2 **고객님께서는 지금 누구를 위하여 돈을 벌고, 노후를 준비하고 있습니까?**

애석하게도 우리는 현재 돈이 모든 것을 지배하고, 돈으로 평가 받는 물질 만능주의 시대에 살고 있습니다. 이러한 사회에서 남들보다 좀 더 잘 살기 위해 주말에도 아르바이트를 하면서 투 잡Two Job, 쓰리 잡Three Job 생활을 하는 것이 과연 옳은 결정일까요?

대한민국의 평범한 샐러리맨들에게 최고의 재테크는 무엇일까요?

그것은 바로 자신의 몸값을 올림으로써 월 근로소득을 최대화하고 정년 55세는 물론 그 이후에도 일할 수 있도록 총 근로 가능 시간을 극대화하는 것입니다. 하루도 쉬지 않고 일만 하는 것보다는 자신에게 투자하여 나의 가치를 올리는 것이 최고의 재테크입니다. 매월 20만 원씩 20년간 자기 계발에 투자하여 정년 이후부터 90세까지 매월 200만 원을 벌 수 있는 평생 기술을 습득한다면 그것도 좋은 재테크 방법이라고 볼 수 있는 것이죠.

'희망적인 미래를 위해 현재 소득을 체계적으로 계획하고 효율적으로 관리하는 것', 아주 기본적이고 누구나 알고 있는 뻔한 이야기 같지만 이것이야말로 가장 이상적인 재테크가 아닐까요?

지금 이 책을 읽고 있는 독자 중에는 재테크의 성공과는 거리가 멀고 하루하루 먹고사는 것도 힘들다고 생각하는 분도 있을 것입니다.

네, 물론 그럴 수 있습니다. 월급은 88만 원에, 회사 내에서 아무런 권한도 없고 일에 대한 재미를 느낄 수 없으며, 언제 그만두라고 할지 모르는 계약직 신세에, 사회생활을 시작한 지 얼마 되지 않아 실무 지식은 거의 없을지도 모릅니다.

또는 지금은 안정적으로 월급을 받고 있지만 밑에서 치고 올라오는 후배들이 두렵고, 나날이 증가하는 아이들 교육비, 언제 끝날지 모르는 주택 담보대출과 자동차 할부금 상환에 치이고 있을지 모릅니다. 열심히 청춘을 바친 직장에서 '명퇴'라는 이름으로 이른 나이에 퇴직한 후 치킨집을 차려 하루하루 고달픈 인생을 살아가는 직장 선배들을 보면서 지금 당장 무엇을 어떻게 해야 할지 몰라 초조할 수도 있겠네요.

그러나 인생은 마라톤입니다. 일찍 출발한다고 종점에 먼저 도착하는 것이 아닙니다. 생각 외로 이 세상은 단순합니다. 노력하는 새가 벌레 한 마리라도 더 먹을 수 있는 법이니까요.

저자들 역시 아직 마라톤을 완주하지 못했습니다.

인생의 마라톤을 뛰는 도중에 힘들어하는 여러분을 만나게 되면 저희가 힘을 북돋워 드리겠습니다. 여러분도 혹시 인생이라는 길 위에서 지쳐 있는 저희를 보신다면 그냥 지나치지 마시고 어깨 한번 툭 쳐 주시기 바랍니다.

결코 포기하지 말고 나와 내 가족의 행복한 미래를 맞이할 수 있도록 인생의 결승선까지 열심히 뛰어 봅시다.